普惠性农户信贷服务体系
建设与创新研究

高云峰　著

科学出版社

北京

内 容 简 介

　　普惠性农户信贷服务体系是国家普惠金融发展战略的重要组成部分，其对于促进共同富裕和社会稳定具有重要的现实意义。本书阐释了普惠性农户信贷服务体系建设与创新的理论框架，提出了普惠性农户信贷服务体系建设与创新的约束条件，梳理了部分国家普惠性农户信贷服务体系建设与创新经验，并对中国农户信贷服务体系的发展水平和空间结构进行了实证分析与评价，揭示了中国普惠性农户信贷服务体系建设中存在的涉农银行业金融机构经营活力不足、农村金融基础设施相对落后等主要障碍，明晰了普惠性农户信贷服务体系建设的策略设计，以及创新所需的市场竞争机制、利率调节机制、技术协同机制、教育培训机制的内涵与培育方式，提出了保障普惠性农户信贷服务体系建设与创新的政策框架体系。

　　本书可以作为经济学、金融学专业本科生和研究生的参考教材，也可以供相关研究领域专业人员、金融机构从业人员、政府监管部门工作人员参考借鉴。

图书在版编目（CIP）数据

普惠性农户信贷服务体系建设与创新研究/高云峰著. —北京：科学出版社，2024.4

ISBN 978-7-03-078371-4

Ⅰ. ①普… Ⅱ. ①高… Ⅲ. ①农业信贷–信贷管理–研究–中国
Ⅳ. ①F832.43

中国国家版本馆 CIP 数据核字（2024）第 072023 号

责任编辑：王丹妮 / 责任校对：姜丽策
责任印制：张伟 / 封面设计：有道设计

科学出版社 出版

北京东黄城根北街 16 号
邮政编码：100717
http://www.sciencep.com

北京中科印刷有限公司印刷
科学出版社发行　各地新华书店经销

*

2024 年 4 月第 一 版　开本：720×1000　1/16
2024 年 4 月第一次印刷　印张：12
字数：239 000

定价：138.00 元
（如有印装质量问题，我社负责调换）

作 者 简 介

高云峰，陕西泾阳人，1969 年 9 月出生，管理学博士，西南大学经济管理学院金融学教授，硕士生导师；西南大学普惠金融与农业农村发展研究中心研究员，西南大学智能金融与数字经济研究院研究员，重庆市金融学会常任理事；主要研究领域为农村金融与金融市场。

前　言

为了让更多的社会弱势群体能够享受到现代化的金融服务，联合国于 2005 年首次提出普惠金融体系（inclusive financial system）的概念，普惠金融研究逐渐变成一个宽内涵、多维度的研究体系，其研究内容从最初的关注贫困人群的信贷可得性，转向更为广泛的支付、存款、贷款、微型保险、养老金管理等领域。2015年 12 月 31 日，国务院印发了《推进普惠金融发展规划（2016—2020 年）》，提出"到 2020 年，建立与全面建成小康社会相适应的普惠金融服务和保障体系，……特别是要让小微企业、农民、城镇低收入人群、贫困人群和残疾人、老年人等及时获取价格合理、便捷安全的金融服务"的普惠金融发展目标，由此可见，如何让农户享受到现代化的信贷与金融服务，解决农村地区存在的农户"融资难、融资贵"问题，将价格合理、方便快捷的信贷与金融服务扩展到农村地区，并实现金融的普惠性发展，一直是政府部门、金融机构和研究者长期关注的热点问题。

本书在国家大力推进普惠金融发展的背景下，以普惠性农户信贷服务体系建设与创新为研究对象，构建了普惠性农户信贷服务体系建设与创新的核心概念、组织结构及约束条件等理论框架，梳理和借鉴了部分国家在推进普惠性农户信贷服务体系建设与创新过程中的经验，揭示了中国普惠性农户信贷服务体系组织建设的基本状况与阶段特点，对中国农户信贷服务体系的普惠发展水平和空间外溢特征进行了实证分析与系统评价，剖析了中国普惠性农户信贷服务体系建设与创新中存在的主要障碍，分别从组织机构培育、金融基础设施建设、信用环境优化等角度提出了普惠性农户信贷服务体系建设的策略设计方案，论证了中国普惠性农户信贷服务体系创新所需的市场竞争机制、利率调节机制、技术协同机制、教育培训机制的培育方式，并提出了促进普惠性农户信贷服务体系建设与创新所需的财政保障政策、金融监管政策、货币引导政策与法治保障政策。

本书是国家社会科学基金项目"普惠性农户信贷服务体系建设与创新"（15BJY170）的系列研究成果之一，并被纳入西南大学社会科学处"人文社会科学优秀成果文库"。本书的出版得到国家社会科学基金、西南大学社会科学处"人文社会科学优秀成果文库"的支持和资助，以及西南大学经济管理学院、西南大学智能金融与数字经济研究院、西南大学普惠金融与农业农村发展研究中心的大力支持，在此对以上机构深表谢意！同时特别感谢五位课题评审专家对本书提出的宝贵意见与建议。

    由于作者水平有限，疏漏在所难免，敬请广大读者和学术同行批评指正，以便不断修改完善。

高云峰

2023 年 10 月 28 日

目　　录

第1章 总 论

1.1 研究背景及问题

1.1.1 本书的研究背景

如何解决农村地区存在的农户"融资难、融资贵"问题，将价格合理、方便快捷的信贷与金融服务扩展到农村地区，并实现金融的普惠性发展，一直是学者、政府和非政府组织（non-governmental organization，NGO）长期关注的热点问题，也是本书的研究起点与目标。早在17~18世纪，旨在实现普惠信贷理想的早期实践还是以一种零星、分散的方式在各国展开的，然而这种情况在19世纪70年代逐渐发生了巨大变化，一些学者和社会企业家通过积极的信贷试验计划，在贫困人口众多的东南亚、拉丁美洲国家（主要在孟加拉国、印度尼西亚、玻利维亚、印度等国），以及撒哈拉以南的非洲地区提供和推广小额信贷服务，帮助贫困人群摆脱贫困。这些小额信贷项目的成果引起了许多国家及国际组织的重视，人们开始意识到只要有适合的贷款管理技术与贷款机构，贫困人群也是有一定还贷能力的，因此，各国学者及国际社会开始密切关注和研究以小额贷款为主要业务的微型金融机构（microfinance institutions，MFI）的发展问题，并逐渐形成了一系列具有重大意义的研究成果[1]。

2008年9月，普惠金融联盟（Alliance for Financial Inclusion，AFI）在马来西亚吉隆坡成立，该组织旨在推动发展中国家、新兴市场国家发展普惠金融，并

---

① 中国开展小额信贷试点最早可以追溯到20世纪五六十年代。中华人民共和国成立后，为解决部分农民在生产经营中面临资金困难等问题，农村合作社成立，并与农民建立起稳定的信贷关系，小额信贷在解决这一问题上发挥了重要作用。然而，随着农业集体化和人民公社化运动的兴起，农民对农村信用合作社（简称农村信用社）的贷款需求不断下降，小额信贷市场曾在很长一段时期从农村市场中退出。

分享和交流发展普惠金融的经验，提升低收入人群的金融可得性。2009 年 12 月，二十国集团（Group of 20，G20）的普惠金融专家组（Financial Inclusion Experts Group，FIEG）在美国华盛顿举行了创立会议，会议重点讨论了金融排斥的指标度量、中小企业融资困难、金融基础设施建设和信贷方面的科技创新，以及政府介入普惠金融的方式与支持机制等工作议题。2010 年 9 月，FIEG 在韩国首尔举行第三次会议，会议主要讨论了建立全球性普惠金融指标体系，成立全球普惠金融合作伙伴的相关工作机制，执行 G20 创新普惠金融原则的行动计划等议题。2011 年 9 月，普惠金融联盟在墨西哥举办了"全球政策论坛"并通过了《玛雅宣言》（Maya Declaration）。该宣言是第一个可量化的旨在解决 25 亿名无银行服务人口的普惠金融问题的全球性宣言。普惠金融联盟要求各成员依据该宣言，针对普惠金融的实质性进程、目标做出明确承诺。2016 年 9 月，G20 第十一次峰会在中国杭州举行，会议通过了《G20 数字普惠金融高级原则》，鼓励各国根据具体国情制定国家行动计划，发挥数字技术对普惠金融发展的助推作用。

农户融资难问题是长期制约中国农村经济发展的关键问题。中华人民共和国成立初期我国就在农村地区进行了小额信贷试点。2013 年 11 月，中国共产党第十八届三中全会在《中共中央关于全面深化改革若干重大问题的决定》中正式提出"发展普惠金融""鼓励金融创新"的改革目标。2013 年 9 月，中国人民银行行长周小川在《中国金融》发表文章，提出了"切实推动包容性金融发展，让金融改革发展的成果惠及广大人民群众"的改革呼吁。2014 年 3 月中国普惠金融论坛在北京举行，参会的众多机构和学者呼吁公众广泛关注普惠金融，完善金融服务的投诉机制，保护金融消费者权益。2014 年世界银行扶贫协商小组（Consultative Group to Assist the Poor，CGAP）对中国的金融普惠状况进行了评价，报告显示，截至 2013 年 12 月底，中国收入最低的五分之一人口中只有 39%拥有银行账户；尽管农户贷款和中小企业贷款有所增长，但远未满足市场有效需求，仅有 58%的农户和 16%的中小企业能获得银行贷款。由此可见，如何让农户享受到现代金融服务一直是政府与金融监管部门着力解决的问题。

1.1.2　研究问题的提出

根据世界银行普惠金融专题调查数据的统计，2013 年中国正规金融机构渗透率为 63.81%，这一指标虽然高于世界平均水平（50.49%），但低于经济合作与发展组织（Organization for Economic Co-operation and Development，OECD）国家 88.39%的平均水平，而就农村地区的情况而言，中国农村地区正规金融账户渗透率仅为 58.02%，低于发达国家的平均水平。仅从这一项指标的比较就可以看出，中国的金融发展具有比较明显的城乡二元化特征，即优质的金融资源和金融服务被配置给城镇、大型企业和富裕人群，农村地区、中小企业和低收入者的信贷及金融需求得不到充分有效的满足。中国人民银行从 2003 年起开始投入巨资改革农村信用社体系，并在全国农村信用社系统推广无抵押担保的小额贷款，但受制于落后的金融理念和僵化的管理制度，农村地区和农户信贷服务缺失现象并没有得到有效缓解，农村地区的金融排斥现象依然比较突出。2006年，中国银行业监督管理委员会（简称中国银监会①）启动了新一轮农村金融体制改革，放宽农村金融市场的资本准入，允许境内外资本及民间资本投资和新设村镇银行、贷款公司、资金互助社等新型农村金融机构，这一改革的目的是解决农村地区金融机构网点覆盖率低、金融供给不足的问题。统计数据显示，2019 年底中国村镇银行的数量已经超过 1 600 家，虽然村镇银行的数量得到快速扩张，但是村镇银行的发展也出现了市场定位偏离政策目标、村镇银行的资金来源和经营管理严重依赖主发起银行、经营风险比较集中等问题。在中国城镇化建设和新农村建设稳步推进的背景下，农村的产业结构和生产经营方式正在发生积极改变，农户的信贷需求不再仅限于满足简单的农业再生产和日常消费需求，农户对教育培训、医疗卫生、住房服务的需求在增加，与此相对应的信贷与金融服务也在增加。然而，与农户的信贷需求多样化的上升趋势相比，中国的农村金融市场还不能充分满足农村建设与城镇化发展所产生的金融需求，针对农户的有效信贷供给依然不足，因此，创新和完善农户信贷服务体系，增强农村金融市场的包容性，提高农户的信贷可得性，对于助推中国农村经济发展与农户收入增长具有非常重要的现实意义与价值。本书基于中国农户信贷服务体系建设的现实背景，梳理并借鉴普惠金融发展的最新经验，构建普惠性农户信贷服务体系的分析框架，对中国农户信贷服务体系的普惠性程度做出评价，剖析中国普惠性农户信贷服务体系建设与创新所面临的障碍，探索普惠性农户信贷服务体系的建设路径，论证普惠性农户信贷服务体系创新的实现模式，提出普惠性农户信贷服务体系建设与创新的政策保障措施。

本书的总体研究目标是建设一个功能完备、分工合理、充分竞争、可持续的普惠性农户信贷服务体系，推动农户信贷服务体系的包容性发展，实现农村的信贷公平，提升农户的信贷福利与收入水平。围绕以上总体目标，本书将实现下述具体研究目标：①设计普惠性农户信贷服务体系的建设路径，逐步消除对农户的金融排斥，缓解中国家庭农户的"融资难、融资贵"问题；②探索普惠性农户信

---

① 2018 年 3 月，根据国务院机构改革方案，中国银监会撤销，中国银行保险监督管理委员会（简称中国银保监会）设立。2023 年 3 月，中共中央、国务院印发了《党和国家机构改革方案》，在中国银保监会的基础上组建国家金融监督管理总局，不再保留中国银保监会。

贷服务体系建设与创新的实现策略和机制保障，提升金融机构的农户信贷服务效率，为农户提供品种丰富、价格合理、方便快捷的信贷服务；③论证普惠性农户信贷服务体系建设与创新所需的保障政策的内涵，提出支持普惠性农户信贷服务体系建设与创新的政策建议。

1.2　国内外研究状况

1.2.1　国外研究状况

"普惠金融"虽由联合国于"2005 国际小额信贷年"时提出，但普惠金融体系的研究却源远流长。早期普惠金融体系的研究嵌套于金融发展理论之中，主要关注金融体系的重要性和信贷服务对社会弱势群体影响的研究。Gurley 和 Shaw（1955）认为经济发展在一定程度上取决于金融发展；Shaw（1973）和 McKinnon（1974）分别在"金融抑制"和"金融深化"理论中论述了金融发展与经济发展之间相互促进、相互制约的辩证关系；Lewis（1954）认为农民需要的资本远超过他们能够进行的储蓄，信贷资金对小农业和小工业发展是必不可少的；Nurkse（1958）认为要打破"贫困恶性循环"必须大规模地增加信贷资金供给。Galor 和 Zeira（1993）、Banerjee 和 Newman（1993）论证了金融市场缺陷与收入不平等之间的内在联动机制，凸显了信贷服务可得性在消除贫困方面的作用。正是基于信贷服务在解决收入不平等和摆脱贫困方面具有重要作用的共识，小额信贷实践开始在世界范围内展开，该阶段普惠金融体系的研究主要关注于微型信贷和微型金融机构的发展，其研究内容涉及联保借贷的履约机制、微型保险产品、微型金融对教育和女性地位的影响、微型金融机构的作用评价、内部控制及可持续性发展等方面，并逐渐形成了微型金融经济学的分析框架。

鉴于研究的针对性和可借鉴性，本书将国外学者的相关研究动态综述为四个方面。

一是关于农户信贷作用与功能的研究。农户作为农村的微观经济主体，要在一定的资金约束下做出生产、消费和投资决策，农户可以通过获得信贷服务改变初始禀赋，进行农业投资扩大生产规模，增加收入（Feder et al.，1990）；由于农业生产具有周期性，农户的收入并不稳定，农户在歉收的年份需要通过借贷来平滑消费（Duong and Izumida，2002）；Binswanger 和 Khandker（1995）认为正式借贷显著提高了贷款农户的劳动生产率和收入水平，并在一定程度上促进了农村社区的发展。Khandker（1998）认为包括小额信贷在内的正式借贷对许多农户的产出具有决定性影响，并能显著改善贫困农户的福利。

二是关于农户信贷服务模式与信贷配给的研究。在如何为农村发展提供信贷支持方面，"农业信贷补贴论"认为必须从外部注入政策性资金，由政府控制的金融机构分配信贷资金，而"农村金融市场论"则主张以市场机制来为农村提供信贷服务。Besley（1994）的研究表明，政府对金融市场的干预和抑制会导致农村金融市场萎缩，金融机构经营效率低下。Stiglitz 和 Weiss（1981）的研究显示，信息不对称与逆向选择会引发信贷配给，导致农村正规金融机构的信贷供给不足。

三是关于针对农户等弱势社会群体金融排斥的研究。Leyshon 和 Thrift（1993）的研究发现，金融排斥会导致地区的非平衡发展。Argent 和 Rolley（2000）的研究显示，经济发展落后的农村地区金融排斥问题更为严重；Kempson 等（2005）的研究发现，金融机构提高对低收入人群的信贷服务门槛会导致贫困阶层陷入恶性循环的陷阱。Beck 等（2007）的研究表明，金融准入机制存在缺陷是导致收入不平等和贫困陷阱的重要原因。

四是关于普惠信贷服务与金融发展的研究。印度尼西亚、孟加拉国、玻利维亚、巴西等国的实践表明，"为贫困人群提供银行服务"的微型金融和农户信贷是可行的，强调为低收入群体提供更广泛信贷服务的"普惠金融发展模式"得到认可和关注。Mosley 和 Hulme（1998）的实证研究显示，小额信贷机构能够以财务可持续的方式减少贫困。Giné 和 Townsend（2004）对泰国的实证分析显示，扩展信贷服务可以极大地提升泰国的经济增长率；Beck 等（2008）的研究发现，包容性更广的金融系统可以降低基尼系数；而 Banerjee 等（2015）强调了富裕者优先的信贷融资模式可能存在一定的效率损失，并证明了金融包容性对投资和经济增长存在潜在效应。Burgess 和 Pande（2005）的实证结果显示，农村金融机构的技术驱动型扩张具有巨大的潜在收益；Ivatury 和 Pickens（2006）的研究表明，新技术的运用可有效降低信贷服务提供者的成本，提高信贷服务的普惠程度。Cull 等（2012）提出非银行类代理点的发展可以扩大金融机构的覆盖范围，使得更多的贫困人口享受到更便捷的金融服务。德国技术合作机构对 10 个国家 35 种金融普惠政策进行的评估显示，农村微型金融机构的渠道改善、客户保护和金融身份确定等方案有助于提升信贷服务的普惠程度。Morawczynski 和 Pickens（2009）强调移动支付在扩展金融服务范围的同时，也增加了金融监管难度。2008 年普惠金融联盟成立，该机构制定了引导普惠金融发展的七大政策框架。Hannig 和 Jansen（2010）的研究表明，普惠金融的发展并不会影响金融体系的稳定，服务于贫困者的小微金融机构在金融危机中仍能保持稳定发展。Sarma（2008）则设计出用以测度各个国家金融普惠性程度的指数体系；Rodrigues 等（2017）对非洲 8 国的实证研究显示，金融监管部门对消费者隐私的恰当保护有助于普惠金融的发展；Raihan 等（2017）采用静态可计算一般均衡（computable general equilibrium，CGE）模型就微型金融发展对资本形成、生产率提升、资源跨部门配置的影响进行实证分析，结果显示微型金融对孟加拉国经济增长的贡献率在 8.9%~11.9%；Vazquez 等（2012）的研究发现，贫困人群将小额信贷用于补贴家庭生活，无法转化为生产中的剩余和盈利，导致借款人最终陷入贫困循环之中；Tam 和 Oliveira（2017）的研究发现，由于过于严格的金融准入限制，许多小额信贷机构成为影子银行，甚至转变为高利贷者。Francisa 等（2018）对东盟成员国普惠金融发展实践的研究显示，各成员国在银行服务渗透率、金融基础设施、电子支付水平等方面有着显著的差异，特别是在柬埔寨和缅甸，网络运营商承担着绝大部分的普惠金融服务；Shi 等（2019）基于中国农户调查数据的回归分析显示，在某些特定环境中，信贷配给会导致较高的信贷违约率；Liu 等（2019）的研究结果显示，网络借贷的可得性对中国家庭消费具有显著的影响。

以上丰富的研究为本书提供了逻辑起点，但上述研究多为实证研究，缺乏对提升农户信贷服务体系普惠性的整体性设计与规范性研究，尚不能为当前中国普惠性农户信贷服务体系建设与创新提供直接的政策依据，因此，本书充分考虑中国特殊的农村经济背景和金融环境，对普惠性农户信贷服务体系建设与创新的内涵和方向进行深入探讨及充分论证。

1.2.2　国内研究状况

与国外相关研究动态相类似，本书将国内学者的研究动态也概括为四个方面。

一是关于中国农户信贷制度的研究。张杰（2004）认为中国农户信贷制度的完善取决于农户利用农贷的经济能力，农户信贷制度改革的成本与收益不仅仅局限于农户和农村本身；何德旭和饶明（2007，2008）认为引入具有金融包容性的金融中介，可以缓解农村信贷市场的供求失衡及因此产生的金融排斥现象；温涛等（2005）认为实现政府、市场、社会等多种机制的协调是实现农村金融体系可持续发展的关键；洪正等（2010）、洪正（2011）认为中介化和农民自组织化可以实现农村金融资源的有效配置，新型农村金融机构改革更多地体现了控制风险的需要，但不利于金融市场增量体系的成长；冉光和（2012）认为政府主导的农村金融制度存在金融创新不足、普惠性缺乏的弊端；张红宇（2004）认为对农村金融机构进行不同的功能定位与组织创新，是农村金融体系改革的一种理性选择；何广文（2004，2008）从制度变迁和结构演进的视角提出了组织机构多元化的农村金融改革路径；孙同全和潘忠（2019）对中国的农村金融体制改革进行了系统的历史梳理，指出每次改革的基本内容都是旨在满足农村金融需求，并通过金融发展促进农村经济和农民收入的增长。

二是关于中国农户信贷需求与可得性的研究。马晓晴和黄祖辉（2010）发现农户信贷需求偏好与地区经济差异有关，向亲戚朋友借款是样本农户的第一选择；王定祥等（2011）的研究表明，家庭耕地面积、年人均收入水平等因素对经济困难型农户信贷需求具有显著影响；许圣道和田霖（2008）、高沛星和王修华（2011）剖析了中国农村地区金融排斥的空间差异与影响因素；刘艳华和王家传（2009）对中国农村信贷配给效率的实证分析显示，中国农村的信贷配给程度随中国农村金融体制改革而下降；黄惠春（2014）的实证研究结果表明，农户农地抵押贷款的可得性更依赖于农户的信贷记录，农地抵押贷款对解决小农户的融资困境并无明显作用；马燕妮和霍学喜（2017）的调查研究显示，家庭负担重且生产能力弱的专业化农户的正规信贷需求强烈，而存量资本高、生产能力强的专业化农户更易获得正规信贷；傅秋子和黄益平（2018）的实证研究表明，数字金融一方面减少了农村生产性正规信贷需求概率，另一方面增加了农村消费性正规信贷需求概率；李成友等（2019）对山东和江苏两省的调查研究显示，需求型信贷配给是农户信贷配给的主要形式，农户福利损失不仅未得到有效改善，还进一步恶化。

三是关于中国农村小额信贷的研究。褚保金等（2008）研究发现，针对特定经济困难农户的小额贷款有助于活跃和改善地方经济，助困小额贷款对贷款农户的家庭纯收入产生了显著的正向影响；何广文和李莉莉（2011）指出，中国还没有建立起一套完善的解决小额贷款机构资金来源问题的机制，创造有效服务农户的小额贷款模式是解决这一问题的重要手段；巴曙松和栾雪剑（2009）认为小额信贷是农村地区可供选择的重要的金融服务方式，小额贷款公司的可持续发展需要配套的制度支持；莫易娴（2011）指出，信息技术创新导致传统金融中介机构的重要性逐渐下降；叶湘榕（2014）提出对互联网金融的监管应坚持创新容忍与消费者保护相一致的原则，制定有针对性的监管方案，加强行业自律；王宇和藏日宏（2016）的实证研究显示，所有制形式对 NGO 的小额信贷机构的财务绩效无显著影响，外资机构更加关注小额信贷服务的深度，中资机构更关注小额信贷的广度；朱文胜（2018）提出，促进银行、政府内部科层的压力传导，改善银行、政府对接困难农户的科层治理机制，才能落实小额信贷政策；张春莉（2019）提出了创设普惠金融发展的"监管沙盒"机制，以及优化农村征信法制体系、构建差异化的监管制度的政策建议。

四是关于中国农村普惠金融的研究。杜晓山（2006，2008，2010）主张建立一个功能完备、分工合理、产权清晰、管理科学、监管有效、竞争适度、优势互补的普惠性农村金融体系；吴晓灵（2006）认为普惠金融有助于中国社会的和谐发展，应利用财政政策引导金融机构将金融资源投向农村领域；韩俊（2007，2009）强调引入竞争机制，创新农村金融产品和服务方式，加快建立普惠性的农村金融体系；焦瑾璞（2009）认为通过建设普惠金融体系，能够提供全民享受现代金融服务的机会和途径；曹凤岐（2010）认为多层次的农村普惠金融体系，有助于解决农村低收入人群的生存和发展问题；周小川（2014）强调要坚持民生金融优先，鼓励金融创新，推动包容性金融发展；王曙光（2013）认为建立农村普惠金融体系是中国农村金融体系的变革方向；杜朝运和李滨（2015）对各省普惠金融发展进行了比较研究，并从政府介入、金融产品、金融中介等六个方面提出了发展普惠金融的政策建议；宋晓玲（2017）则对中小银行移动普惠金融的战略选择与路径重塑的可行性和外部支持进行了系统的阐述；贝多广（2017）对数字普惠金融的社会经济价值、服务品种与数字化支付体系做了较为全面和深入的研究，并从宏观层面、中观层面和微观层面给出了相应的对策建议；曾刚等（2019）全面梳理了中国普惠金融政策体系、机构体系及服务模式等方面的前沿发展趋势。

国内学者的研究比较一致地肯定了普惠性农户信贷体系的重要性，但其对普惠性农户信贷服务体系的分析框架还不够系统，关于普惠性农户信贷服务体系建设的实现路径和创新模式研究尚待深入。本书在理论研究与实证分析的基础上，提出普惠性农户信贷服务体系的分析框架，探索普惠性农户信贷服务体系建设与创新的实现方式及相关制度设计。

1.3　研究方法与价值

1.3.1　研究思路与方法

本书以信贷公平和金融普惠发展为指导原则，首先通过广泛挖掘和科学吸收相关理论研究成果，在充分认识当前中国金融体制的一般性与特殊性的基础上，借鉴普惠性农户信贷服务体系建设的国际经验，科学界定普惠性农户信贷服务体系的内涵与外延，以及普惠性农户信贷服务体系的结构、建设模式、创新方式和约束条件；其次，运用计量模型方法对中国农户信贷服务体系的普惠性程度做出评价，揭示中国农户信贷服务体系中存在的主要问题，为检验与完善理论框架提供实证依据；再次，运用制度分析和历史分析的方法，剖析中国普惠性农户信贷服务体系建设与创新中面临的主要障碍，探索普惠性农户信贷服务体系的建设路径，论证普惠性农户信贷服务体系创新的机制保障；最后，围绕普惠性农户信贷服务体系建设与创新所需的制度环境，提出有针对性和可操作性的政策建议与政策保障。本书的研究思路与方法可以归纳为图 1-1。

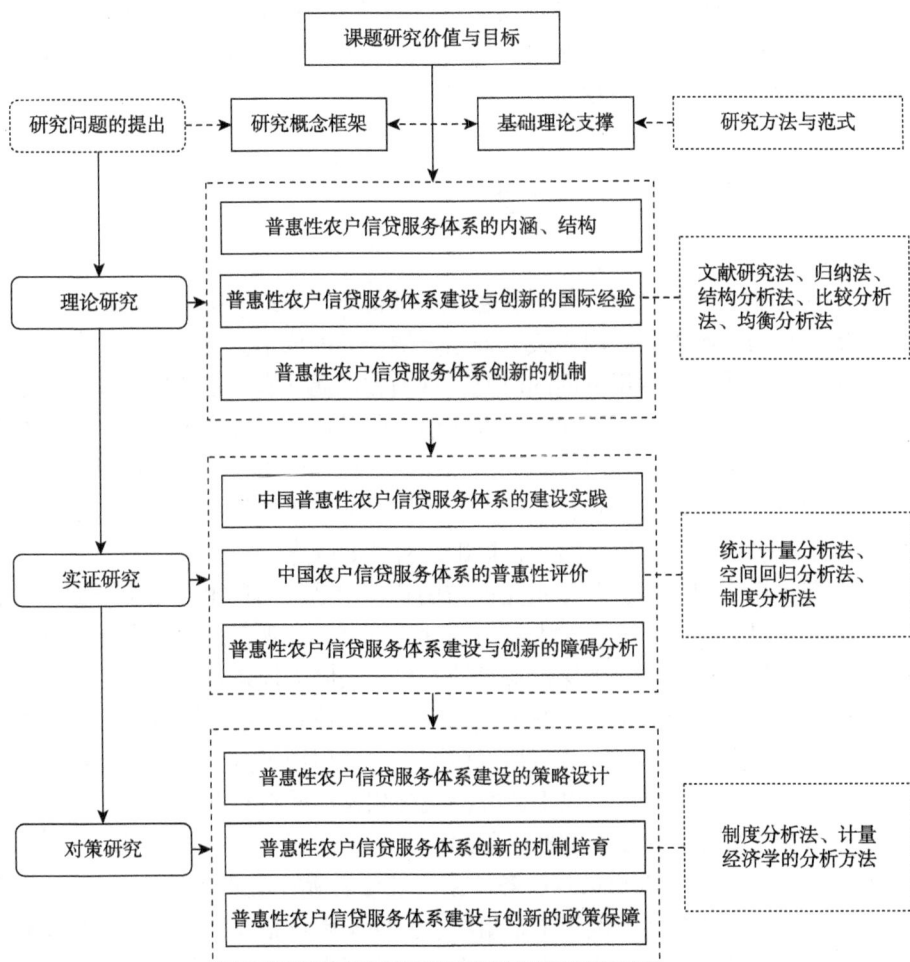

图 1-1　本书的研究思路与方法

本书由理论研究、实证研究和对策研究三大部分组成。其中，理论研究部分采用文献研究法和归纳法对普惠金融的概念进行概括和梳理，并运用结构分析法、比较分析法和均衡分析法对中国普惠性农户信贷服务体系的结构、创新方式和约束条件进行阐述和分析，在国际经验借鉴部分采用的是比较分析法，对不同金融体制的普惠性农户信贷服务体系的建设模式进行横向的比较分析。在实证研究部分，主要采用统计计量分析法和空间回归分析法对中国农户信贷服务体系的建设实践和普惠性进行量化评价，通过计量经济学的分析方法，揭示出中国普惠性农户信贷服务的状况与地区差异，并采用制度分析法对制约普惠性农户信贷服务体系的障碍进行初步分析。在对策研究部分，采用制度分析法对普惠性农户信贷服务体系的创新机制和功能定位进行设计，以组织体系、金融基础设施、信用环境为出发点，坚持商业可持续的原则，提出普惠性农户信贷服务体系创新的策略设计和机制培育方案，并给出相应的政策保障措施。

1.3.2　研究意义与价值

（1）对中国农户信贷服务体系普惠性的评价研究有助于揭示中国农户信贷服务的真实水平与地区差异。国内关于普惠金融研究的成果具体且丰富，但缺乏有关信贷服务体系普惠性度量方面的研究，本书尝试建立农户信贷服务体系普惠性程度的评价指标体系，并对当前中国农户信贷服务体系展开实证评价，该研究范式不仅有助于揭示当前农户信贷服务体系建设中存在的主要问题，而且可以将该指标体系与评价方法扩展到对整个信贷服务体系的普惠性评价，揭示影响农户信贷服务体系普惠性建设的障碍因素，提出针对性的改进措施。

（2）普惠性农户信贷服务体系建设与创新理论框架的提出有助于全面理解和认识普惠性农户信贷服务体系的内涵与外延。本书从微观金融组织、金融基础设施、经济环境与政策等方面来探讨普惠性农户信贷服务体系建设的内涵与外延，并从市场驱动与制度诱致相结合的视角，提出普惠性农户信贷服务体系建设的实现路径，从市场竞争、利率调节、技术协同、教育培训等方面分析普惠性农户信贷服务体系创新所需的机制，以上研究范式与相关成果将有助于推动普惠性农户信贷服务体系的系统化建设与创新机制的培育。

（3）提出了普惠性农户信贷服务体系建设与创新的政策保障措施。普惠性农户信贷服务体系是一个涉及微观金融组织、金融基础设施及经济环境与政策的多维复合系统，特别是在全面建成小康社会的时代背景下，加快普惠性农户信贷服务体系建设与创新的推进过程需要相关配套政策的支持，本书从财政支持、货币引导、金融监管、法治建设四个方面提出旨在促进普惠性农户信贷服务体系建设与创新的政策保障措施，以提升普惠性农户信贷服务体系建设与创新过程中配套制度的规范性与相关政策的适用性。

1.4　研究内容与资料

1.4.1　本书的研究内容

本书由理论研究、实证研究和对策研究三大部分组成，其中理论研究部分为本书提供思想指导，实证研究部分对本书的理论假设和研究对象进行检验与分析，而对策研究部分则在前两部分研究的基础上提出普惠性农户信贷服务体系建设与创新的对策建议。本书的具体研究内容包括：①总论，包括项目研究背景及问题、国内外研究状况、研究方法与价值、研究内容与资料等；②普惠性农户信贷服务体系建设与创新的理论框架，包括普惠性农户信贷服务体系的概念框架、结构解析、建设模式、创新方式、约束条件等；③普惠性农户信贷服务体系建设与创新的国际经验，通过考察国外普惠性农户信贷服务体系的建设历程，对国外普惠性农户信贷服务体系建设模式进行比较分析，从中进行经验归纳和总结，为中国普惠性农户信贷服务体系建设提供有益借鉴；④中国农户信贷服务体系的普惠性评价，主要对中国农户信贷服务体系的基本状况和组织建设进行回顾分析，对中国农户信贷服务体系的普惠性进行评价，并对农户信贷服务体系发展的区域差异与区域关联关系的轨迹特征进行分析；⑤普惠性农户信贷服务体系建设与创新的障碍分析，主要从信贷服务供给者、农村金融基础设施、金融发展结构、农村经济环境等方面揭示制约普惠性农户信贷服务体系建设与创新的主要障碍；⑥普惠性农户信贷服务体系建设的策略设计，主要从微型农村信贷机构培养、商业银行普惠金融事业部建设、农村金融基础设施改善、农村经济与信用环境优化等方面对普惠性农户信贷服务体系建设的路径进行分析；⑦普惠性农户信贷服务体系创新的机制培育，主要包括普惠性农户信贷服务体系创新所需的市场竞争机制、利率调节机制、技术协同机制、教育培训机制等；⑧普惠性农户信贷服务体系建设与创新的政策保障，主要从财政保障、金融监管、货币引导、法治保障等方面提出促进普惠性农户信贷服务体系建设与创新所需的政策保障措施；⑨主要结论与政策建议，是对本书研究结论与政策建议的归纳和总结。

1.4.2　本书的资料来源

本书的数据和文献资料包括三部分。

（1）国家统计部门及金融监管机构发布的数据资料。这些资料主要包括《中国金融年鉴》（1986~2018 年）、《中国农村金融服务报告》（2008~2018 年）、《中国区域金融运行报告》（2004~2018 年）、《中国金融稳定报告》（2005~2018 年）、《中国统计年鉴》（1981~2018 年）、《中国农村统计年鉴》（1985~2018 年）、《农业统计年鉴》（1997~2010 年）、《新中国五十年统计资料汇编》（中国统计出版社 1999 年版）、《中国农村住户调查年鉴》（2005~2018 年）、各年度《国民经济和社会发展统计公报》和政府相关部门的公告数据。

（2）CSSCI（Chinese Social Science Citation Index，中文社会科学引文索引）学术期刊、专业研究机构的研究报告及学术专著。这些学术期刊主要包括《金融研究》《经济研究》《管理世界》《农业经济问题》《中国农村经济》《经济学（季刊）》《统计研究》等；专业研究机构的研究报告主要包括世界银行扶贫协商小组的年度研究报告，世界银行的相关研究报告，中国社会科学院农村发展研究所和国家统计局农村社会经济调查司所著的《农村绿皮书》,中国人民银行研究局编著的《中国绿色金融发展报告》，中国银保监会、中国人民银行联合发布的各年度《中国普惠金融发展报告》，国家金融与发展实验室等编著的《中国普惠金融创新报告》，中国普惠金融国际论坛发布的《普惠金融国家发展战略——中国普惠金融发展报告（2016）》，原中国扶贫基金会（现中国乡村发展基金会）历年的年度报告及财务报告，被鉴定为合格及以上的国家级项目的课题研究报告；学术专著主要来自有一定学术影响力的学者和研究机构。

（3）国家监管部门的规章制度与文件，主要来自中国人民银行、中国银保监会、国务院相关部门的法律规定和政策文件，这些法律规定和政策文件的来源可靠真实、及时有效。

凡是本书引用的文献资料，均在本书的引用位置加以注明。

第 2 章　普惠性农户信贷服务体系建设与创新的理论框架

　　针对经济落后地区农户开展的小额信贷活动通常被认为是普惠金融发展的早期形式和动力源泉，本章从普惠金融的核心理念入手，对普惠性农户信贷服务体系的理论内涵做出界定，解析普惠性农户信贷服务体系的基本结构，归纳普惠性农户信贷服务体系建设的基本模式，探索推动普惠性农户信贷服务体系创新的实现方式。本章研究的主要目的是通过论证普惠性农户信贷服务体系的内涵与结构，总结普惠性农户信贷服务体系建设与创新的可选路径，为推动普惠性农户信贷服务体系包容性发展提供理论基础与智力支持。

2.1　普惠性农户信贷服务体系的概念框架

2.1.1　普惠性农户信贷服务体系的内涵

　　普惠金融虽然是近十几年提出的金融发展新理念，但关于普惠金融的早期实践源远流长，从早期对典当行利率的限定到爱尔兰贷款基金会的小额贷款，从德国合作金融机构的创立到发展中国家小额信贷的推广，从中华人民共和国成立初期的农村合作社运动到 21 世纪初的新型农村金融机构改革等，这些组织、政府等的努力旨在提高弱势社会群体对信贷资金的可得性，帮助他们解决生活或生产中面临的融资困难。普惠金融理念的提出一直与人类社会的反贫困斗争密切相关，在许多落后的发展中国家，要素禀赋差异造成收入分配与财富水平的差异性，很多人群处在贫困的境地或边缘，虽然导致这些人群陷入贫困的原因可能是多种多样的，但从金融发展的角度来看，多数学者认为缺乏必要的金融支持是他们长期处于贫困的深层原因之一。由于金融业的脆弱性与风险性，在经济落后的农村地区，农户通常很难得到正规金融机构的金融服务，为了能够帮助这些农户摆脱贫困，建立普惠性农户信贷服务体系的呼声与实践应运而生。

在提出和阐述普惠性农户信贷服务体系的概念内涵之前，必须对普惠金融的定义做出回顾和总结。由于不同主体和部门在实现普惠金融时的角度和定位不同，其对普惠金融的理解也有所不同。亚洲开发银行于 2000 年指出，普惠金融就是指为贫困人群、低收入家庭及微型企业提供各种金融服务；英国国会的财政委员会于 2004 年指出，普惠金融是指个人能够以可负担的成本来获得合适的金融服务和金融产品；联合国于 2005 年指出，普惠金融就是通过完善的金融体系和金融基础设施，将金融服务扩展到欠发达地区和社会低收入人群，为他们提供价格合理、方便快捷的金融服务；世界银行于 2008 年指出，普惠金融是指客户在获得金融服务时，没有价格或非价格方面的歧视与障碍，而这些金融服务包括信贷、存款、支付和保险等；印度普惠金融委员会于 2008 年指出，普惠金融就是要确保弱势群体和低收入阶层以较低的成本获得金融服务和足额的信贷；世界银行扶贫咨询专家组于 2011 年指出，普惠金融是指所有符合劳动年龄的成年人，都能够从正规金融机构获得包括信贷、储蓄、支付和保险等金融服务；普惠金融联盟于 2014 年指出，普惠金融就是要让被排斥在金融体系之外的人群能够享受到正规金融机构的金融服务。

从普惠金融的形成和发展历程来看，普惠金融最早起源于对信贷可得性的关注，随着普惠金融运动的扩展与深入，普惠金融的概念逐渐向多维度、宽内涵延伸。本书在借鉴以上国际机构和研究者对普惠金融概念理解的基础上，提出普惠性农户信贷服务体系的基本内涵。普惠性农户信贷服务体系是指以提高农户信贷可得性、可负担性、可持续性为手段，以实现农村地区信贷公平为目标，由微观金融组织、金融基础设施、经济环境与政策所共同构成的有机体系。需要强调的是，普惠性农户信贷服务体系不是一个单独存在的金融体系，它嵌套于现代金融体系与经济环境之中，具有减少金融排斥、降低贫困，促进农业与农村经济发展的功能。普惠性农户信贷服务体系的基本特征包括以下四个方面。

第一，普惠性农户信贷服务体系的终极目标是实现信贷公平。传统的信贷供给模式强调贷款申请人必须要有合格的抵押物或担保人、稳定透明的商业活动，而这些恰恰是众多农户所欠缺的，这使得多数金融机构会排斥来自农户的借贷需求，导致农户不能享有公平的信贷机会。现代金融技术与金融产品创新的事实证明，大部分农户是具有信贷偿还能力的，他们可以成为银行性金融机构的合格客户；而普惠性农户信贷服务体系就是在充分利用科学技术与组织创新的基础上，借助完善的信贷与金融服务体系快速识别农户的有效信贷需求，并通过商业运作的方式满足农户的信贷需求，尽可能地减少金融排斥现象，提高整个社会信贷体系的包容性，保障整个社会的信贷机会公平。普惠性农户信贷服务体系的宗旨是建立一个功能完备、分工合理、充分竞争、可持续发展的农户信贷服务体系，提高农户信贷服务的可得性和可负担性，降低农户的信贷成本，丰富农户的信贷服务方式，在农村地区实现信贷公平和金融的包容性发展，提升农户的信贷福利与收入水平。

第二，普惠性农户信贷服务体系是一个多层复合性系统。普惠金融早期发展的历史经验表明，单一的金融结构、薄弱的金融基础设施、过度的金融管制、强大的外部冲击和动荡的市场环境，不可能孕育出一个健康且可持续的普惠信贷体系，这说明农户信贷普惠性的实现需要一个从微观到中观再到宏观的多层复合性系统的支持，该系统的核心层主要由微观金融组织组成，它们应秉持自主经营、自我积累、自担风险、自我发展的经营理念与原则，为广大农户直接提供信贷服务；该系统的中间层是金融基础设施，它是普惠性农户信贷服务体系有效运行的体制保障；该系统的基础层是经济环境与政策，它为普惠性农户信贷服务体系提供稳健的外部保障。以上各个子系统之间的有机结合与相互支持是实现普惠性农户信贷服务的关键。

第三，普惠性农户信贷服务体系具有可持续性。这里所说的可持续性是指在实现农户信贷普惠性的过程中，放贷金融机构的财务必须是可持续的，金融资源的优化配置必须是可持续的。传统的农业信贷补贴论突出了农业的弱质性，强调通过信贷补贴的方式引导信贷资金向农村配给，但事实证明，长期的信贷补贴使得金融机构放松了对信贷的审慎性管理，这不仅极大地削弱了金融机构的财务稳健性，而且信贷资金也没有被最终配置到最需要的部门。因此，必须摒弃传统的信贷补贴方式，坚持适度商业化的原则配置信贷资金，这样不仅可以保证放贷金融机构的财务可持续性，而且能够实现信贷资金积累的可持续性和信贷资金配置效率的优化。信贷机构必须针对农户信贷的贷款金额小、缺乏合格抵押品、易受自然风险冲击等特点，不断提升自身效率、降低借贷成本，利用金融产品创新和市场化服务方式来识别那些有还贷能力的农户，并在财务可持续的前提条件下满足他们的需求。

第四，普惠性农户信贷服务体系建设依赖于金融创新。长期以来，低收入农户、贫困农户被排斥在正规金融体系之外。按照传统的信贷理论与技术，他们被认为是缺乏还贷能力的人群，然而，随着村镇银行组织的创立和团体贷款（group lending）技术的涌现，普惠金融发展进入了一个黄金时期，在信贷技术和信贷组织创新的推动下，人们发现即便是贫困农户也是有还贷能力的。以格莱珉银行（Grameen Bank，GB）为代表的微型金融机构的组织创新与产品创新，以及以肯尼亚的手机移动支付（M-Pesa）为代表的支付技术创新，大大提升了广大农户的信贷可得性和可负担性。各国的实践经验表明，通过信贷产品创新、征信技术创新、支付手段创新、信贷组织创新及互联网技术创新，可以减少农户对银行实体网点的依赖，消除信贷市场的信息不对称，降低信贷监督的成本，分散信贷机构的贷款风险。

2.1.2　普惠性农户信贷服务体系的结构

普惠性农户信贷服务体系是一个多层复合体系，本书从三个层次来展示和介绍该体系的构成，这三个层次分别是普惠性农户信贷体系的核心层、中间层和基础层。图 2-1 描述了普惠性农户信贷服务体系的基本结构。

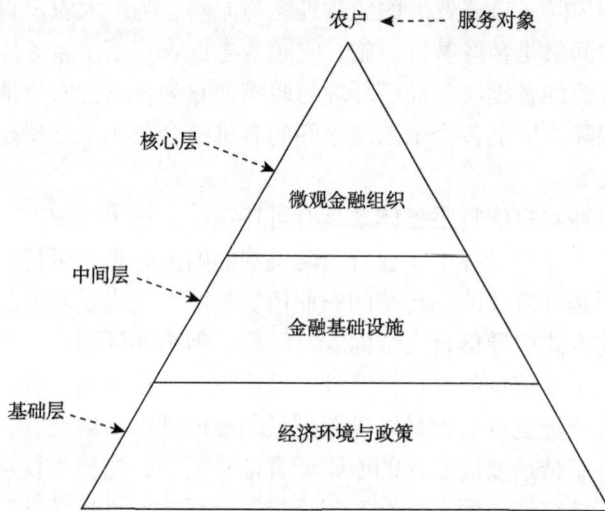

图 2-1　普惠性农户信贷服务体系的基本结构

本小节用三角形来表示普惠性农户信贷服务体系的基本结构，其中处在最顶端位置的是农户。处于上层位置的是核心层，它是整个普惠性农户信贷服务体系的核心部分，由各种信贷供给机构组成，具体包括政策性信贷机构、商业性信贷机构、合作性信贷机构等，它们是农户信贷服务的直接供给者，依据各自的职能定位与经营原则向农户提供可负担、可持续、适应性好、包容性强的信贷产品与服务。仅靠信贷供给机构还不能完全实现农户信贷的普惠性，还必须依靠中间层和基础层的支持。处在中间层的是金融基础设施，本书所定义的金融基础设施不仅包括信用登记、支付清算体系、金融信息披露、金融安全网等，还包括合理的金融产业结构与金融市场结构。安全高效的金融基础设施可以降低信贷机构的风险，提高信贷机构的效率与金融消费者的福利。处在最底层的是基础层，它由信贷机构可持续经营所需的经济环境与政策组成，包括经济环境、经济结构、产权制度、信用环境等。要保证信贷机构的正常运营必须保持一个稳定透明的经济政策与环境。提高农户信贷服务体系的普惠性，核心层、中间层、基础层三者缺一不可。

处在该体系最顶端位置的是农户，也是普惠性农户信贷服务体系的服务对象，该对象应包括低收入、中低收入、中等收入、中高收入和高收入的农户群体。农户的信贷服务需求不仅包括狭义的贷款服务，如为农户个人、家庭、农村小微企业提供的周转性、生产性及消费贷款，还包括以下服务：一是存款服务，主要是指金融机构为农户的短期盈余资金提供保管及增值的服务；二是储蓄服务，即为农户的未来长期的固定支出提供相应的储蓄保障与资本增值服务；三是支付结算，主要包括为客户提供代收代付、资金转移、外汇兑换等服务；四是财务投资规划与咨询服务，主要是为客户的投资、融资行为进行成本、期限及风险等的设计、规划与咨询。

2.2　普惠性农户信贷服务体系的结构解析

依据本书对普惠性农户信贷服务体系结构的定义，本节对该体系中每一个分层结构的具体特征与要求展开如下分析。

2.2.1　普惠性农户信贷服务体系的核心层

普惠性农户信贷服务体系的核心层是由信贷供给机构组成的，本书认为普惠性农户信贷服务的供给者应满足以下三个条件。

1. 多样化、广覆盖的信贷组织机构

本节仅从信贷服务的直接供给者角度来展开对普惠性农户信贷组织机构体系的阐释。从各国追求普惠信贷的实践过程来看，信贷的供给主体主要包括银行性金融机构、非银行金融机构、合作性金融机构、NGO，这些信贷组织机构在推行普惠信贷过程中具有各自的比较优势与发展轨迹。在一个健全的信贷组织机构体系中，它们之间的放贷行为彼此联系、相互影响。其中，银行性金融机构主要包括政策性银行、商业银行、邮政储蓄银行、农村商业银行、村镇银行、社区银行等；非银行金融机构主要包括贷款公司、小额贷款公司、典当行等；合作性金融机构的成员、运行规则与服务对象具有一定的封闭性；NGO 更强调社会责任，它们是普惠信贷服务的先行者，但它们的服务群体相对有限。

　　一般而言，银行在提供信贷服务时的主要优势体现在以下方面：一是能够提供包括存款、贷款、支付、结算等综合服务，满足客户的日常信贷需求；二是具有大量的分支机构，其分布范围可以覆盖大部分的城市和农村地区；三是银行能够让客户享受既有的金融基础设施带来的服务便利；四是银行拥有更多的可供投入金融科技和金融创新领域的资源，以提高自身的竞争能力，强化自身的竞争优势。就商业自利的角度而言，一方面，银行在提供信贷服务时更多是出于追逐利润的动机，因此可能会冲淡其对减少贫困、实现信贷普惠的意愿，不愿意去主动识别农户的有效信贷需求；另一方面，银行的信贷产品多数依赖于标准化的经营模式，可能无法充分满足农户的信贷需求。与银行性金融机构相比，非银行金融机构虽然不具备资本规模大的优势，但是这些金融机构具有非常明显的本土优势，它们更了解农户的信贷需求特点和还贷能力，有着更为灵活的经营模式。NGO 是普惠信贷供给机构中一支非常引人注目的力量，它们通常是普惠信贷有力的倡导者和践行者，在某些国家这些 NGO 具有非常广的信贷服务覆盖范围和影响力，如孟加拉国农村促进委员会（Bangladesh Rural Advancement Committee，BRAC），该委员会的目标就是"创建一个良好的环境，使一个公平的社会成为可能"。那些资金来源主要是捐款的 NGO，更强调信贷对削减贫困、促进社会公平的作用，但此类 NGO 会经常面临财务不可持续的难题，因此一部分 NGO 已经开始转制为正规的金融机构，如在玻利维亚、秘鲁、肯尼亚、乌干达、孟加拉国、墨西哥等国家，借助组织转型和业务开放，这些 NGO 所服务的贷款客户的规模进一步扩大。此外，信贷合作组织也是推动信贷普惠的组织形式之一，它通过自愿加入的方式为会员提供信贷服务，会员通常居住在相同地点、从事类似的经营活动，它是一种自助的、非营利性的合作金融机构，信贷合作组织只为会员提供普惠信贷服务，其管理任务也通常由会员担当。要保证信贷合作组织的正常运行必须满足两个条件：一是会员相互监管的成本要足够低；二是任何一个作为净借款人的会员都不能垄断整个信贷合作组织的经营。

　　多样化、广覆盖的信贷组织机构体系为普惠信贷的产生与推广提供了发展机会和组织保障。许多经济落后国家普惠金融的发展经验表明，往往是那些 NGO 率先点燃普惠金融的"星星之火"，之后更多的信贷机构（特别是商业银行）才意识到贫困人群也具有还贷能力，从而逐渐开发农村信贷市场。那些金融普惠程度较高的发达国家的农户，则通过发达金融产业分工和在充分的金融市场竞争中获得更多的信贷机会，其强大的政策性银行、商业银行体系和广泛分布的合作信贷组织为普惠信贷做出了重要的贡献。

2. 信贷机构遵循商业原则开展运营

信贷机构是信贷服务的供给者，它可以承担一定的社会进步责任，但不能成为财富的施予者，否则，其自身的财务可持续性必将受到损害，因此，信贷机构在实现普惠信贷的过程中要正确处理社会责任与商业利益之间的利害关系，在遵循市场规律、坚持商业原则的基础上将信贷资金配置给有还贷能力的农户，不能把针对农户的信贷产品当作纯粹公共产品。

从普惠信贷的历史经验来看，制约信贷机构商业可持续性的主要障碍表现为以下两点：一是针对农户信贷的经营成本较高。由于多数农户的信贷资金需求数额较小，针对农户的单笔借贷的资金成本就比较高，这无疑加大了放贷机构的经营难度，若不能有效地控制资金筹集成本，就会使得从事农户信贷的金融机构陷入财务困境。二是农户的信贷风险较高。由于农户的大部分生产经营活动是与农业生产相关联的，涉农信贷除了要面对市场风险、经营风险、操作风险、价格风险等风险因素之外，还要面临一定的自然风险，而这种风险通常是比较难以预测和化解的，故从事涉农信贷的金融机构就会面临比其他金融机构更多的不确定性。

总之，高成本和高风险既是制约放贷金融机构可持续经营的主要障碍，也是信贷机构能否实现涉农信贷既"普"且"惠"的关键制约因素。从历史经验来看，解决这一难题不仅需要金融机构不断进行产品和技术创新，也需要在金融制度和金融体制上有所创新，更需要金融基础设施的不断完善和配套。

3. 有效的信贷产品与服务定价机制

我国农村地区人口大多数属于较低收入的弱势社会群体，他们是普惠金融体系的主要服务对象。我国 2012~2016 年基尼系数数值处在 0.46~0.47，导致我国的财富分配更多呈现"一九规律"，即弱势群体占比更高，因此普惠信贷服务对象呈现长尾化特征。这种特征决定了信贷机构必须通过有效的需求识别机制与产品定价机制将有还贷能力的农户识别出来，并设计出差别化、创新性的信贷产品与服务，来满足这些"长尾群体"的信贷需求，实现普惠信贷产品成本与金融机构合理利润之间的良性循环，不断扩展普惠金融服务对象的长尾化程度，以让更多的低收入农户等弱势群体获得普惠信贷服务。完善的信贷产品定价机制可以满足农户的多样化信贷需求，有利于引导各金融机构在有效防范金融风险的前提下有效拓宽合格抵押品的范围，完善创业担保贷款、助学贷款等政策框架，鼓励金融机构运用互联网、大数据、云计算等新兴的数字技术，降低金融交易成本，延伸服务半径，让更多的人享受到账户开立、存取款、支付结算等基础性的金融服务。各类信贷产品与服务的定价离不开动态的市场供求博弈与准确的风险成本核算，而完善的市场化资源配置制度与良好的信用评价体系是实现普惠信贷产品定价的有力保障。

2.2.2 普惠性农户信贷服务体系的中间层

仅靠信贷供给机构的努力来实现农村信贷的普惠性是远远不够的，因为这些金融机构开展运营时必须借助必要的金融基础设施和合理的产业分工与协作，这正是普惠性农户信贷服务体系的中间层所包含的内容。

1. 高效安全的支付清算体系

支付清算体系是便利金融机构进行资金交易与资金收付的各种支付、结算与清算体系的总和。农村村落与农户居住的分散性使得农户在享受现代金融服务时存在着一定的自然障碍，通过完善的支付与结算体系，可以提高对农村地区信贷清算服务的覆盖面，缩短农村信贷机构之间资金转移、拨付的时间，提高农村地区资金的利用效率；引导农村信贷机构在风险可控、成本可控的前提下，开展旨在便利农户现金支付、现金汇款、转账汇款、存取款、代理缴费业务等服务；依托农村医疗保障、养老保障、公用事业补贴、财政补贴等代理项目，便利农户享受基本的公共保障服务；通过单位结算账户向农村小微企业提供非现金结算与支付服务，减少资金漏损，保障营运资金安全，掌握农户和农村小微企业的资金状况，在可偿还的基础上为农户和农村小微企业提供必要的增信与授信服务，帮助农户解决短期资金困难。

2. 完善的农户信用评价体系

征信体系不仅是普惠性农户信贷服务体系中重要的体制基础，也是整个金融体系良性运行、健康发展的重要一环，发达的征信体系有助于提高公民与社会的信用价值意识，形成对经济部门与个人信贷行为的约束与激励机制，缓解信贷过程中存在的信息不对称现象，提高农户融资时的便利性和审查速度，开拓农村地区的信贷消费市场。通过建立完善的社会征信体系，可以提高整个社会普惠金融发展的深度与水平，随着征信制度在农村地区的普及，为那些没有信用记录的农户和农村小微企业建立完备的信用档案与信用记录，可以多渠道地采集农户、农村小微企业、农民专业合作社、家庭农场等农村地区生产经营主体的信用信息，与农村商业银行、农村信用社、村镇银行、贷款公司、资金互助社等信贷机构进行系统对接，引导信贷机构将农户信用评价结果纳入信贷管理中。通过在县、乡、镇等农村基层行政组织中建立农户信用数据信息库，可以搭建一个信用共享、信用培育、中介服务、金融支持、政策扶持等多位一体的信用网络服务平台，根据农户的信用等级给予农户不同的授信额度和贷款利率。

3. 充分竞争的农村金融市场

普惠性农户信贷服务的供给需要遵循商业化运作原则，通过可持续经营方式最终得以实现，这需要为农村金融机构提供一个充分竞争的市场环境，其主要内容包括：①多层次的金融与信贷市场。通过多层次的金融与信贷市场，可以为不同流动性偏好与不同信贷风险偏好的机构和农户提供更加特色化的金融工具与产品，以满足不同借贷者的信贷需求；实证研究表明，合理的信贷市场集中度对于提高金融机构的成本效率和利润效率是有益的，而过度集中的信贷市场不仅会抑制金融效率的提高，而且容易形成市场垄断。②科学的金融产业分工与协作。众多的信贷机构只是实现农户信贷普惠性的必要条件，若想实现农户的信贷可得性、可负担性和可持续性，还需要一个有效分工与合作的金融产业组织体系。农户信贷服务涉及信息收集与分析、产品设计与定价、风险识别与控制、资金结算与清收等多个环节，需要借助专门的技术手段和组织机构来完成，科学的金融产业分工可以让信贷机构、征信机构、支付清算机构与金融监管部门充分发挥各自的比较优势，提高信贷服务水平，降低信贷风险，优化信贷资金的配置效率。③健全的社会信用担保体系。过于集中的信用风险或者过高的风险水平可能会打击信贷机构的放贷信心，通过健全的社会信用担保体系，不仅可以识别和控制借款人的信用风险，还能有效地分散信贷损失。④市场化的利率形成与传导机制。政府应当避免对农户信贷利率的直接管制，小额信贷的长期经验表明，不合理的信贷利率上限是众多信贷机构退出农户信贷市场的关键原因之一，应通过市场利率的变化来影响农户的信贷行为，尊重金融市场的利率定价与利率调节机制，引导和调节农户的信贷资金配置效果。

4. 健全完善的金融监管体系

金融监管体系主要包括：①市场化的金融市场准入制度。银行业是高风险行业，严谨的金融市场准入制度是控制信贷风险的必要手段，针对农村信贷市场的准入管理应重点强调资本限额、营业资质、管理人才、风险控制等，建立一个公平、中立的金融市场准入制度。②及时有效的信息披露与评价体系。通过建立规范全面的信息披露制度，可以让金融市场与监管部门及时了解信贷机构的财务状况与风险水平，及时预警和处置信贷机构的经营风险，避免发生信贷机构的支付危机与系统性风险事件。③完善的金融安全网制度，包括存款保险制度、问题银行的救助制度及最后贷款人支持制度。实现农户信贷服务的普惠性是一项具有经济与社会双重目标约束的工程，通过多重的金融安全网可以鼓励信贷机构向农户和农村地区投放贷款，缓解存款人对信贷机构的信任危机，减少存款人的损失。

2.2.3　普惠性农户信贷服务体系的基础层

农业与农村经济是农村信贷机构开展运营的经济基础，而农户信贷服务的可得性和可负担性也会受到经济环境与政策的影响，这种影响主要体现在以下两个方面：一是农村经济基础决定着农村与农业的产出能力与水平，农村经济的产出能力越强，其履约与偿债能力也越强，为其提供信贷服务的金融部门的资产质量则越好，农村信贷机构的可持续经营能力越强；二是经济环境会对农村信贷机构、信贷市场和金融机构经营环境的稳健性产生影响，经济政策及制度的变化会直接影响农村地区的金融环境，对金融机构的日常经营产生冲击和影响。普惠性农户信贷服务体系对基础层的要求如下。

1. 稳定与持久的农户财产权利

农户是以家庭为单位的经济部门，农户的基本财产权利是农业生产与农村经济稳定发展的基础，也是农村信贷部门贷款投放时的重要决策依据。农村金融机构通常会根据农户家庭资产的质量与社会关系水平决定信贷额度与利率水平，而农户家庭资产的质量与农户土地财产权利的稳定性与持久性有着密切关系，如农村信贷机构不太可能给一个只有 1 年承包经营权利的农户提供长达 5 年的贷款。以中国农户的财产权益为例，土地承包经营权、宅基地使用权、集体收益分配权是农户主要的财产权，一方面，目前中国农村的土地是集体所有、农户承包经营，这种权利规定不利于金融部门精确计算土地价值，也不利于农户获得持续稳定的信贷资金支持；另一方面，农村宅基地使用权的收益性和流动性都比较差，这不仅影响农户住宅资产的价值评估，也让农村信贷机构在接受此类财产抵押时小心翼翼。截至 2016 年末，中国在 232 个县开展农村承包土地经营权贷款试验，在 59 个县开展农民住房财产权抵押贷款的试点，贷款金额分别为 140 亿元和 126 亿元，该项试点的成功很大程度上取决于农户基本财产权利的稳定性与持久性。

2. 农业经济的发展水平较高，农村经济增长的稳定性较好

农业经济的发展水平是衡量农村经济基础的重要指标之一，也是影响农村信贷机构经营可持续性的重要因素。在农村经济发展过程中，不断成长与壮大的农村经济部门与农户，一方面会对农村信贷机构的服务内容与质量提出更多、更新的需求，刺激农村信贷机构不断拓展农村信贷市场；另一方面，较高的农村经济发展水平有利于抑制农村信贷机构不良资产的产生，提高农村信贷服务体系对不良资产的消化与处置能力。实践表明，农村经济发展水平越高的地区，农村信贷机构的经营活力就越强，农户信贷服务的普惠程度也越高，说明农村经济发展水平与农户信贷普惠性之间存在正向关系。不仅如此，农村经济增长的稳定性也是影响农户信贷可得性的重要因素，农村经济的波动性不仅会对农户和农业部门产生冲击与影响，这种影响还会通过金融资本传递给农村信贷部门。因此，农村经济的波动性越强，对农村信贷机构的影响越大，这会极大地挫伤农村信贷机构服务农户与农村经济部门的积极性。

3. 农业产业竞争力较强，农业结构优化

产业竞争力是影响经济资源与金融资本在各种不同类型经济部门之间分配的重要因素之一，竞争力越强的经济部门对经济资源与金融资本的吸引力也越大，信贷资本更容易被配置到这些部门；实践表明，在人类社会的发展历史进程中，工业部门的经济竞争力长期高于农业部门，信贷资本和服务更多地集中在工业部门和城市地区，城市地区的信贷普惠程度更高。世界银行集团的 G20 普惠金融指标体系 2014 年（每三年调查一次）的统计结果显示，城市经济发达地区的挪威、丹麦、芬兰、瑞典等国家的金融普惠程度最高，新西兰、美国等国家的信贷市场的信息障碍最少；而农业部门与农村地区的竞争力越弱，则农户与农村地区越容易被正规金融部门排斥。农业产业结构的优化程度也是影响农村地区经济效率与发展水平的重要因素，农业产业结构的优化程度决定着农村地区农业经济发展的地区趋势与潜在能力，也决定着农业部门的系统性风险水平，较低的农业产业结构优化程度预示着未来较高的系统性风险水平，这将使金融部门远离农业部门与农村地区。

4. 诚信为本的信用环境与信用文化

诚信水平既是一个表征社会伦理道德水准高低的指标，也是一个反映社会信用体系发达与否的标志；诚信水平越高的地区往往信用体系越发达，经济部门或个人失信的代价也越大。现代经济发展的实践已经表明，市场经济制度实际上是由一系列复杂的经济与社会契约关系所构成的，这些契约关系是社会经

济发展的制度基础与保障，诚信为本的信用文化就是对已有经济与金融契约关系的尊重与维护。诚信的制度环境与较高的信用文化水平可以降低放贷金融机构的信息收集成本，金融机构不需要花费过多的人力、物力去调查潜在借款人的道德风险；诚信为本的信用环境与信用文化可以拓展农户的经济交易边界，农村经济的发展深度和水平也会随之提高，农村地区的经济效率和繁荣程度也会上升；诚信为本的信用环境与信用文化还能促进农户之间的交流与协调，增强集体行动的约束性与效率，而农村专业合作社与农村信用社正是在互信的基础上得以发展和壮大的。实践经验表明，农村地区农户的违约成本通常比城市地区要低，因此信用制度的重要性容易被忽视，诚信为本的信用文化意识相对淡漠，这既约束农户的自身经济发展，也让金融机构不敢轻易进入农村信贷市场，农户信贷的普惠性也无从谈起。

2.3　普惠性农户信贷服务体系的建设模式
——基于核心层的分析

普惠金融的早期实践源于金融机构民间组织的小额信贷，并在较短的时间内迅速在世界范围内推广和普及，本书通过对已有经验的收集和整理，将普惠性农户信贷服务体系核心层的建设模式概括为以下三种。

2.3.1　NGO 推动的建设模式

在很多国家普惠金融的早期实践中，NGO 扮演着开拓者的角色。小额信贷作为一种反击贫困的工具和手段，最早是由那些关注社会公平与责任的 NGO 来推动和实现的。根据世界银行扶贫协商小组的最新统计，全世界有约 9 000 个 NGO 的小额信贷机构，这些组织主要或全部致力于向贫困人群提供小额信贷。在孟加拉国 2 460 万人的小额贷款人群中有高达 60% 的客户是属于 NGO 的，其中包括孟加拉国社会促进协会（Bangladesh Association for Social Advancement, BASA）、孟加拉国农村促进委员会；在印度尼西亚，NGO 所主导的小额信贷机构不仅经受住了亚洲金融危机的考验，还为缓解印度尼西亚的贫困问题做出了非常突出的贡献；国际社区援助基金会（Foundation for International Community

Assistance，FINCA）在亚洲、非洲、美洲等 14 个国家开办了以小额贷款为主的乡村银行（village bank，VB）。NGO 推动的普惠性农户信贷服务体系的基本原理见图 2-2。

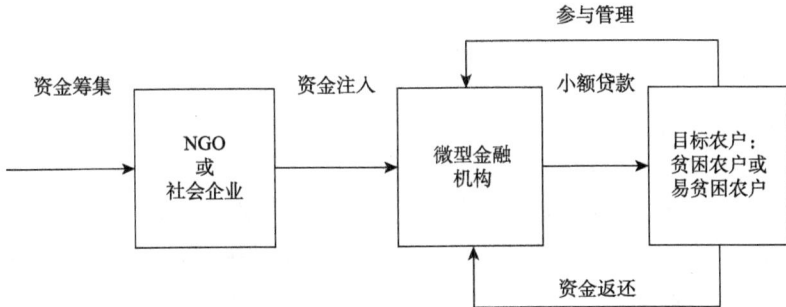

图 2-2　NGO 推动的普惠性农户信贷服务体系

　　本节主要以国际社区援助基金会的运作模式为例，来解析 NGO 如何推动普惠性农户信贷服务体系核心层的建设。NGO 的发起人或管理人通过各种渠道获得资金资助（主要是社会捐赠），然后将这些资金通过特定的运营团体以小额贷款的方式发放给贫困人群。以国际社区援助基金会的运营模式为例，该组织将 10~50 个援助对象（村民成员）结为一个团体，并将援助资金与这些村民成员缴纳的股金结合在一起，成立"乡村银行"（不具有法人资格），村民成员共同制定管理规则，决定贷款的投向与规模，每笔贷款从 50 美元到 500 美元。

　　NGO 推动的普惠性农户信贷服务的优势主要体现在以下两个方面：一是更强调信贷服务的社会责任，旨在通过信贷扶持解决贫困问题。大部分 NGO 是具有公益性质的组织，这些组织通常更关心社会弱势群体的权益保护问题，更执着于追求社会目标与责任，因此这些机构在开展小额信贷服务时会更加关注贫困农户的信贷需求，不会轻易出现"使命漂移"（mission drift）现象，信贷扶贫的效果更好；二是更愿意通过创新的方式、方法来解决如何更好地为农户提供信贷服务的问题。由于受人力资源的限制，NGO 所扶持的信贷机构不可能在信贷监督上投入过多的管理资源，它们会根据信贷机构所在地区的经济、社会、宗教等特征，利用群体监督和社会监督的方式来降低受资助农户的信贷风险，提高信贷效率，而这种方式通常是低成本、有时甚至是零成本投入的，这就是为什么许多 NGO 所资助的信贷机构在缺乏足够专业人员管理的条件下，还能够实现一定程度的可持续发展的原因。

　　NGO 推动的普惠性农户信贷服务的不足也是非常明显的，具体表现在以下三个方面：一是资金筹集经常会面临困难。由于是公益性质的组织，NGO 扶持的信贷机构的资金主要通过社会捐助的方式来筹集和获得，资金筹集的数量有很大的不确定性，这种不确定性在捐助者没有看到捐赠资金产生明显的预期效果时会显得尤为突出，当 NGO 不能获得及时有效的资金补充时，信贷扶贫的能力与效果都会受到影响。二是信贷机构的总体管理水平不高。NGO 资助的信贷机构的规模通常都比较小，它们无法像大型正规金融机构一样通过非常高的薪酬激励来吸引高级管理人才，因此人才短缺和管理水平低下是许多 NGO 扶持的信贷机构所面临的共同难题，虽然管理创新可以在一定程度上缓解这一难题，但是当 NGO 扶持的信贷机构发展到一定规模时，这一问题会变得非常严重。三是 NGO 信贷机构的主要服务是小额信贷，它们无法向农户提供更多、更高级的信贷服务。四是在部分国家，NGO 及由其扶持的信贷机构不被政府部门包容。由于 NGO 所扶持的信贷机构从事的是金融业务，但其自身又是公益性组织，这给很多国家的金融监管带来一定的挑战。政府一方面希望借助这些 NGO 的力量来缓解贫困问题，但又对如何约束这些信贷机构的经营行为和社会影响感到担忧，当 NGO 服务农户的规模越大时，这种担忧会越严重，招致政府干预的可能性也越大。此外，关于 NGO 扶持的信贷机构的扶贫效果在有些国家还存在一定的争议，部分学者质疑信贷支持是否在农户脱贫中起到了关键性的作用。

NGO 推动的普惠性农户信贷服务体系的发展方向呈现出两极分化的趋势：一部分 NGO 信贷机构开始走向商业化的道路，另一部分 NGO 信贷机构则继续扶贫开发。由于受资金捐赠的限制，一些主要 NGO 信贷机构借助商业化的运作方式来实现财务的可持续与社会责任的均衡。根据 2003 年国际小额信贷数据采集分析机构的一项统计数据，在 146 家 NGO 小额信贷机构中有 53% 的机构是财务可持续的，而这些可持续的小额信贷机构中多数都是大型的小额信贷机构。与 NGO 信贷机构商业化运营相伴生的问题是，这些机构还能否坚持扶贫第一的社会目标与责任，是否会出现"使命漂移"现象，这一问题有待于进一步观察与研究。对于那些依然坚持扶贫开发的 NGO 信贷机构而言，其面临的问题也很突出，包括它们能否提供给农户所需要的更多信贷与金融服务，能否继续通过创新来解决管理中的诸多问题，能否长期实现财务的可持续等。学者还不能对这些问题给出一致的解决方案，这也在某种程度上制约了 NGO 信贷机构提供普惠信贷服务的能力。

2.3.2　市场主导的建设模式

市场主导的建设模式是指主要通过市场机制向农户提供普惠信贷服务。市场主导的普惠性农户信贷服务体系的基本原理见图 2-3。

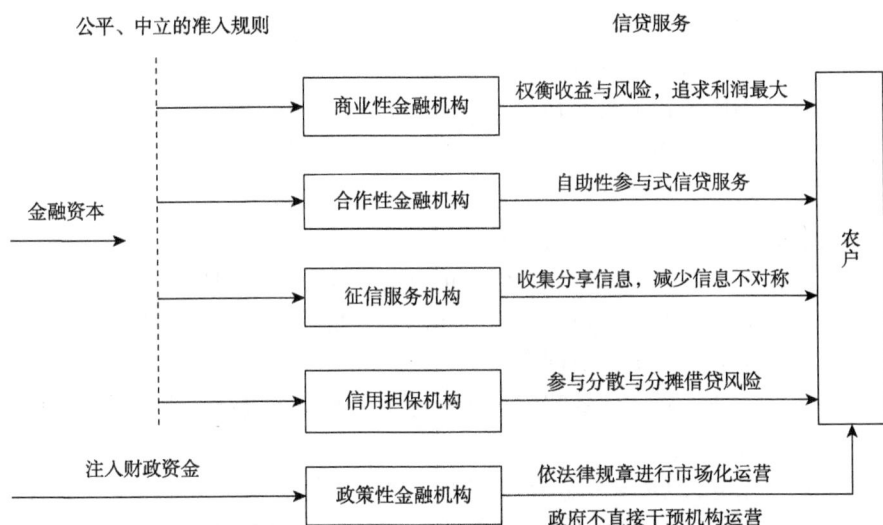

图 2-3　市场主导的普惠性农户信贷服务体系

市场主导的建设模式的基本前提之一是有发达的市场经济基础与完善的金融市场体系。市场总是逐利的，而农户所从事的农业产业虽是国民经济发展所必需的基础产业，但具有较高的自然风险与市场风险，因此容易被金融市场排斥。在市场主导的建设模式中，借助发达的市场分工与金融体系，利用金融工具与金融制度的创新可以有效降低农户和农村地区的信贷风险，通过政策金融体系、市场金融体系与合作金融体系的相互协调与配合，激励农村和农业信贷机构不断提高农户信贷的可得性和可持续性。基本前提之二是有完善的信贷法律保护制度。信贷法律保护制度不仅可以保证农户、农业、农村地区信贷投入的规范性，还可以在发生诉讼纠纷时有效地保护债权人的合法权益，为农村信贷机构提供一个稳定良好的信贷环境。以美国为例，1916 年的《联邦农地抵押贷款法》、1923 年的《农业信贷法》、1934 年的《联邦信用社法》、1938 年的《联邦农作物保险法》、2014年的《农业和农村联合发展法案》的相继出台和不断完善，为美国建立多元互补的农村金融市场体系奠定了有力的法制基础和政策保障，农户可以获得稳定的短期、中期、长期的农业信贷支持。基本前提之三是农户的自律意识和合作意识较强。农户应当具有独立的经济地位，在生产上自主自愿、依法依规开展经营，根据自愿性与互助性相结合的原则建立农村与农业信用合作组织，农户相信互助合作可以增加获得信贷的机会、降低信贷风险，愿意借助社区自助来提高农户的信贷可得性和可持续性。

市场主导的建设模式的优势之一是金融机构的信贷效率比较高。在发达的市场经济条件下，农业与工业、城市与农村的市场化与一体化程度都比较高，农户的农业经营基础比较稳固，农业生产经营效率较高，农村金融基础设施比较发达，农村金融市场上信息不对称问题得到有效解决，农村金融机构的贷款定价能力较强，可以快速识别农户的有效信贷需求，并根据农户的信用风险水平，借助创新性信贷工具来满足农户的信贷需求，农户信贷的普惠性程度比较高。市场主导的建设模式的优势之二是信贷风险的分散与分摊机制比较完善。由于有发达的市场经济基础和金融市场体系的支持，农户的农业经营风险可以通过农业保险、农业补贴等手段得到一定的控制，农户信贷可以通过农业贷款担保、农业再贷款、信用违约互换等方式分散和分摊风险与可能产生的贷款损失，激励农村金融机构向农户提供信贷服务的积极性与创造性。

市场主导的建设模式的缺陷就是在遭受重大的经济或社会事件冲击时可能会产生严重的损失。以爱尔兰贷款基金会为例，它的小额贷款业务曾经服务了 60%以上的爱尔兰家庭，但是该基金会在 17 世纪的一场马铃薯危机中遭受了非常严重的打击，受大面积人口死亡和大量饥饿人口移民外迁的影响，爱尔兰贷款基金会产生了大量的坏账损失。由于 1929~1935 年世界性经济大萧条的影响，美国联邦土地银行的贷款总额从 1929 年最高峰时期的 11.98 亿美元，下降到 1932 年的 1.17亿美元，美国联邦土地银行的债券发行非常困难，由于美国联邦土地银行在筹集资金时面临严重困难，农户的贷款需求无法满足，而大面积信贷违约事件的发生和流动性的严重紧缩，导致银行与农户的债务清偿出现严重困难，美国的农业生产与农村金融陷入困境。不仅如此，美国 2007 年爆发的次贷危机更是为市场主导的金融发展模式敲响警钟，过度的金融创新、高企的财务杠杆、道德风险失控更是放大了经济波动对金融市场的冲击。因此，在市场主导的普惠性农户信贷服务体系建设过程中，建立正确的金融监管制度显得非常重要。

2.3.3　政府参与的建设模式

政府参与的建设模式就是通过政府干预与介入来推动建设普惠性农户信贷服务体系。政府参与的普惠性农户信贷服务体系的基本原理见图 2-4。

政府参与的建设模式的假设之一是政府部门的干预和介入可以加快普惠性农户信贷服务体系的建设，有效提高一国普惠金融的发展水平。尽管 Shaw（1973）认为政府对金融体系和金融活动的过分干预是导致"金融抑制"的主要原因，但对于存在广泛的市场失灵和信息不对称的发展中国家而言，如果政府部门对农村金融市场的介入可以和一国的资源禀赋、社会环境、经济制度、文化特质有机融合，那么政府干预就会使得金融发展呈现出"内生性"状态，从而使政府干预、金融效率、金融公平呈现出稳定均衡。中国的普惠金融发展为政府参与的建设模

政策规划+市场调节

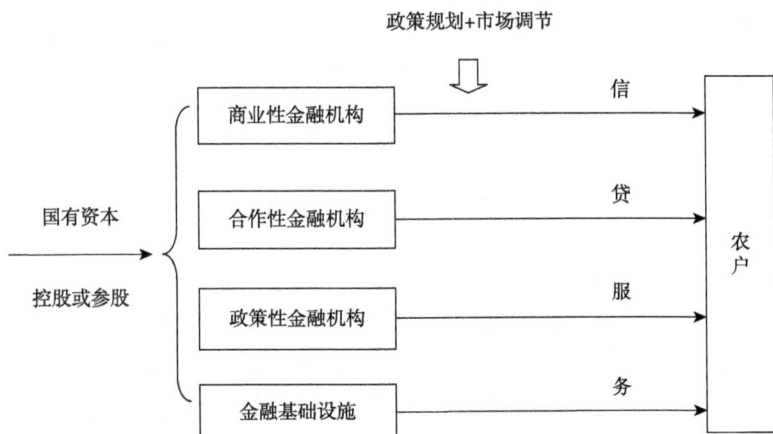

图 2-4　政府参与的普惠性农户信贷服务体系

式提供了一种实践样本；从 2006 年政府部门推出新型农村金融机构改革措施以来，中国的村镇银行总数已经达到了 2019 年的 1 629 家，覆盖了全国 1 259 个县（市），累计发放贷款超过 4 万亿元。政府参与的建设模式的假设之二是政府对农村金融市场的介入有良好的制度框架约束，使得政府干预不会干扰市场权利边界。这里的制度框架约束包括严格的法律规定、透明的制度规范、高效的政府治理和有效的外部监督等。严格的法律规定可以减少金融市场漏洞，透明的制度规范可以降低农村金融市场的"寻租"行为，高效的政府治理可以提高行政效率，有效的外部监督可以对政府的不法行为进行及时纠正。政府参与的建设模式有效运行的假设之三是政府部门不对农村金融市场采取直接的行政干预。"金融抑制论"是基于众多发展中国家的国有金融部门完全垄断、利率管制严格的背景下提出来的，但不能得出只要有政府部门干预就一定会导致金融抑制的结论。各国金融发展的实际情况表明，只要减少政府部门对金融发展的直接干预，政府部门的适当介入就是有效的。

　　政府参与的建设模式的优势之一是可以快速建立起较为完整的农户信贷服务组织体系。在意识到金融普惠发展的重要性之后，政府可以借助强大的行政动员力量和政策引导功能，迅速完成普惠性农户信贷机构的市场准入、资本注入、人才输送、金融监管等组织工作，在较短时间内完成普惠性农户信贷服务体系的微观组织建设，实现跨越式发展，从而为普惠性农户信贷服务体系奠定较好的组织基础。政府参与的建设模式的优势之二是可以快速提高普惠性农户信贷服务体系的建设速度与发展水平。采用政府参与的建设模式的国家多数是发展中国家，由于这些国家普遍存在市场化程度不高、金融发展水平较低、资本积累速度较慢等问题，如果依靠农村金融市场的自我完善与发展，可能需要更长的时间才会实现农户信贷的普惠性和金融发展的普惠性；在这种情况下，通过政府对农村金融市场的介入，可以加快农村金融基础设施的建设，减少农户信贷市场的信息不对称，降低农村信贷风险，促进农户信贷服务体系的建设速度，快速提升农村金融普惠性发展的水平。

政府参与的建设模式的缺陷之一是农村信贷机构的贷款效率可能会降低。即使是在满足上述三个基本假设的情况下，出现贷款效率下降也是有可能的。巴曙松（2006）对政府干预与国有企业银行贷款之间关系的研究结果显示，政府干预较强的地区，抵押资产较少和风险较高的国有企业反而可以获得更多和更长期限的贷款，而这些企业在获得贷款之后的经营业绩却更差，这说明政府干预有可能降低银行的贷款效率，类似的现象很有可能在农村信贷市场上发生。缺陷之二是农村信贷机构也会出现"使命漂移"现象。由于政府部门直接干预农村信贷机构日常经营的成本非常高，当农户贷款的风险特别高，或者农户贷款收益较低的时候，农村信贷机构极有可能会排斥农户的贷款需求，出现"使命漂移"现象，即农村信贷机构的普惠性市场定位与实际行为不一致，政府引导农村信贷机构向农户提供普惠性贷款的政策不能得到充分有力的落实。

2.4　普惠性农户信贷服务体系的创新方式

2.4.1　普惠性农户信贷服务的产品创新

1. 创新农户信贷服务的提供方式，变传统贷款服务为介入式贷款服务

传统的贷款服务更多地关注信贷流程的严谨性和贷款的最终回收结果，对于农户贷款使用环节则基本不介入或介入不够；而介入式贷款服务则要求金融机构适当干预农户对信贷资金的使用，通过介入来帮助农户提高自身的经营能力与效率。金融机构介入式的扶持可以有效提高贷款的使用效率和回收率，降低信贷风险。介入式贷款服务与传统贷款服务的区别如表 2-1 所示。由于受市场风险与自身素质等因素的制约，农户运营贷款项目时，可能需要涉及生产、营销、风险控制等方面的咨询服务，银行如果能利用专业管理经验为农户提供除贷款审查之外的更多的专业指导与服务，则既可以降低贷款风险，还可以提高农户对信贷机构的忠诚度。

表 2-1　介入式贷款服务与传统贷款服务的区别

贷款属性与特征	传统贷款服务	介入式贷款服务
贷款管理流程	流程基本固定,主要包括贷前调查、风险评价、贷款审批、贷款发放、贷款支付、贷后管理、贷款回收	流程不固定,放贷者通过深度参与借款人的生产、消费活动决定贷款与否
决策信息集	静态征信信息	动态征信信息、交易信息及其他私人信息
贷款风险控制	依靠贷前审查和贷后处置	贷前与农户共同参与控制
贷款相关的咨询服务	一般不提供	提供并辅助农户决策
管理重心与属性	以金融机构为核心,属镜面式管理	以农户为中心,属透镜式管理

2. 创新供应链金融的服务方式

供应链金融是基于产业供应链条所涉及的采购、生产、销售等关联性交易的融资活动与行为。利用供应链金融创新,可以让农业产业资本与金融资本实现有机融合,达到既能满足农户的融资需求,又能降低金融机构的信贷风险。供应链金融创新服务农户的基本原理见图 2-5。

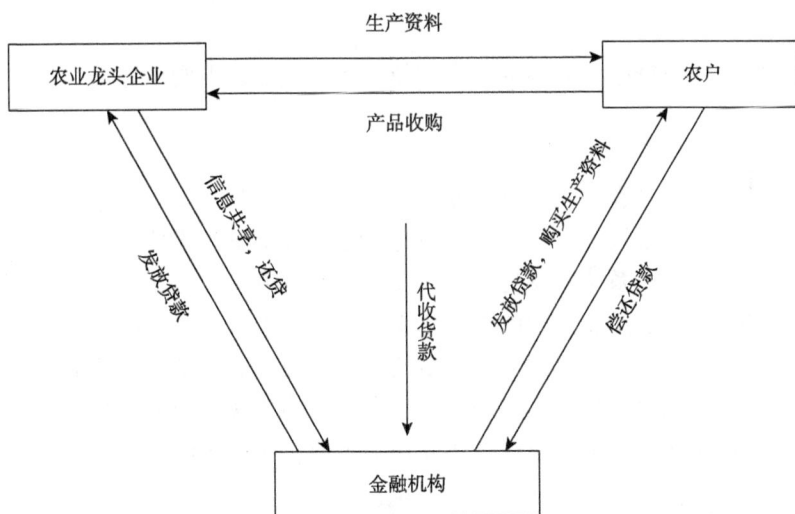

图 2-5　供应链金融创新服务农户的基本原理

在农村供应链金融创新过程中,农业龙头企业是供应链金融的核心,它负责整合农户的种植、养殖等生产活动,与农户签订农产品的采购订单、到期收购农户的产品,同时充当农户融资的担保方,为金融机构发放给农户的贷款提供担保;金融机构从农业龙头企业代付的收购款中扣除农户应付的贷款本金与相应利息。利用供应链金融向农户提供信贷的主要优势在于,金融机构可以充分利用农业龙头企业与农户长期合作所积累的信用关系,减少审贷成本与时间,代收货款可以降低农户的信用风险与支付成本;农户只要拥有良好的信用水平,就可以非常容易和及时地获得金融机构的贷款支持；农业龙头企业不仅可以利用金融资本与农户的长期合作关系，也可以从金融机构得到一定的融资优惠与支持。因此，良性的农业供应链金融可以实现农户、农业龙头企业、金融机构三方多赢的格局。

此外，农户理财服务的创新也是普惠性农户信贷服务追求目标之一。传统理论只强调了对农户贷款服务的重要性，导致金融机构对农户理财服务的供给重视不够，中低收入农户的理财服务需求长期被忽视。利用互联网金融技术的发展和数字化小额理财产品的创新，不仅可以为农村客户的短期盈余资金提供保管服务，为客户未来长期的固定支出提供相应的储蓄保障与资本增值服务，还可以为客户的投资、融资行为进行成本、期限及风险等的设计与规划。关注农户理财服务的创新不仅可以让农户增加财产性收入，增强农户的金融与财富意识与风险意识，还能够增强农户对金融机构的忠诚度。

2.4.2　普惠性农户信贷服务体系的技术创新

普惠性农户信贷服务体系的技术创新主要体现在以下两个方面。

1. 支付技术的创新

支付是金融交易和信贷活动中非常重要的一环，现代支付体系是帮助经济部门与金融机构进行债权、债务结算和清算的重要金融基础设施，其主要包括支付服务的提供者、支付系统、支付工具及支付监管制度等。数字技术的进步可以为金融机构提供更为便捷、高效的现代化支付手段，可以显著提高偏远农村地区信贷与金融服务的可得性，扩大金融与信贷服务在边远农村地区的覆盖率，跨越地理环境中的自然障碍，减少农村地区对现金支付的依赖。小额支付体系创新对农村地区信贷服务的提升主要通过下述方式来实现，如图 2-6 所示。

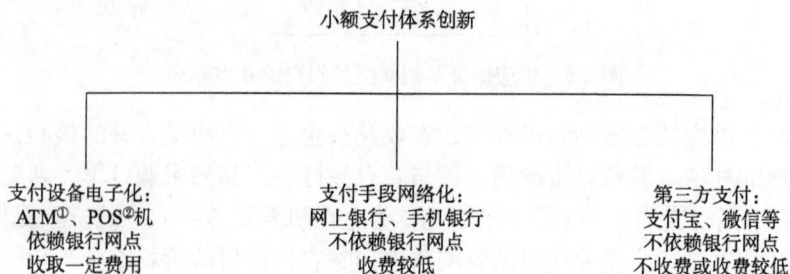

小额支付体系创新

| 支付设备电子化：
ATM①、POS②机
依赖银行网点
收取一定费用 | 支付手段网络化：
网上银行、手机银行
不依赖银行网点
收费较低 | 第三方支付：
支付宝、微信等
不依赖银行网点
不收费或收费较低 |

图 2-6　小额支付体系创新示意图

①ATM: automatic teller machine，自动柜员机；②POS: point of sale，销售终端

银行支付终端设备的电子化可以简化银行支付的流程，减少金融机构对农村地区分支网点的人工依赖，银行可以利用 ATM、POS 机等设备便利农户与农村地区的支付，这种创新方式适用分支网点距离农户比较近的地区。对于农户居住地远离金融机构分支网点的农村地区，通过网上银行、手机银行、第三方支付平台等可以提高电子支付的便利性与效率。据工业和信息化部的统计，截至 2015 年，中国手机用户数已达到 13.06 亿人，4G（第四代通信技术）用户数为 3.86 亿人，2015 年银行共处理手机支付业务 138.37 亿笔，支付金额为 108.22 万亿元，同比增长分别为 205.86%和 379.06%。但《普惠金融国家发展战略：中国普惠金融发展报告（2016）》样本地区的统计调查显示，农村居民的日常消费中有 98.61%是现金支付，0.64%通过第三方（支付宝、微信）支付，0.32%通过刷银行卡支付，这意味着在农村地区支付技术创新与应用的空间巨大。2013 年通过支付宝无线支付占比最高的前三个地区依次是青海玉树藏族自治州、西藏阿里地区和青海黄南藏族自治州，说明第三方支付在偏远地区具有很大市场。肯尼亚的 M-Pesa 手机支付方式推出后的 4 年内用户数即达到了 1 500 万人。

2. 征信技术的创新

征信活动是金融普惠性发展的重要基础，征信体系的完善影响着国家金融发展的水平与金融稳定。发达的征信体系有助于形成良好的约束激励机制，缓解融资中的信息不对称问题，提高借贷的便利性。征信体系的不断发展，可以有效降低缺乏信用记录的农户数量，提高农户信贷服务的可得性。随着电子信息时代的来临，大数据挖掘与应用技术不断成熟，相较于传统征信技术，数字征信技术使得数据信息多维，人群覆盖广泛，信息更新速度快，数字征信技术的主要特征见图 2-7。

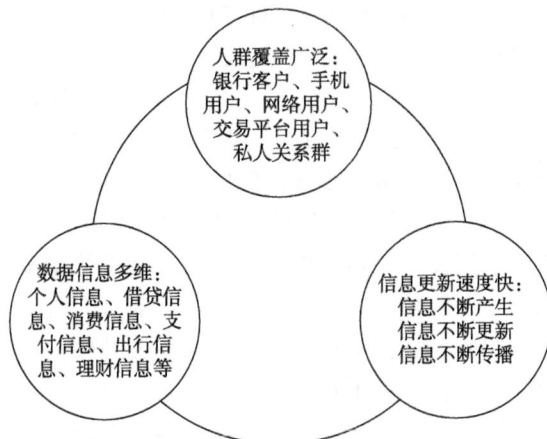

图 2-7　数字征信技术的主要特征

在依靠数字征信技术所采集的信息中，既包括个人信息、借贷信息，也包括消费信息、出行信息、支付信息、理财信息等多维信息，通过这些多维信息可以对潜在借款人的信用状况做出判断。人群覆盖广泛是指信息的采集对象不仅有广大的银行客户群体，还包括广大手机用户、网络用户、交易平台用户、私人关系群等更为庞大和具有特色性的客户群，这极大地提高了征信体系所覆盖的人群。在数字征信时代，网络通信技术的发展可以不断产生和更新用户的各种信息，使得信用信息变得更为及时、鲜活和丰富。

2.4.3　普惠性农户信贷服务的组织创新

越来越多的社会企业成为农户信贷服务体系的建设主体，是普惠金融组织创新的主要形式，它不仅可以成为农户信贷服务的供给者，也可以成为农村金融基础设施的建设者，还可以成为信贷行为的监管者，其具体内涵如下。

社会企业逐渐成为农户信贷供给的主体之一。社会企业通常由本土居民创办和经营，它们更关心本地经济发展，更熟悉本地农户的信用状况，更愿意为提升本地农户的信贷普惠性担当一定的责任。相较于传统的银行性农户信贷机构而言，社会企业参与普惠性农户信贷服务体系建设的优势主要体现在以下三个方面：一是社会企业的目标是兼顾社会公平发展与企业可持续经营双重目标，这正好与普惠性农户信贷服务体系的双重建设目标相吻合，社会企业在从事针对农户信贷活动时更不容易产生"使命飘移"问题。社会企业主要包括两类：一类是原创性的社会企业，格莱珉银行是其中的典型代表；另一类是由现有的商业企业转换而来的，其中最为现实的就是由社区银行和农村信用社转换而成的，由原来的只追求利润最大化变成兼顾本社区可持续发展与自身的可持续经营。二是更了解本地农户的信贷需求。三是创新性更强。社会企业将社会责任和目标纳入企业所追求的目标中来，因此它擅长采用经济手段之外的其他方式来解决普惠性发展所面临的问题，格莱珉银行的早期实践就是通过引入社会监督来解决信贷监管与失信惩罚。

社会企业广泛参与普惠性金融基础设施的建设。除了给社区农户提供信贷服务，社会企业还可以参与农村金融基础设施的建设，特别是农户征信体系的建设。纵观世界各国征信体系建设的实践可以发现，征信体系的建设模式基本上可以概括为公共征信系统主导型和私营企业主导型两种，前者一般由中央银行担任，它更擅长收集、整合和传递与银行交易有关的征信主体的相关信息；后者主要是私营企业，所收集的征信信息更适于对可获得性交易信息较多、财务状况相对透明的规模企业和富裕人群。社会企业参与农户征信体系的建设可以弥补两种征信体系建设模式的短板，因为大部分农户的银行交易信息非常有限且不够透明，社会企业可以借助本土优势及其与农户的关联交易信息来补充个人信用信息，从而让征信系统更能适应农村地区和市场。

社会企业使农户信贷机构的监管层次和监管主体更为丰富。根据欧洲社会企业研究网对社会企业定义的九个维度，社会企业性农户信贷机构更强调高度自治和参与式治理，更强调受组织活动影响的人群参与企业治理，因此，社会企业型农户信贷机构的监管层次和监管主体更为丰富。以信用合作社为例，参与会员有权获得成员大会记录，有权知晓信用合作社的理事会、监事会决议，以及财务会计账簿和会计报告信息，这种参与式的监管方式可以让社会企业型农户信贷机构更关注本社区发展与贷款业务的关联性。

2.5　普惠性农户信贷服务体系的约束条件

虽然普惠金融对经济发展和社会公平有着显而易见的重要意义，但同时也面临着需要重视的现实约束，这些约束主要表现在以下两个方面。

2.5.1　普惠性农户信贷服务体系的目标约束

从普惠金融产生和发展的历程来看，普惠金融重视低收入群体和社会弱势群体的信贷公平性，强调信贷支持在反击贫困中的重要作用，主张通过金融普惠实现社会的公平发展。尤努斯在创建格莱珉银行时就曾提出"每个人都享有获得信贷的权利"；Khandker（1998）认为普惠金融就是要建立一个"惠及各个社会人群的金融体系"；世界银行扶贫协商小组则认为普惠金融可以通过合理价格向社会弱势群体、中小企业提供普遍的金融服务，解决贫困和失业问题，实现社会的可持续发展。因此，普惠金融面临很强的社会目标约束。由于普惠金融体系所服务的人群具有显著的长尾化特征，通过传统的政府干预或社会救济是不可能实现普惠金融体系长期可持续发展的，因此必须借助商业化运作的原则，利用金融资本的逐利动机，运用金融市场交易与金融科技实现普惠金融发展中微观金融组织的财务可持续，因此，普惠金融还面临着财务可持续的经济目标约束。综上所述，普惠金融体系有着社会目标与经济目标的双重约束。

普惠性农户信贷服务体系与普惠金融体系相类似，同样也面临着社会目标与经济目标的双重约束，这种双重约束的基本内涵可以用图2-8来说明。

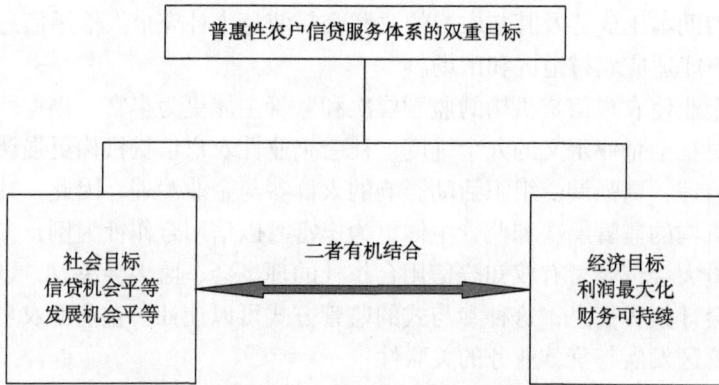

图 2-8　普惠性农户信贷服务体系的目标约束

一是普惠性农户信贷服务体系在选择客户时必须以社会目标为中心和重点。世界银行扶贫协商小组对世界各国微型金融机构的研究表明，中等贫困（moderate poor）的人群和脆弱性非贫困（vulnerable non-poor）人群是普惠金融的主要服务对象。延续世界银行扶贫协商小组的研究思路，中国普惠性农户信贷服务体系关注的重点应该是低收入农户和具有还贷能力的中等困难农户，对于极度困难的农户应该主要通过社会救济的方式来帮助他们解决困难问题，如由政府或 NGO 为这些极度困难农户提供必要的技能培训、监护或赡养，而不是由农村信贷机构大包大揽。

二是允许农村信贷机构追求利润最大化的经济目标。普惠性农户信贷服务体系中的微观金融组织应通过自主经营获取经济利润，实现自身财务的可持续性，虽然普惠性农户信贷服务体系的服务对象具有一定弱势性，但信贷服务毕竟不是社会救助，不能过分强调农村信贷机构的道德责任，农村信贷机构在选择其服务对象时不能损害普惠金融的商业化可持续发展要求，不能长期依赖政府补贴维持机构的日常运营；农村信贷机构必须遵循贷前审查、贷中监督、贷后总结的商业流程，以保障贷款收益、降低信贷风险。

2.5.2　普惠性农户信贷服务体系的风险约束

在普惠性农户信贷服务体系建设实践中面临着更为具体的风险约束，这些风险约束既包括传统的不确定性因素所导致的传统性风险，也包括创新中的不确定性所产生的创新性风险，其具体内容如图 2-9 所示。

```
                 ┌────────────────────────────────┐
                 │  普惠性农户信贷服务体系的风险因素  │
                 └────────────────────────────────┘
                      ┌──────────────┴──────────────┐
         ┌───────────────────┐           ┌───────────────────┐
         │   传统性风险因素    │           │   创新性风险因素    │
         │                   │           │                   │
         │   流动性风险        │           │   技术创新风险      │
         │   市场风险          │           │   监管标准风险      │
         │   操作风险          │           │                   │
         │   自然风险          │           │                   │
         └───────────────────┘           └───────────────────┘

            控制方法较成熟                    控制方法欠成熟
```

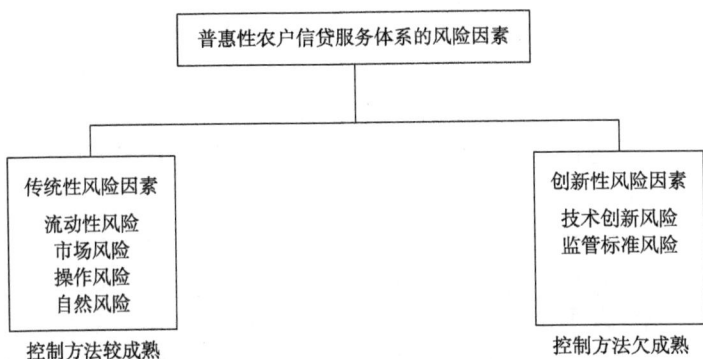

图 2-9　普惠性农户信贷服务体系的风险约束

　　传统性风险包括流动性风险、市场风险、操作风险及自然风险等。流动性风险因素是指农户信贷服务机构因流动性资产储备不足所引发的风险，尽管现代金融管理技术与水平较过去有了很大提升，但对于农村金融机构而言，流动性风险始终不容忽视。市场风险主要是利率水平变化对农户信贷机构的资产、权益、负债及盈利水平产生的不确定性影响，农户信贷服务机构可以通过正确的久期管理和资产组合管理予以化解。操作风险主要是由员工的错误操作引发的，它可以通过强化员工培训和授权管理的方式予以控制。自然风险是自然环境变化给农村金融机构带来的不确定性和潜在损失。上述风险因素是任何金融机构都会遭遇和必须面对的风险约束，农村金融机构可以采用相应的措施予以防范和转移。

　　对于普惠性农户信贷服务体系而言，如何解决创新中的不确定性所产生的创新性风险是实现普惠性的关键难点，这种特定的风险约束主要体现在以下两个方面。

　　一是技术创新所产生的风险（技术创新风险）。由于我国区域与部门经济发展中存在的不平衡，金融服务水平在城市与农村地区之间存在着差异，农村金融服务存在着服务网点偏少、机构种类比较单一、偏远地区农户借贷成本较高、非现金结算不够发达等问题。特别是在一些经济落后的偏远地区，金融工具结算服务设施落后，支付结算服务的电子化和数字化水平很低，而支付体系在农户信贷服务过程中扮演着非常重要的角色，在普惠金融已经上升为国家发展战略的背景下，利用数字技术与金融科技来降低结算成本成为大势所趋；以互联网支付和移动支付来实现支付手段的非现金化，正在被广泛运用到普惠性农户信贷服务体系的建设之中。此外，在信贷产品、理财产品、服务营销、信用评价等领域，技术创新的应用也变得更加广泛，并成为推动普惠金融体系创新的重要基础与动力。然而，创新也意味着可能的风险，这些风险具有隐蔽性强、不易快速识别、扩散速度较快等特点，如果不能及时发现和采取相应的控制措施，容易引发连锁反应，造成较大的金融风险。

　　二是监管标准不一致所产生的风险（监管标准风险）。普惠金融正在被越来越多的国家视为经济长期均衡发展的基础性战略。2011 年 9 月，在墨西哥举办的第三届普惠金融政策论坛中，普惠金融联盟的 90 多个成员一致通过了《玛雅宣言》，对普惠金融的实质进程与最终目标做出了明确承诺。2016 年 1 月，中华人民共和国国务院正式颁布了《推进普惠金融发展规划（2016—2020 年）》，该规划提出"到 2020 年，建立与全面建成小康社会相适应的普惠金融服务和保障体系"。不仅如此，中国对农村信贷机构实行了差别化的资本监管政策，加大对农村金融机构的信贷补贴等，这些差别化的监管措施虽然对涉农信贷机构的经营产生了一定的积极作用，但也蕴含着一些不确定性问题。此外，农村金融机构在服务农户过程中的"使命漂移"和"监管套利"也对普惠性农户信贷服务体系的有效运行产生不确定影响。

第 3 章　普惠性农户信贷服务体系建设与创新的国际经验

3.1　国外普惠性农户信贷服务体系的考察与分析

3.1.1　孟加拉国普惠性农户信贷服务体系的组织架构

孟加拉国是世界上最不发达国家之一，该国资源稀缺，经济发展缓慢，产业结构不均衡，经济以农业为支柱。孟加拉国现有人口约 1.6 亿人，其中 80%左右居住在农村，绝大多数农村人口处于贫困境遇。据统计，截至 2017 年，23.5%的孟加拉国人民生活在贫困线以下。孟加拉国的国情使得农户信贷服务成为解决国家人口贫困的主要渠道，因此以小额贷款为主要产品的农户信贷服务体系得到了较快发展，但因其特殊的信贷环境，正规信贷机构的发展相对缓慢。图 3-1 展示的是孟加拉国普惠性农户信贷服务体系的组织架构。

目前，孟加拉国普惠性农户信贷服务组织包括：批发性机构，如农村就业支持基金会；托拉斯组织，如孟加拉乡村托拉斯；专业性机构，如格莱珉银行和孟加拉国农村促进委员会；小额信贷基金项目，如政府小额贷款项目和国有商业银行小额贷款项目；服务农村的 NGO，如孟加拉国普惠性农村促进委员会、孟加拉国普惠性社会促进协会与普罗西卡。在孟加拉国普惠性农户信贷服务组织体系中，格莱珉银行是核心与基础，是孟加拉国最大的农村银行，拥有超过 860 万名借款人，间接影响人数超过 3 000 万人，它为众多村庄提供信贷服务。事实上，在格莱珉银行成功的背后，是政府部门的有力支持。当孟加拉国政府关注到格莱珉银

```
                    孟加拉国农户信贷服务组织
        ┌──────────┬──────────┬──────────┬──────────┐
     批发性机构   托拉斯组织   专业性机构   小额信贷    服务农村的
                                           基金项目      NGO
        │          │       ┌───┴───┐   ┌───┴───┐   ┌────┬────┐
      农村就      孟加拉   格   孟   政   国   孟   孟   普
      业支持      乡村托   莱   加   府   有   加   加   罗
      基金会      拉斯     珉   拉   小   商   拉   拉   西
                           银   国   额   业   国   国   卡
                           行   农   贷   银   普   普
                                村   款   行   惠   惠
                                促   项   小   性   性
                                进   目   额   农   社
                                委       贷   村   会
                                员       款   促   促
                                会       项   进   进
                                        目   委   协
                                             员   会
                                             会
```

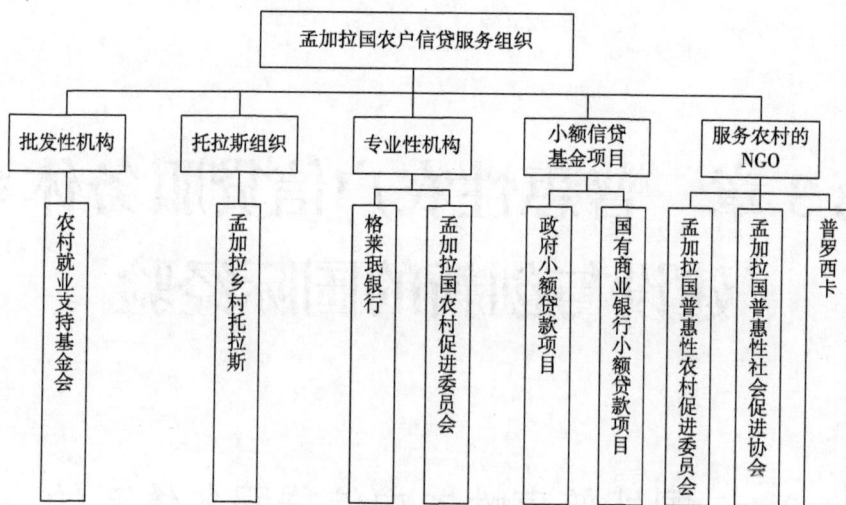

图 3-1　孟加拉国普惠性农户信贷服务体系的组织架构

行给低收入人群所提供的小额贷款服务的积极作用后，给予了格莱珉银行税收优惠支持政策，在政府的政策支持与 NGO 的共同努力下，孟加拉国的农户信贷服务变得更加便利。

（1）孟加拉国农村促进委员会。孟加拉国农村促进委员会是孟加拉国最大的 NGO，它在全国 64 个地区均有贷款业务，农村妇女是其贷款服务的主要对象，且农户贷款的还款率达到 99% 以上。该机构的目标就是解决贫困问题，孟加拉国农村促进委员会采用将信贷服务与经济发展项目相结合的方法消除贫困，通过信贷服务为农户提供小额贷款，并鼓励贫困人口储蓄；为农村的儿童及成年人提供非正规的教育、医疗卫生方面的知识及妇女法律权益方面的咨询等。孟加拉国农村促进委员会帮扶救助农村贫困人口的具体手段包括：为贫困地区农民提供小额信贷服务，以农村妇女作为其主要的贷款对象，将他们视为目标客户和创收计划的成员；贷款者可以免费参加创业培训，接受的技能培训包括农产品种植、牲畜养殖等。考虑到贫困人口的生活条件可能会影响他们的健康水平，该组织还为他们提供价格优惠的医疗保健补助等服务。

（2）孟加拉国普惠性社会促进协会。孟加拉国普惠性社会促进协会在 1991 年开始将小额信贷和储蓄作为单一的项目，目的是尽早帮助农户摆脱贫穷。孟加拉国普惠性社会促进协会通过不断改革创新经营模式，已成为世界上最大的可持续经营的微型金融组织，其运营模式被亚洲、非洲和中东地区许多国家的机构采用。作为一个不断创新的机构，孟加拉国普惠性社会促进协会竭尽所能致力于减轻贫困人口的贫穷状况。孟加拉国普惠性社会促进协会有多维金融产品，包括针对女性的小额贷款、针对男性的小额贷款、小额商业贷款、针对企业家的贷款、辅助贷款和适用于最贫穷人群的短期贷款、教育贷款、饥荒贷款、免利息的洪水灾后贷款等，帮助贫困人口应对不可预见的危险。孟加拉国普惠性社会促进协会还向客户提供针对严重疾病治疗的捐助资金，这些严重疾病包括癌症、心脏手术、白血病、脑瘤、肾病等，不需要储蓄任何资金就可以获得该项服务。孟加拉国普惠性社会促进协会聚焦于农村贫穷家庭，通过创造就业来降低他们的贫穷程度，如向农民分发农业生产信贷，使农民有资金购买种子、肥料、农药及农用工具等农业生产投入；向农民发放信贷，使他们去寻找获得非农收入的机会；等等。

（3）农村就业支持基金会（Palli Karma-Sahayak Foundation，PKSF）属于批发性机构，它不直接向农户进行贷款，而是通过与各地政府、NGO 或小额信贷机构等结为合作伙伴，以提高合作伙伴的业务能力，完善其内部建设及机构运营等，实现间接为贫困人口提供贷款服务。农村就业支持基金会向合作伙伴发放贷款时，无须任何抵押，由其发放的贷款已成为孟加拉国小额信贷机构不可或缺的资金来源。农村就业支持基金会还专门成立了农村小额信贷委托贷款项目，该项目旨在提高农村贫困人口的收入；在项目中农村就业支持基金会以委托贷款的方式将小额贷款发放给耕地较少或总资产较少的贫困农民，每笔款项额度在 167 美元左右。农村就业支持基金会不以营利为目的，其资金来源主要包括孟加拉国政府的资助，以及世界银行、亚洲开发银行等机构的捐款和盈利积累。农村就业支持基金会从政府获得的资金大部分均为贷款，其还款率几乎达到 100%。目前农村就业支持基金会的累计利润超过 5 000 万美元，已实现了经营上的可持续性。

（4）格莱珉银行。格莱珉银行的起源可以追溯到 1976 年尤努斯教授发起的一个研究项目，该项目设计了一个针对农村贫困人群的信用交付系统，在 1976~1979 年，这项研究在吉大港附近的村庄——乔布拉和邻近的一些村庄成功运行并得到推广。在中央银行及国有商业银行的支持下，该项目被推广到坦盖尔地区，其后又延伸到孟加拉国的其他地区。1983 年 10 月，在政府立法及出资支持下，该项目正式发展为一个独立的金融机构——格莱珉银行。格莱珉银行的借款人占据了银行 90% 的股份，政府拥有其 10% 的股份。格莱珉银行将贫困人口作为主要服务对象，以消除高利贷者对贫困人口的剥削；为乡村失业人群创造自谋职业机会；以客户所能够理解的方式和管理办法，为弱势群体（主要是贫困家庭中的妇女）提供信贷服务；致力于扭转"低收入，低储蓄，低投入"的老龄化恶性循环，形成一个"低收入→贷款注资→生产投入→收入增加→储蓄增加→扩大投资→收入继续增加"的良性循环。银行贷款模式主要以妇女为主，实行的是团体贷款制度。由 5 人组成一个小组，在小组中选出 1 名成员担任小组长。在加入小组之前，5 人要进行资格审查，银行人员要对其进行相应的培训，银行经理要对组员进行考察。在小组借款时，其成员之间有连带担责的关系。银行会按照贫穷的程度及"221"的顺序进行放贷，即优先贷款给小组中最贫困的两个人。当小组成员如期偿还贷款时，其他成员才可以继续贷款或申请更高的额度，否则不仅会失去贷款的机会，还会有处罚的措施。通过这种模式，组员之间考虑到自己的利益就可以相互督促、相互帮助，从而提高还款率，降低风险。格莱珉银行贷款的单笔数额一般较小，还款期通常情况为 1 年，贷款利率为 10%，实行的是每周等额还款方式。

格莱珉银行的内部组织是一个金字塔式的组织架构，分为 4 级，即总行、分行、支行和营业所。总行设置在达卡，主要负责筹资，指导分行工作的进行及员工的培训；1 个分行下面有 10 个以上的支行，每个支行管理 10 个以上的营业部，通过这种层级的组织构架有利于银行的监督与管理，保证贷款的发放与收取，及时获取信息，有效控制风险。

改革后的格莱珉银行被称为第二代格莱珉银行（表 3-1）。相较于第一代格莱珉银行，第二代格莱珉银行更为灵活，它给借款人提供了两种选择，第一种选择与之前第一代格莱珉银行基本相同，第二种选择是浮动利率的贷款。贷款期限及每周的还贷数量都可以根据自己的实际情况进行选择。若一项贷款遭遇还款压力，借款人可以申请延长贷款的时间来缓解压力。相比第一代银行贷款所采用的统一利率，第二代银行贷款针对不同人群的贷款需求提供了不同的贷款利率，使得借贷更加有序灵活。1998 年，格莱珉银行受孟加拉国大面积自然灾害的影响，出现了严重的偿付危机。2000 年 4 月，格莱珉银行开始设计新的信贷系统，各地区分行也陆续进行改革。2002 年，格莱珉银行所有分行成功转型，共涉及 4 100 个村镇的 1 175 家分行。格莱珉银行的创新性发展为世界上众多其他经济落后国家提供了学习案例，同时证明了通过发放小额贷款可以达到扶贫的目的，普惠信贷在改善农户生活水平及促进农村经济发展方面起到了前所未有的帮助作用。

表 3-1　第二代格莱珉银行的主要产品及产品特征

产品名称	产品特征
普通贷款	根据借款人信用度及小组成员的还款情况，贷款额度会增加或减少
灵活贷款	根据借款人实时的资金情况、贷款期限及数量灵活变化
教育贷款	针对成员家庭中有学生时的信贷计划，毕业时才会要求偿还
搭桥贷款	对于小企业主，当其所需投资的项目能够得到的预期收益较大时，可申请较大额度的贷款
普通储蓄	会员应每周往自己个人账户上存钱（强制性储蓄），会员可以自由支配此存款
特别储蓄	强制性储蓄后，会员不能够自由支配该部分存款，只有达到使用标准后才可使用
养老储蓄	期限较长、利率较高
奖学金	针对会员家庭中成绩优异学生的奖金

（5）其他小额信贷组织。例如，孟加拉国的 NGO 普罗西卡，政府与 NGO

就扶持农业服务订立转包契约，在技术等方面通力合作扶助农民。孟加拉乡村托拉斯提供小额信贷业务培训和技术支持（员工培训、现场技术支援、软件服务、资金帮助）。部分国有商业银行小额贷款项目也参与了给小农和无地贫困人口贷款的扶贫活动，此外，政府大力推广小额贷款项目，这些项目通过多个政府机构来运作，具体包括社会福利部、妇女儿童事务部、劳动就业部、渔业和畜牧业部、工业部、纺织部、农业部、地方政府部、土地部等。

3.1.2　印度尼西亚普惠性农户信贷服务体系的组织架构

印度尼西亚普惠性农户信贷服务组织可分为三部分，分别是正规金融机构、半正规金融机构和非正规金融机构，三者之间形成了合作互补关系（图 3-2）。其中，以商业银行为主的正规金融机构作为资金供给者，将资金提供给中介组织，通过提供服务、信息交流等形成合作控制关系。中介组织主要由半正规金融机构和非正规金融机构组成，它们再将贷款发放给农户或中小企业，通过与农户及中小企业合作，获取客户的软信息及硬信息，这样有利于资金供求双方的信息交流与持续合作。商业银行，如印度尼西亚人民银行（Bank Rakyat Indonesia，BRI）在乡村也设有分支机构，会直接向农户、手工业者等客户提供小额贷款、储蓄服务及汇款等业务。

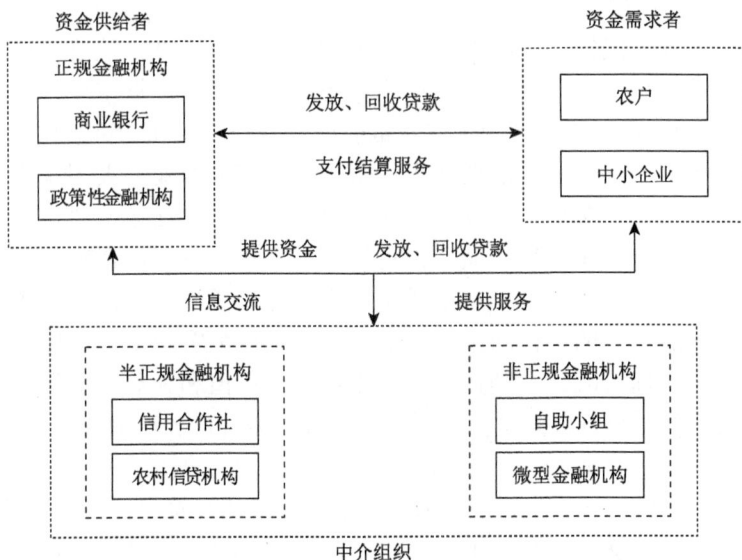

图 3-2　印度尼西亚普惠性农户信贷服务体系的组织架构

正规金融机构主要包括商业银行和政策性金融机构。其中，商业银行主要向农村中介组织提供资金，并办理结算、存款、监督等服务。商业银行分国有和私有两类，最具有代表性的是印度尼西亚人民银行，该银行具有 100 多年历史，已成为农户信贷服务的主要力量。政策性金融机构是一种以小型金融机构作为服务对象的非银行金融机构，以扶贫为目标并间接进入农村市场，它没有基层分支机构；一般由政府出资成立，从中央银行获得流动资金贷款向微型金融机构注入资金，与中介组织合作，如信用合作社、农村信贷机构等。它们也会引进先进的技术，建立标准化的制度和信息共享平台。

半正规金融机构和非正规金融机构作为最了解农户的组织，承担了农户的借贷、信息及服务的中介职能。其中，半正规金融机构的农村信贷机构与信用合作社是受到监管的金融组织，也是地方政府的政策工具。农村信贷机构主要是指一些省的储蓄和信贷机构，目前印度尼西亚 11 个省拥有超过 1 300 多家此类机构，在众多机构中，以巴厘岛的乡村信贷组织最为重要，其拥有半数以上的农村信贷机构和吸收超过 85% 的存款；而非正规金融机构包括微型金融机构和自助小组，贷款对象大多为低收入群体。微型金融机构数量众多，种类多样，规模较小，通常只在所坐落的社区或社会团体开展业务，有很少或是没有分支机构，与客户联系紧密，主要开展小额贷款业务，以存贷利差为主要收入。自助小组则完全是一个非正式组织，很多自助小组由政府和社会团体在实施一些政府官方项目时建立起来，不能吸收外部储蓄。商业银行在 NGO 的帮助下，向自助小组提供贷款，然后再向组织内成员贷款。

印度尼西亚人民银行是印度尼西亚国有商业银行中唯一从事普惠性农户信贷服务业务的机构，在普惠性农户信贷服务组织体系中占据主要地位，其历史始于 1895 年 12 月，创立之初采用非常简单的管理方案和支付信托基金的方式给社区提供信贷服务。印度尼西亚人民银行是印度尼西亚三大国有商业银行之一，其所有权由政府掌控。印度尼西亚人民银行的主要任务是通过动员家庭储蓄来向中小微企业提供信贷产品，银行始终把客户满意度放在首位。印度尼西亚人民银行的任务目标包括以中小微企业为重点，优先发展银行业务，以支持经济发展；通过广泛的银行网络、专业的人力资源为客户提供优质的服务，坚持良好的公司治理实践；为利益相关者创造最佳价值和利益。贷款和储蓄是该银行的两大业务，银行根据目标人群的特殊性，为客户提供多方面的金融服务。贷款的种类较多，贷款需要担保，农户贷款数为 1 000 美元左右，且主要提供给农村中低收入人口，如没有耕地的农户、农村劳动力、渔民、商贩、养殖户等，而妇女占其服务对象的 25%。贷款期限灵活，3 个月至 3 年不等，还款则按分期偿还，分为按月、季、半年偿还，客户也可以按照自己的实际情况及现金收入选择贷款期限及还款日期。贷款利率通常较高，年利率一般在 20%~40%。经过多年的实践，印度尼西亚人民银行发现客户对于储蓄服务也有一定的需求，农村居民更偏向成为储蓄者而非借贷者，银行根据农户对于流动性的不同要求设计了不同的储蓄产品，方便客户选择，农民的储蓄存款则可以补充银行的信贷资金来源，因此印度尼西亚人民银行把吸纳储蓄作为其资金运转的重要来源，摆脱了过度依赖政府支持及国际捐赠，基本实现了通过自有资本及吸收的存款来支持其贷款额度。

1992 年，印度尼西亚人民银行变身为股份有限责任公司，但 100%的股份仍为国家所有，其内部组织架构包括雅加达总办公室、15 个地区办公室、320 个地区一级的分支行、3 599 个地级以下的村银行和村服务站。村银行是印度尼西亚人民银行四层组织结构中的最底层，一般设在地级以下的城镇中心，距离市场很近，通常只有 1 间办公室；1 个村银行平均覆盖 16~18 个村，平均服务 4 500 个储蓄者和 700 个借款者，每个村银行的运行结构都很简单，规模也定得很小。一个标准的村银行由 4 名员工组成，分别是 1 名村银行经理、1 名会计员、1 名出纳员、1 名文书，随着业务量的增加，员工可以适当增加，但最多为 11 人。如果村银行的业务扩大，超出了最多员工数额限制，就必须对村银行进行拆分，以便保持小而集中的运作。印度尼西亚人民银行接受中央银行的监管，每一个分支行都要向中央银行地区分行提供周报、月报和年报，现场检查每年进行 1 次，印度尼西亚人民银行的年度审计由印度尼西亚金融服务管理局委员会进行。由于村银行是作为印度尼西亚人民银行的分支机构接受中央银行的监管，其内部审计由设在地区办公室的内部审计小组实施，每个分支机构，包括村银行，每年至少被审计 1 次。尽管日常的运作、贷款的决定、基金的管理由村银行经理负责，但分支行对村银行的总体表现负责；村银行在很大程度上是自律管理，每个村银行都是单独的会计核算中心，程序简单标准，而衡量村银行的标准既透明又简单，有利于推动村银行经理和员工的自我监督。

3.1.3　美国普惠性农业与农户信贷服务体系的组织建设

20 世纪以前，美国还没有专门为农业和农户服务的金融机构，农业和农户所需信贷资金仅由企业与个人提供。当农业市场化逐渐兴起，农业发展对信贷的依赖更加明显，企业或个人为农业提供的贷款不足以支撑农业的发展，而城市的工业化又积累了大量资金，美国便开始研究如何改变原有的普惠性农业与农户信贷服务体系。美国在 1916 年设立联邦土地银行，1923 年出台《农业信贷法》，之后建立了联邦中期信贷银行。1933 年创立生产信贷协会，并在 12 个农业地区设立了 12 个农业生产信贷协会，向农户提供贷款和信息支持；之后又成立了商品信贷公司，对农产品的价格及农业生产提供帮助支持，这样既可以控制农业生产也可以稳定农户收入；1935 年农村电气化管理局成立，该机构主要帮助农村解决基础建设问题，缩小城乡差距；1938 年出台《联邦农作物保险法》，逐渐形成 3 个层级的农作物保险运行系统。1946 年农民家计局成立，可以更好地为贫困农户提供生产资金贷款。为了满足小企业的发展资金需求，美国政府于 1953 年设立小企业管理局，专门支持小企业的发展。此时，美国普惠性农业与农户信贷服务组织体系基本建成，其组织架构如图 3-3 所示。

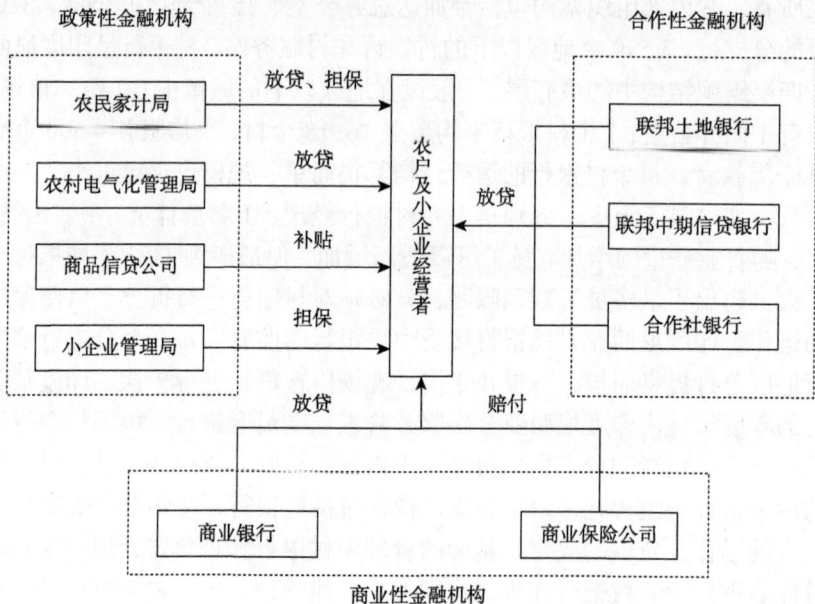

图 3-3　美国普惠性农业与农户信贷服务体系的组织架构

　　美国普惠性农业与农户信贷服务组织包括政策性金融机构、合作性金融机构和商业性金融机构三部分，形成了"以商业性金融为基础，合作性金融为主导，政策性金融为辅助"的普惠性农业与农户信贷服务体系。政策性、合作性、商业性金融机构相互配合、分工协作，形成了较好的农业与农户信贷服务环境，满足了美国农业经济的发展需求，使得信贷服务在农业经济发展中起到了很好的导向与支持作用，其主要特点如下。

　　1. 服务于农业与农户的政策性金融机构

　　美国农业与农户的政策性金融机构为农业与农户提供政策性补贴和金融支持，发挥政策的宏观调控能力，把握农业的发展方向及农业的发展规模，和农业与农户的合作性金融机构相辅相成、相互补充。政府性金融机构主要包括农村电气化管理局、农民家计局、商品信贷公司和小企业管理局，当农民无法从商业银行或其他贷款机构获取贷款时，它们就为农业与农户提供所需贷款，具体见表 3-2。

表 3-2　美国服务于农业与农户的政策性金融机构

机构名称	主要职责	贷款对象
农民家计局	提高农民生活水平、改进生产技术	在其他金融机构无法获得贷款的农户
农村电气化管理局	改善农村公共基础设施及环境	农村电业合作社与农场
商品信贷公司	应对自然灾害与农业危机	受灾农户
小企业管理局	为农村小企业提供资金支持	不能从其他金融渠道获得所需资金的农村小企业

注：根据相关资料整理

农民家计局成立的最初是为了应对农业危机，提高农业生产，提供农民生产生活所需的融通资金。随着农村经济的逐渐好转，农户的基本问题得到解决，因此，农民家计局开始考虑如何挖掘农村潜力，支持农村发展，使政府的农业政策更好地实施，让它成为惠农的主要工具。农民家计局的资金主要来自政府预算、政府贷款、周转基金等，为农户提供贷款和担保，担保可以让商业银行及其他金融机构能够为农户提供贷款，由此产生的利息也由政府进行补贴。

农村电气化管理局主要为农村的电气、水利和通信等基础设施的建设提供贷款，资金由政府提供，其业务主要是长期贷款，期限可达 35 年之久，利率也低至 2%，其主要是为了提高农村的现代化发展水平。

商品信贷公司的主要任务是保护和支持农产品的价格，对农业生产进行财政补贴，利用财政手段对农产品的生产与销售进行积极的干预和调节，稳定农产品的产量及价格，其资金由国家拨付。

小企业管理局则是帮助农村小企业的创业、生产及运营获取贷款，它不直接向农村小企业发放贷款，而是通过向银行及其他金融机构提供担保得到资金以帮助农村小企业的生存发展，小企业管理局也会为农村小企业提供贷款咨询服务。

2. 服务于农业与农户的合作性金融机构

美国最初的农业信贷主要通过私营金融机构来满足，随着经济发展，私营金融机构存在的缺陷慢慢暴露出来，越来越不能适应现代化的农业信贷发展要求，因此合作性金融机构应运而生。最初合作性金融机构由政府资助支持，但是随着农业生产环境、农民生产效率的不断提高和改善，其自身不断强大，政府渐渐退出该组织，其所有权则变为农场主所有。目前，美国农业与农户信贷合作性金融机构体系由联邦土地银行、联邦中期信贷银行、合作社银行三类组织构成，均采用自上而下的方式组织起来。

（1）联邦土地银行。美国在 12 个农业信贷区都各建立了 1 个联邦土地银行，其贷款对象大部分为农场主且仅办理长期不动产抵押贷款，联邦土地银行在办理贷款时，不仅可以吸收农户存款、买卖政府债券，还可以帮助农户处理他们的土地或房产。该银行是以股份所有制形式运营的，其贷款额度不能高于农户抵押土地价值的 65%。在三类组织机构中，联邦土地银行业务范围最为广泛，其基层组织是农业信贷合作社，这是由有贷款需求的农户组成的团体，可以直接与农民进行贷款办理，方便高效，并且该组织是由农民建立起来的，因此非常了解贷款农户的"软信息"，可以有效控制风险，更好地管理资金。

（2）联邦中期信贷银行。美国政府在 12 个信贷区设立了 12 家联邦中期信用银行，并在其下级建立了生产信贷协会，该机构最初由政府出资掌控，现在已由农业生产信贷机构所有。该银行不直接向农户放贷，而是把资金提供给农业信贷合作社，再由农业生产信贷机构向农户提供贷款服务。该银行的服务对象主要为农场主和农户生产者及其下属机构，其中股权只能转让给生产信贷协会，其资本金的补充主要通过经营盈余积累来实现。

（3）合作社银行。该银行依据《农业信贷法》设立，区合作社银行归其农村生产协会所有，中央合作银行归区合作社银行所有。合作社银行由 13 家合作银行组成，包括 12 个农业信贷区内的银行及华盛顿的中央合作银行；中央合作银行是 12 家合作银行的总行，为各个区提供资金支持，办理结算，参与大额贷款，并发展国际业务，为农产品出口创造条件；区合作社银行自负盈亏，独立核算，专门为农村生产合作社购买设备，购进商品，填补营运资金及提供贷款等；合作社银行的业务运行办法制定由理事会管理，并受到美国国家信用合作社管理局的监管。

表 3-3 展示的是美国服务于农业与农户的合作性金融机构。

表 3-3　美国服务于农业与农户的合作性金融机构

类别	联邦土地银行	联邦中期信贷银行	合作社银行
主要职能	长期不动产抵押贷款	动产抵押的中短期农业贷款	向农业合作社提供贷款及信息服务
范围	美国 12 个农业信贷区各设 1 个	美国 12 个农业信贷区各设 1 个	美国 12 个农业信贷区各设 1 个
资金来源	资本金、发行债券和票据、借款	资本金、发行债券和借款	资本金、发行债券和票据、借款
贷款对象	农场主与农业生产者	农业生产者会员	农业合作社
贷款期限	5~40 年	3 年以下	根据贷款种类不同确定
贷款利率	浮动型：8%~10%	浮动利率：7%~8%	根据贷款成本浮动
资金使用	提供长期不动产抵押贷款	贴现、目标贷款，通过其他金融机构直接发放贷款，从事融资性租赁业务	设备贷款、经营贷款、商品贷款

注：根据相关资料整理

3. 服务于农业与农户的商业性金融机构

商业性金融机构主要包括商业银行和商业保险公司两类。商业银行为农户和小企业提供中期和短期贷款，用以弥补在日常生产及经营过程中对短期资金有需求的农户或企业。美国农业资本中约有 40%是信贷资金，而有 70%以上的农场每年均需要向商业银行贷款以扩大经营。美国联邦储备系统（简称美联储）规定如果商业银行的总贷款中有四分之一以上的农业贷款，则该商业银行就可以享受税收方面的优惠。商业保险公司主要以农作物保险为主，先由美国农业部的风险管理局制定全国范围内的险种条款，计算控制风险，再由私营农作物保险公司与风险管理局承诺并签署协议，保证执行风险管理局的各项条款，最后作为农作物保险代理人与勘察核损人负责销售美国农作物保险等其他业务的具体实施。

3.1.4　日本普惠性农业与农户信贷服务体系的组织建设

日本建立了完善的政府政策扶持、财政资金帮助、合作性金融与政策性金融相互补充、分工明确的农业与农户信贷服务体系。政府的农业财政政策目标通过财政性金融机构下达，而大部分政策性金融活动则是由合作金融组织具体开展实施。农村中经常性借贷资金需求更多依靠合作性金融，对于所需资金较大的项目及农村的基础设施建设，则主要由政府政策性金融提供，因此日本农户信贷服务体系以合作性金融为主导，政策性金融通过政府资金及政策起到辅助补充作用，合作性金融与政策性金融两者相互关联、相互配合，以满足农业与农户发展各阶段的资金需求。

1. 服务于农业与农户的合作性金融机构

日本农业与农户信贷合作性金融体系是借鉴了欧美国家的历史经验，结合日本国情所构建的合作性金融体系。1947 年，日本政府颁布实施了《农村协同组合法》，农民开始自主自愿地建立合作社（称作农业协同组合，简称农协）。农协以金融为核心，为农户提供全方位的服务，它的业务包括经济事业、信用事业、老年人福利事业等多个方面。经过半个多世纪的发展，日本农协实行三级组织结构，基层农协设在市、町、村，而都、道、府、县的基层农协组织起来成立县级联合会、县级农协中央会，在中央以都、道、府、县的县级联合会及县级农协中央会组成全国联合会及全国农协中央会，从国家到地方建立了一个能够纳入全部农户的农协组织系统，覆盖了日本几乎所有农村地区。日本农业与农户信贷合作性金融体系是一个包括由中央到地方的合作性金融体系，农户会员的投入与政府的财政投入组成该体系的主要资金来源；在组织层级上分为基层农协、信用农业协同联合会（简称信农联）和农林中央金库；日本的农村合作性金融机构归农协所有，农户入股参加基层农协成为农协会员，基层农协入股参加信农联，信农联又组成了农林中央金库。在日本农业与农户信贷合作性金融体系中，结构由上至下、由中央到地方分为三个层级，但这三个层级各自独立、分别经营、自负盈亏，没有领导的关系，经济上有往来，业务上相互依靠，职能上相互配合、相互关联。

（1）基层农协。基层农协是市、町、村基层农户等入股所构成的农户信贷服务合作性金融的基层机构。基层农协的数量较大，覆盖的区域广泛，目前所有农户几乎都是日本农协的会员，其主要特点是不以营利为目的，专注于为农协的所有会员服务；资金运用的重点在于辅助农业生产发展，提高农户生活水平，与国家农业政策与金融措施相配合。农协会员代表大会是农协的最高权力决策机制，以一人一票的民主选择方式产生理事会和监事会，理事会按照农协会员代表大会的最终决定处理农协的日常事宜，监事会则监督检查会计审计工作是否准确。基层农协通过吸收会员存款，向需要生产、生活资金周转的会员发放贷款，此外还有结算业务与部分中间业务。在分配利润时，农协净利润中的25%作为发展准备金，10%作为积累金，7%作为股利分红，45%返还农协组员，剩余利润结转至下年。

（2）信农联。信农联是都、道、府、县农协中专门办理信贷业务的部门，在整个农业与农户信贷合作性金融体系中有着上通下达的职能作用。信农联资金主要来自基层农协的资金，按规定来说，基层农协的剩余留存中定期存款的30%与活期存款的15%要上缴信农联。信农联通过存贷调节区域内基层农协的资金短缺，指导基层农协平时的各项工作，同时对农林渔业也有一定的资金支持，当一些资金需求大、周期较长的业务使得基层农协无法提供时，信农联也帮助其争取贷款。当信农联仍有剩余资金时，也应当上缴至农林中央金库；当信农联在经营过程中出现资金不足时，也可以向农林中央金库寻求帮助获得资金支援。

（3）农林中央金库。日本政府根据1923年出台的《农林中央金库法》出资20亿日元，在中央设立了专门负责农村信用业务的农林中央金库。1959年，农林中央金库偿还政府资金，成为民营机构。农林中央金库等同于农业与农户信贷合作性金融体系的总指挥，资金来自信农联的上缴资金与国家发行的农村证券。农林中央金库主要负责管控全国信农联的资金运用等，支持信农联的资金请求，向信农联提供信息并指导信农联的日常工作，向农林渔业的大型企业发放贷款，同时也支持农村的基础设施建设及其未来经济发展所需的资金需求。随着国际贸易快速发展，农林中央金库也开始办理国际结算相关业务。

日本服务于农业与农户的合作性金融机构及职能如表3-4所示。

表 3-4 日本服务于农业与农户的合作性金融机构及职能

机构名称	信贷工具	贷款额度	使用范围	贷款期限
基层农协	农业现代化资金	个人：1800 万日元 法人：2 亿日元	建筑物建造、果树栽培、家畜采购培养、土地改良、长期经营资本	15 年
	提高农业经营效率资金	个人：500 万日元 法人：2000 万日元	饲料、养料的购买，短期资金需求，随借随还	
	新农业建设资金		农业生产、农产品加工买卖、地区农业建设	长期 10 年，短期 1 年
	农机房屋贷款	运营资金之内	农业工具采购、检修及其他费用，保证金费用，大棚仓库等建筑费用	10 年以内
	农林水产环境商业贷款		营运资本、设备维修资金	10 年以内
信农联	加强农业经营基础资金	个人：1.5 亿日元 法人：5 亿日元	农地购买改良，农作物处理加工设备，树种、家畜的购入、培育、喂养，法人出资等	25 年以内（宽限期 10 年）
	经营体培养强化资金	个人：1.5 亿日元 法人：5 亿日元	农地购买改良，农作物处理加工设备，果树、牲畜的购入、培育、喂养，再融资安排等	25 年以内（宽限期 3 年）
农林中央金库	农林债		农林水产业及相关企业融资	5 年
	投资信托		营运及设备维护资金	10 年以内

注：根据相关资料整理

基层农协、信农联、农林中央金库形成了多层级的农业与农户信贷合作性金融体系，为日本农业发展提供了充实的金融服务。虽然基层农协的信贷业务是合作性的，但它仍有着一定比重的农业政策性贷款业务，主要表现在四个方面：一是农业现代化注资，此项贷款期限为 5~10 年，利息较低；二是农业改良资金，由国家和信农联平摊出资额，由信农联负责发放，该资金为零息贷款，期限较短；三是农业经营改善资金；四是灾害救助资金，当自然灾害发生时，向受灾农户提供资金支持。

2. 服务于农业与农户的政策性金融机构

日本主要的政策性金融机构为农林渔业金融公库，它作为农业政策性金融机构与农协的合作性金融机构紧密配合，服务于其他金融机构不能或不愿涉及的贷款领域。该机构于 1953 年由政府全额出资建立，由农林水产省和财务省主管，是日本专门为支持农林渔业发展的农业政策性金融机构。作为政策性金融机构，它基于日本经济的实际发展情况，执行政府下达的农业政策，促进农业发展。农林渔业金融公库按照不同的用途向农户提供资金，主要向农业土地建设、农业技术培训、农林渔业基础设施建设、自然灾害救济贷款等建设项目提供资金支持，并对从事农林渔业的个体户及经营单位发放贷款。贷款的特征为期限长、利息低，贷款期限平均为 25 年，最长的期限可达 55 年，如林业经济基础贷款。农林渔业公库的贷款利率一般情况下不变，平均利率为 3.89%，有 60% 的贷款平均利率为 3.5%。当贷款人遇到经济困难时或还款短时间出现问题时，可以提出减息要求进行申请，通过后由政府承担这一部分利息的损失。农林渔业金融公库的资金主要来源包括资本金、长期借款及已回收贷款。

2007 年日本国会通过了《株式会社日本政策金融公库法》，2008 年 10 月日本政策金融公库成立，由财务省主管，是目前日本唯一的政策性金融机构。原来的农林渔业金融公库变为日本政策金融公库的农林水产事业部，业务主要包括农业、林业、渔业、食品业四个方面。日本政策金融公库贷款整体来说呈上升趋势，而且农业贷款占发放贷款总额的 70% 左右，尤其在 2009 年农业贷款比重为 74.93%，如表 3-5 所示。日本政府对农业提供的长期且利息较低的贷款，使得农村经济基础设施的不足、农产品的改良、农业新技术的推行得到更大的资金支持。

表 3-5　2009~2015 年日本政策金融公库贷款情况　　　单位：亿日元

行业	2009 年	2010 年	2011 年	2012 年	2013 年	2014 年	2015 年
农业	1 919	1 758	2 153	2 176	2 303	2 636	2 619
林业	73	127	177	180	254	264	214
渔业	154	104	276	227	138	173	229
食品业	415	452	488	602	622	595	697
合计	2 561	2 441	3 094	3 185	3 317	3 668	3 759
农业占比	74.93%	72.02%	69.59%	68.32%	69.43%	71.86%	69.67%

资料来源：日本政策金融公库网站

日本政策金融公库通常不直接发放贷款，其中 57% 的贷款委托农协中的农林中央金库、信用金库、银行等金融机构办理，并严格执行贷前审查、贷后管理制度。以其中的农业经营基础资金借贷为例，首先农户应列出改善经营的详细计划，并提交给基层农协组织审理是否具备贷款资格；其次，将营运资金计划表提交"特别融资制度会"研讨决定。若会议通过其计划，日本政策金融公库支行则审查其申报的贷款年限，最后通过日本政策金融公库汇总各个机构的评审意见后，决定是否放贷并通知农户。当贷款已获批准，申请农户得到使用贷款的权利时，贷后管理又将贷款分为两部分管理，即项目计划建设期管理和项目计划实施完成后的管理，前者重点审查资金是否用于计划之中，一般来说先发放贷款总额的 80%，防止农户用于其他用途或超额利用贷款，若在检查过程中发现任何违规使用资金的情况，机构将立即收回贷款且在未来取消其贷款的资格。后者则是对项目计划进行实时追踪，帮助农户规避风险以防止其无法偿还，根据计划的实际经营情况，为农户提供信息、技术等多方面的支持，若经营较好也可考虑追加贷款。

3. 日本农业与农户信贷风险的分摊机制

（1）信用保证体系。日本农户信用保证体系主要由债务保证与融资保险两级系统构成。债务保证系统由农业信用基金协会、委托金融机构与贷款人构成。融资保险系统则由高层的农林渔业信用基金协会与全国农协保证中心构成，具体分为两个层次。第一层是农业信用基金协会的债务保证。农业信用基金由政府和农协融资，贷款人要缴纳 4% 的保证金，经过协会机构检查批准后，承担贷款人的偿债担保责任。第二层是农林渔业信用基金协会的保证与融资保险，以及全国农协保证中心的再保证。农林渔业信用基金协会由政府及各个农户信用基金协会融资，对各基金协会代人偿债的意外事故进行保证保险，也对融资机构发放的大额融资提供直接融资保险。全国农协保证中心对农业信用基金协会的担保提供再保证，由农业信用基金协会、信农联、农林中央金库等组成，以社团法人形式成立保证机构。上述双重担保系统可有效分散贷款风险，较好地解决了涉农信贷的担保问题。

信用保证的运作流程为，当农户向农协等贷款机构提出资金需求时，要先向农业信用基金协会提出委托担保的申请，在得到农业信用基金协会担保的批准后就可以向贷款机构进行贷款。但是农户必须按照规定向农业信用基金协会缴纳担保费，当因为某些原因无法还款时，农业信用基金协会要代替农户向贷款机构偿还欠款。农业信用基金协会为了让自己减少风险，又加入了农林渔业信用基金的保险或请求全国农协保证中心的再保证。农业信用基金协会也要按照规章向农林渔业信用基金或全国农协保证中心缴纳再保证费。当农户在还款期限到后 3 个月仍然没有偿还时，贷款机构就有权要求农业信用基金协会立刻还款，此时农林渔业信用基金向农业信用基金协会偿还金额的 70%，而全国农协保证中心支付欠款的 50%。

（2）动产债权担保融资制度。在农业信贷中，由于不动产作为担保手段不易处理或者某些农业经营者没有可以担保的不动产，日本农林水产省引入了资产支持贷款。资产支持贷款是以贷款人目前经营的农业活动，如蔬菜、猪、牛、羊等，或未来现金流入作为担保的融资方式。此种方式对动产进行评定确定融资额，当农户需要资金周转时为其提供所需的营运资金。融资程序如下：农户将自家产品（如猪、牛、羊等）作为担保；金融机构与评估公司对其进行评估，确定可贷金额；农户在已确定的金额内提出贷款需求；获得贷款后，农户根据贷款约定合同，每隔一段时间便要向金融机构汇报近期的经营情况；金融机构根据农户提供的经营情况再次评估，根据评估结果调整贷款金额。

（3）不动产抵押贷款制度。《日本民法典》中不动产包含土地及其附属物，因此理论上农地与林地均为不动产，其拥有者则可以向金融机构申请抵押贷款，当贷款人因违约而无法还款，借款人也可以通过拍卖抵押品收回资金。从法律上来看，这种操作完全可行。但是，实际情况却是地方银行及都市银行都不愿接受这种抵押品。因为《农地法》对于农地和林地专用于农业与林业的保护较为严格，先后经过六次修改，加强了对农地的保护，对于农地所有权转让的管制也不断加强。因此，日本抵押农地非常困难，虽然可以作为不动产抵押，也可以通过拍卖进行处理，但是处置手续十分烦琐，除了登记之外还要得到所在地政府及委员会的批准，而且投标人的范围也很有限，必须是当地的农户生产者，如果想要竞标还需到当地政府进行严格的资格审查。但是，若想将农地抵押则可以交由农协办理，因为农协是农业互助机构，对于所在地的土地价格和当地的农户均有基本了解，一方面可以掌握农户经营农地的情况，另一方面也可以找到合适的土地受让方使得拍卖顺利进行。当然林地与农地的情况基本相似，因此该类抵押贷款在日本仅占 1%左右，且基本由农协办理。

日本普惠性农业与农户信贷服务体系的风险分摊机制使得农村信贷环境得到完善，从不同层面保障了存款人和金融机构的收益，使得信用风险在金融基础设施薄弱的农村地区得以控制，从而使普惠性农业与农户信贷服务体系的功能得以正常发挥，保证农业信贷资金的流动性，使农业生产资金正常运转起来，以促进农业经济的迅速发展，从而推动日本农业的现代化发展。

3.2　国外普惠性农户信贷服务体系建设的比较分析

3.2.1　国外普惠性农户信贷服务体系建设的共性特征

1. 政府给予普惠性农户信贷服务充分的政策支持与资金支持

发达国家的实践表明，当工业发展到一定阶段时，政府会引导社会资本由城市流向农业、农村、农户。例如，美国与日本都有支持农业与农户的专项资金和贷款方面的利息补贴，政府所设立的政策性金融机构，不以营利为目的，在普惠性农户信贷服务体系建设的初期，美国与日本都对农业给予了大量的财政拨款。不仅如此，各国还制定了相应的法律法规来支持农村金融机构的发展，减少或免除农村金融机构的税赋，如美国政府规定非营利性的合作组织，免征其所得税，对于社员也免征个人所得税。日本政府对于农村信用担保体系也投入大量资金，通过财政手段提供补贴，为日本的农村信贷服务体系发展提供了巨大支持。除了税收优惠及金融扶持政策以外，政府还引导企业入驻农村，让社会资金向农业多方位、多渠道流动，提升农村经济的投融资能力。孟加拉国与印度尼西亚虽然是发展中国家，经济发展水平较低，贫困人口较多，但是政府依然对于农业提供了支持，为了解决小额信贷业务发展所带来的资金不够的问题，孟加拉国政府设立了农村就业支持基金会，印度尼西亚政府则成立了政策性金融机构，将资金通过批发的方式提供给小额信贷公司，再由小额信贷公司提供给需要贷款的农户。因此，不管是在发达国家或者是发展中国家，政府都在资金、法律及政策方面改善农村的信贷服务环境，尤其是在经济发展的起步阶段，更需要政府在多方面帮助与支持服务于农业与农户的信贷组织体系。

2. 互助合作性组织是普惠性农户信贷服务体系的重要基础

农户居住比较分散，农业生产具有很高的风险性，农村的一些经济活动也不具有规模性，使得一些商业性金融机构无法对农户的信用、生产活动及家庭情况等进行准确的调查研究和判断，因此商业性金融机构想要广泛和深度参与农业与农户的信贷活动就有一定的障碍。有鉴于此，各国政府对合作性金融机构在农业和农户信贷中的地位都给予了高度的重视，注重培养和发挥合作性金融机构在农村地区或贫困地区的信用中介作用，如美国和日本的合作性金融机构通过基层组织和协会向农户提供贷款和信息交流，而这些组织与协会由农户会员组织而成，所有权归农户所有，因此贷款利率及能否回收贷款都关乎农户自身的利益，通过农户之间的彼此了解就可以决定是否贷款及贷款的额度大小。相对于传统的商业性金融机构来说，互助合作性组织能够更充分地了解农户及组员的信息，而且通过组织的运营可以有效制约农户在贷款过程中的违约行为。农村互助合作性组织的全覆盖性及较快的发展不仅可以在农业生产的各个环节起到保障作用，降低农业生产的风险，而且降低了借款人的道德风险，强化了信用机制。此外，作为互助合作性组织，其营利目的不强，因此对农户也能够提供长期且低利率的贷款资金保证农业活动的正常进行。孟加拉国的格莱珉银行采用五人互助组的模式，该模式具有连带的性质，一人失信则全组都无法贷款，这样就促进了小组成员之间的相互监督、相互帮助，提高了整个小组贷款的稳定性，保证了信贷的安全性与可持续性，因此农村互助合作性组织是由农户信贷需求者的特殊性所决定的。

3. 市场化是普惠性农户信贷服务体系的发展方向

政府在普惠性农户信贷服务体系的建设中虽然发挥着重要的作用，但是不能替代市场机制的作用。各国的实践经验表明，普惠性农户信贷服务体系只有遵循市场化的运行方式，才能够有效提高资金的使用效率。例如，美国政府在普惠性农户信贷服务体系的建设初期，提供资金、出台法律、建立政策性金融机构等，随着整个信贷服务体系的逐渐完善，政府资金慢慢退出，逐渐交由市场进行运作，资金不仅可以维持正常的信贷经济活动，还能够积累以便进行未来的可持续发展，而此时政府仅仅发挥监督和再保险的保障性功能。即使在日本的政府主导型农户信贷服务体系中，农户信贷合作体系也完成了独立经营、自负盈亏的市场化改革。在发展中国家同样如此，孟加拉国的格莱珉银行在创立之初向贫困农户提供小额信贷就是建立在市场机制的基础之上，乡村银行不是一个慈善救济所，不是把钱施舍给贫困农民，而是通过小额贷款的方式，教会贫困农民如何利用取得的信贷资金实现脱贫致富。因此，要按照市场规则持续经营下去，就必须保证信贷资金有偿使用的基本准则，尽量减少放贷过程中的道德风险，提高信贷资金的使用效率。凡是遵循这种商业原则的农户信贷服务机构，其贷款的还款率会远远高于其他金融机构。利用市场机制提供信贷服务，目的就是促进农户信贷服务机构的可持续发展。众多国家的经验表明，农户信贷服务机构的可持续发展需要三个条件：一是要建立一套完整的产权保护体制机制；二是要有一个中立、公平的市场准入制度与监管准则；三是要有一个稳定的经济基础与良好的信用环境。

3.2.2　国外普惠性农户信贷服务体系建设的差异分析

1. 农村经济基础不同导致农户信贷服务机构的发展模式与服务策略有所差异

发达国家与发展中国家经济发展水平不同，导致农业与农户信贷经营模式与经营策略有所不同。以日本为例，2017 年，日本农户人均收入达到 748 万日元，超过了企业工薪阶层、保险推销员、幼儿园老师等职业的年均收入，与亚洲其他国家的农户相比，日本的农户已经摆脱了贫困。日本的农户在财富储备和借贷能力方面并不比城市生活的人群低，甚至高于在城市工作的某些职业人群。美国农户的收入情况也大体类似，由于 20 世纪 90 年代美国农场数量减少、农场营业外收入增加等因素的综合影响，美国农户家庭平均收入已经超过全美家庭平均收入，农场家庭拥有的平均财产多于非农场家庭拥有的财产。2017 年，美国农户家庭的平均收入是 11.3 万美元，比全美家庭平均收入水平高出 25%，这说明美国农户与非农户相比在经济上已经处于相对优势阶段。当一国的农户不再贫穷并走出了弱势群体行列时，其资产与信用能够与商业性金融机构所要求的条件相符合，此时，商业性金融机构就能够在普惠性农户信贷服务体系中占据较大的比重，而政策性金融机构信贷资金占比就会降低。在美国初期的普惠性农户信贷服务体系中，政府出资且占据主动权，能够对其产生较大影响，随着农村经济的迅速发展，合作组织偿还政府借款而成为完全独立的互助性组织。现在政策性金融机构的服务重点则转向难以获得信贷的中小企业、小农场主，以及产业升级等。对于贫困人口占比较高的发展中国家，如孟加拉国、印度尼西亚来说，其大部分农户还处在贫困阶段，只能依靠小额信贷组织提供的贷款来辅助解决贫困人口问题，教会他们如何提高谋生技能，给他们提供生活的基本保障。因此，不同的农村经济基础决定了普惠性农户信贷服务体系的结构及发展方式。

2. 发达国家比发展中国家有着更健全的信贷风险分摊机制

农业是一个高风险的行业，农产品产量会受到自然天气的影响，农产品价值会随着农产品市场价格的变化而变化，因此农户收入会因农产品的价值和产量等因素受到较大影响，其面临的不确定性和风险都很大，这种风险也会直接传导给为其提供信贷的金融机构。在美国、日本等发达国家，由于有着完善的信贷风险分摊机制，信贷机构可以通过农业保险、信用担保、动产抵押、不动产抵押、农业补贴、价格保护等多种措施降低信贷风险和农业生产者的经营风险，提高农业生产者的积极性，保证信贷机构的利润水平，避免资金链断裂。例如，日本农协基层组织可以深入涉及农户的全部生产经营活动，辅助农户开展正常经营活动，从而有效地规避信贷过程中的道德风险，降低农户经营失败的风险，此外日本还建立了一套信用保证体系，以完善风险防范体系的不足。又如，美国将各农业信贷区融入合作性金融机构，借助完整的合作性金融机构体系来分散农户个人的信贷风险，创立了农业保险与再保险制度以加强风险分摊。发展中国家的金融结构和金融体系不够健全，缺乏完善的担保体系、保险与再保险体系的支撑，但是它们通过贷款技术与治理结构的创新来解决信贷风险分摊的问题，其中最典型的就是格莱珉银行的小组连带责任的小额信贷，它们通过组内成员的互相监督和互相帮助，降低违约风险，同时，高频率、小额的还款机制也降低了借款人在年底还款的巨大压力；在银行治理方面，银行的持股者往往也是贷款者，通过这种方式将客户的利益与银行的运营捆绑到一起，能够在一定程度上降低银行的风险。因此，发展中国家虽没有像发达国家成套的信贷风险分摊机制，但能够借助技术创新与组织创新来化解部分信贷风险。

3.3　国外普惠性农户信贷服务体系的经验归纳

3.3.1　理念要先行

1. 要树立弱势群体也有还贷能力的信念

受制于传统理念的束缚，金融机构和金融市场长期存在"嫌贫爱富"的倾向，致使贫困人群享受不到现代化的金融服务，在大多数国家，低收入群体和农村人口长期被排斥在正规金融机构的大门之外，他们没有银行账户，享受不到正规金融服务，通常只能通过非正规金融渠道获取非常有限的金融支持。普惠金融概念的提出打破了经济社会和金融市场上广泛存在的偏见和短视，厘清了金融也应该积极关注贫困人群和弱势群体金融需求的观念，致力于为他们提供便捷、高效、低成本、可负担的金融服务。格莱珉银行的创始人尤努斯教授，就是在少年时期受其母亲对贫困人群无私帮助的影响，积极地通过试验探索实现可持续运营的小额贷款模式，并将这一理念推广到整个金融市场与经济领域，该理念正逐渐被全世界广泛接受，并转化为国际共识和各国的实际行动，从而推动了各国普惠金融不断向更高水平发展。

2. 普惠性农户信贷的实现是一项多方参与的长期系统工程

早期的普惠性农户信贷行为更多地由 NGO 来推动和实施，现在政府部门、国际机构、金融机构、科技公司、资金需求者都广泛参与其中，衍生了政府性、合作性、市场性的组织结构，公共部门和私营机构各自发挥着不同的作用，二者有效协作才能发挥出更好的作用。不仅如此，普惠金融的发展还催生了兼具市场目标和社会发展目标的社会企业，它们的共同参与、相互配合加快了普惠金融的发展步伐。各国政府普遍意识到普惠金融工程的长期性，普惠金融是一个"长尾市场"，这个市场兼具同质性和差异性，即在收入水平上具有一定的同质性，而金融需求的紧迫程度却具有一定的差异性，这注定需要更为长期的努力才能实现普惠金融的发展目标。

3. 普惠金融具有非常广阔的发展空间

小额信贷是普惠金融的早期实践行为，它在很多国家和地区极大地提升了农村地区贫困人群的信贷福利水平，但普惠金融发展的步伐没有就此止步，随着金融科技的创新与发展，普惠金融的内涵已经变得更加丰富，普惠金融的目标也变得更加具体和多维，现在它已经拓展到支付、征信、理财、资产管理、保险、金融消费者权益保护等多个金融领域；金融创新也不再仅限于信贷市场，支付手段与支付方式的创新极大便利了市场主体之间的交易行为，并且衍生了更加丰富的商业模式与市场；更多的适合低收入群体、残疾人群的小额保险产品极大地改变了低收入群体的生存状况和福利水平。不仅如此，普惠金融的服务群体也不仅仅限于贫困人群、小微企业、农民，城镇低收入人群、残疾人、老年人也被纳入普惠金融的服务对象之中。这对金融机构而言，既是一个巨大的挑战，也是一个广阔的市场，因此金融机构应当密切关注普惠金融的发展动态，不断通过金融创新开发新的市场，满足更多人群的金融需求。

　　总之，正是包容发展的理念带动了普惠金融从思想变为实践，从"星星之火"变成各国的普遍共识与一致行动。因此，从政府层面，必须加强对普惠金融发展规划的顶层设计，推进和引导全社会乃至全世界的普惠金融的发展；从金融机构层面，应当及时更新观念，转变思维方式与经营策略，积极开拓农村信贷市场，及时发现农户的信贷需求，提供更多、更好的信贷产品与服务。

3.3.2　推进靠创新

创新是推进普惠金融发展的重要动力，其推动作用主要体现在以下三个方面。

1. 信贷技术的创新提升信贷的包容性

格莱珉银行的第一代贷款产品引入了连带担保责任条款，相比较而言，这是对那些没有抵押品的借款人的一种创新性制度安排（虽然格莱珉银行极力否认附有连带责任的贷款），但小组联保贷款确实具有更深层次的优点，它部分消除（至少是转移）了外部金融机构开展贷款业务时存在的道德风险及逆向选择等问题，极大地改善了信贷过程中的信息不对称现象，这种合约设计使得小组成员按照有利于银行的方式使用他们所掌握的信息。尽管格莱珉银行在其第二代贷款产品中删除了"连带责任"，但是小组会议的形式依然被保留下来，联保小组每周都要召开一次内部会议，会议持续时间为半小时左右，其中必有一位来自微型金融机构的信贷员参加，信贷员会为不同客户提供申请新贷款的建议和计划安排。不仅如此，微型金融机构还引入了高频分期还款的模式，以玻利维亚的小额贷款机构安第斯山储蓄银行为例，它要求 50%的客户采取每周偿还一次的还款方式，42%的客户采取隔周偿还一次的还款方式，而剩余 8%的客户采取每月偿还一次的还款方式。这种高频分期还款安排被视为一种贷款违约的早期预警机制。

2. 支付技术的创新提高了金融服务的包容性

早期的普惠金融创新主要集中在信贷领域，进入 21 世纪之后，支付领域的创新异军突起，强力推进了普惠金融的发展。以肯尼亚的 M-Pesa 为例，它最早由移动通信公司 Safaricom 推出，专门为那些没有银行账户的农村人口提供转账和支付服务，客户只要注册 M-Pesa 账户之后，就可以通过手机短信在 M-Pesa 的代理商网点提取现金，也可以通过短信方式向第三方办理支付，此外客户还可以通过 M-Pesa 代缴水电费、学费、国际汇款、代发工资、购买保险等，2017 年 M-Pesa 在肯尼亚的用户数已经超过 3 000 万人。M-Pesa 的出现和快速扩张提升了农村地区的支付效率，因为在肯尼亚 M-Pesa 代理商网点的平均距离只有 1.4 千米，远小于商业银行网点之间的平均距离，这极大地提高了客户提取现金的便利程度。不仅如此，许多非洲国家在移动支付的基础上开发出适合农村地区的移动保险产品，津巴布韦的农民可以通过移动通信运营商购买一种叫生态农民（EcoFarmer）的农作物保险；坦桑尼亚农户可以通过手机购买微型医疗保险等。值得注意的是，这些支付领域的创新都不是由银行等金融部门推进的，而是由具备较强科技背景的通信公司引领的。

3. 金融组织的创新助推了普惠性农户信贷体系的建设

发展中国家早期的小额信贷大部分是由非正规的微型金融机构推动的，其中一部分是 NGO，它们带有一定的援助色彩，不能吸收公众存款，却为贫困人群提供信贷服务；还有一部分是非正规互助组织，包括储蓄信贷协会、互助组织等，大部分组织的资金规模比较小，但也有网络和资金规模比较庞大、覆盖整个社区的自助性组织。在发达国家，政府赞助企业（government sponsored enterprise，GSE）承担了很多农业与农户信贷工作，以美国为例，成立于 1916 年的农业信贷系统（farm credit system，FCS）就是美国最早的 GSE，它承担着向美国农场主、牧场主和农业企业提供信贷的职能。各国的普惠性农户信贷实践表明，对来自民间、私营机构、社会团体的创新行为要保持包容发展的态度，创造一个金融安全与创新激励相兼容的金融环境与制度，鼓励与普惠金融发展相关的技术创新行为与组织创新试验。

3.3.3　制度有保障

制度保障是各国普惠性农业与农户信贷服务体系建设的重要基础，其保障作用主要体现在信贷服务的机构保障和法律制度保障两个方面。

机构保障制度主要体现在两个领域。一是有专门支持农业发展与农户信贷的政策性金融机构。以美国为例，它的政策性农业信贷系统（农民家计局、农村电气化管理局、商品信贷公司、小企业管理局）为农场主、牧场主和农业企业提供了非常有力的信贷支持，保证农业部门和农户能够获得及时的贷款帮助；在日本，政策金融公库的农林水产事业部为日本的农林渔业发展提供资金支持，政策金融公库对促进日本农村经济及日本农业持续健康发展起到了非常重要的作用。这些国家的政策性金融机构为农业和农户提供的信贷资金通常具有期限长、利率低、可减息的特点，最大限度地降低了农户的融资负担。二是有专业的信贷风险分摊的机构设计。各国都有多层次、多部门参与的信贷风险分摊机制，日本农户债务保证系统由农业信用基金协会、委托金融机构与贷款人构成，而融资保险系统则由高层的农林渔业信用基金协会与全国农协保证中心构成；而美国则有比较完善的信用保险和再保险系统，帮助涉农的信贷机构分摊信贷风险，从而打消涉农信贷机构的后顾之忧。

除了机构保障之外，各国在推进普惠性农户信贷服务体系建设的过程中都有着非常完善的法律体系的支持。以美国为例，它有《农业信贷法》《联邦农作物保险法》《公平信用报告法》《社区再投资法》《联邦存款保险法》等一整套法律制度，其中《社区再投资法》对银行的社区开发服务的覆盖范围有非常明确的考核标准；日本则有《农林中央金库法》《株式会社日本政策金融公库法》《农业协同组合法》《农地法》等相关法律制度。这些基本法律制度为普惠性农户信贷服务体系的建设与发展提供了强有力的支撑。我们应当积极借鉴上述国家的成功经验，完善普惠性农户信贷服务的法律法规体系，从法律层面明确国家、金融机构、农户的权利与义务，健全与普惠性农户信贷服务相关的法律法规，形成系统性法律框架，明确普惠性农户信贷服务供给、需求主体的权利和义务，加强风险控制，规范普惠性农户信贷服务机构的运营，降低普惠性农户信贷服务的风险，确保普惠性农户信贷服务体系的建设有法可依。

第4章 中国农户信贷服务体系的普惠性评价

在国家普惠金融政策与金融机构的协同努力下，金融部门支持"三农"事业力度持续加大，各地区农户和农业企业的信贷服务水平得到明显改善。本章首先介绍中国农户信贷服务体系的基本状况；其次，对中国农户信贷服务体系的组织建设进行简要总结；再次，对中国农户信贷服务体系的普惠性展开评价；最后，对中国农户信贷服务体系的普惠性展开空间计量分析。

4.1 中国农户信贷服务体系的基本状况

4.1.1 农户信贷服务体系的供给机构

农户信贷服务的最主要供给者是银行业金融机构。根据中国银保监会的统计，截至 2018 年末，我国银行业金融机构包括 3 家政策性银行、5 家大型商业银行、12 家股份制商业银行、134 家城市商业银行、17 家民营银行、1 397 家农村商业银行、30 家农村合作银行、812 家农村信用社、1 家邮政储蓄银行、4 家金融资产管理公司、39 家外资法人金融机构、1 家中德住房储蓄银行、68 家信托公司、247 家企业集团财务公司、66 家金融租赁公司、5 家货币经纪公司、25 家汽车金融公司、22 家消费金融公司、1 616 家村镇银行、13 家贷款公司、45 家农村资金互助社及 8 133 家小额贷款公司。

全国各地银行业金融机构稳步发展，截至 2018 年末，全国银行业金融机构资产总额共计 227.6 万亿元，营业网点共计 22.61 万个，从业人员共计 393 万人。分地区观察，银行业金融机构在中部、西部、东北地区发展加快，资产规模和从业人员占全国的比重均有所提高，2018 年末银行业金融机构地区分布如表 4-1 所示。

表 4-1　2018 年末银行业金融机构地区分布

地区	银行业金融机构资产与数量			法人机构个数占比
	营业网点个数占比	从业人数占比	资产总额占比	
东部	40.1%	44.3%	58.0%	37.2%
中部	23.6%	20.8%	16.3%	23.8%
西部	26.9%	24.8%	19.1%	30.3%
东北	9.4%	10.1%	6.6%	8.7%
全国	100.0%	100.0%	100.0%	100.0%

注：各地区金融机构营业网点不包括国家开发银行和政策性银行、大型商业银行、股份制商业银行等金融机构的总部数据

资料来源：中国人民银行

地方法人银行业金融机构快速增长，其中，西部地区的城市商业银行相较于其他金融机构有较快的发展，东北地区的农村金融机构发展速度领先。截至 2018 年末，全国所有城市商业银行资产总额同比增长 12.35%，达到 31.72 万亿元，高于银行业金融机构平均增速 3.65 个百分点。

2018 年末，全国共有农村合作银行 30 家，农村商业银行 1 397 家，农村信用社 812 家；拥有农村资金互助社、贷款公司、村镇银行等新型农村金融机构总数达 1 674 家。其中，中部地区农村资金互助社占比为全国最高，达到 33.33%；东部地区的贷款公司和村镇银行数量占全国比重最高，分别为 50% 和 33.99%，各地区具体分布情况如表 4-2 所示。如果从新型农村金融机构的绝对数量来看，分布在东部地区的新型农村金融机构的数量仍然是最高的。2018 年末，全国农村金融机构资产总额达到 32.82 万亿元，同比增长 9.78%，高于银行业金融机构平均增速 1.08 个百分点。其中，农村金融机构在中部地区的资产总额增速高于其他地区，高于全国农村金融机构资产平均增速 1.62 个百分点。

表 4-2　2018 年末新型农村金融机构地区分布

金融机构类别	东部	中部	西部	东北
农村资金互助社	28.89%	33.33%	17.78%	20.00%
贷款公司	50.00%	16.67%	25.00%	8.33%
村镇银行	33.99%	30.90%	25.14%	9.97%

资料来源：中国人民银行

虽然新型农村金融机构的数量逐年增加，但由于农村二元结构的特殊性质，

农村信贷服务体系的组织结构相比城市的信贷服务体系，有较大的差别，其组织结构如图 4-1 所示。

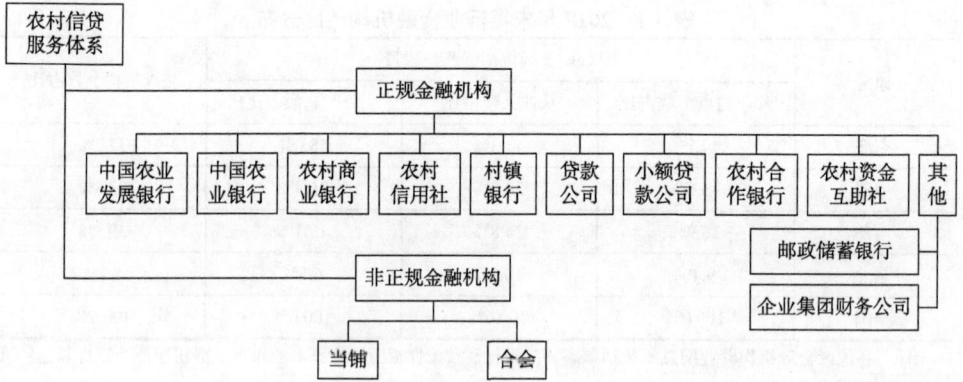

图 4-1　农村信贷服务体系的组织结构

在正规金融机构中，中国农业发展银行作为服务农业和农村的政策性银行，主要以国家信用为基础，承担国家规定的政策性的农业金融业务，代理财政支农资金的拨付，为农业和农村经济发展服务。农村商业银行、农村合作银行等银行性金融机构是农村信贷供给的重要主体。大型商业银行（含国有商业银行和全国性股份制商业银行）在近几年也纷纷成立了普惠金融事业部，增加了对农村地区和小微企业的信贷投入。除政策性银行和商业银行外，2006 年之后村镇银行、贷款公司、农村资金互助社等新型农村金融机构得以迅速发展。

相比正规金融机构，非正规金融机构对于借款人的各项要求更低，这也使得农户从非正规金融机构获得借款更为容易，而亲戚、好友之间的私人借贷仍是农村最容易、最快捷的民间借贷形式（图 4-2）。非正规金融机构包括当铺及合会等形式，随着金融监管的规范化和金融组织市场化程度的提高，非正规金融机构的成长空间正受到挤压。

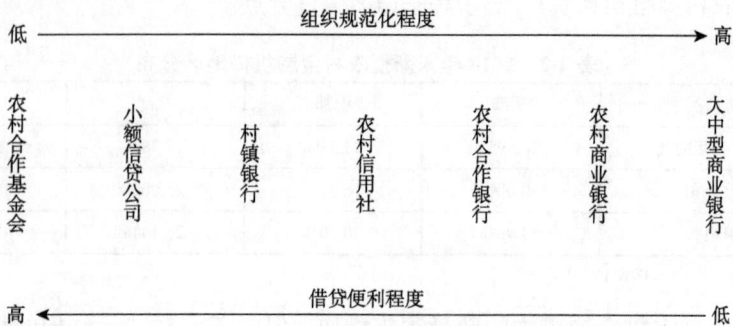

图 4-2　农户信贷组织规范化程度与借贷便利程度比较

4.1.2　农村地区金融基础设施状况

根据中国人民银行的统计，截至 2018 年末，中国农村地区拥有县、乡镇、村级行政区分别为 2 244 个、3.20 万个、53.14 万个，农村地区人口 9.68 亿人；农村地区拥有银行网点 12.66 万个，每万人拥有银行网点数为 1.31 个，县均银行网点 56.42 个，乡均银行网点 3.96 个，村均银行网点 0.24 个。

1. 银行结算账户情况

随着现代化农业的发展，农村地区单位银行结算账户和个人银行结算账户开户数稳步增长。表 4-3 显示，截至 2018 年末，农村地区单位银行结算账户累计开户数达 0.217 5 亿户，相比 2017 年净增 0.021 0 亿户，同比增长 10.69%；个人银行结算账户累计开户数达到 31.93 亿户，相比 2017 年净增 3.27 亿户，同比增长 11.41%，人均拥有 3.3 个银行结算账户。其中，借记卡发展最为迅猛，累计开户达到 29.91 亿户，相比 2017 年净增 3.00 亿户，同比增长 11.15%，高于单位银行结算账户增长幅度，农村地区人均持卡量 3.09 张。

表 4-3　2018 年末农村地区银行结算账户情况

农村地区 银行结算账户	单位银行结算账户	个人银行结算账户	
		借记卡	信用卡
累计开户数/亿户	0.217 5	29.91	2.02
净增长数/亿户	0.021 0	3.00	0.27
增长率	10.69%	11.15%	15.28%

资料来源：中国人民银行

随着网络和智能手机的普及，农村电子银行业务得到迅猛发展，特别是网上银行和手机银行业务得到迅速普及。表 4-4 显示，截至 2018 年末，农村地区累计开通网上银行 6.12 亿户，累计开通手机银行 6.70 亿户，2018 年办理交易笔数分别为 102.08 亿笔和 93.87 亿笔，交易金额分别达到 147.46 万亿元和 52.21 万亿元，由此可见，在农村地区网上银行和手机银行已经成为居民日常使用银行业务的主要途径；相比前二者，电话银行稍弱，累计开通 2.08 亿户，办理交易笔数和金额分别为 0.81 亿笔和 0.09 万亿元。

表 4-4　2018 年末农村电子银行业务发展情况

农村电子银行 业务分项统计	农村电子银行业务		
	网上银行	手机银行	电话银行
累计开通户数/亿户	6.12	6.70	2.08

续表

农村电子银行业务分项统计	农村电子银行业务		
	网上银行	手机银行	电话银行
交易笔数/亿笔	102.08	93.87	0.81
交易金额/万亿元	147.46	52.21	0.09

资料来源：中国人民银行

2. 支付系统覆盖情况

中国人民银行支付系统和农信银支付清算系统共同组成了农村地区银行支付体系。

中国人民银行支付系统是中国人民银行按照中国支付清算需要，利用现代计算机技术和通信网络自主开发建设的，能够高效、安全处理各银行办理的异地、同城支付业务及其资金清算和货币市场交易的应用系统。它是各银行和货币市场的公共支付清算平台，是中国人民银行发挥其金融服务职能的重要的核心支持系统。中国人民银行通过建设现代化支付系统，逐步形成一个以央行支付系统为核心，商业银行行内系统为基础，各地同城票据交换所并存，支持多种支付工具的应用和满足社会各种经济活动支付需要的中国支付清算体系。

农信银支付清算系统是根据全国农村信用社、农村合作银行、农村商业银行支付结算业务需求，应用现代化计算机网络和信息技术开发的集资金清算和信息服务于一体的支付清算平台，为所有入网机构提供异地支付清算和信息服务，可以为广大城乡客户特别是农村地区企业和个人办理实时电子汇兑、农信银银行汇票和个人账户通存通兑等业务。截至 2018 年末，农村地区直接接入央行支付系统的银行网点达到 12.29 万个，接入覆盖率达 97.05%，基本实现央行支付系统对于银行网点的全覆盖。共计 44 056 个银行网点以参与者身份接入农信银支付清算系统，基本覆盖农村信用社等金融机构营业网点，且 2018 年农信银支付清算系统在农村地区共处理业务 33.49 亿笔，金额累计达 6.68 万亿元，分别占全国比重的99.23%、23.02%。由此可见，农村地区支付清算以农信银支付清算系统为主，中国人民银行支付系统为次。

3. 银行卡受理市场建设情况

考虑到部分农户在办理银行业务时遇到的实际困难，2011 年中国人民银行推广并实施了"助农取款"这一项普惠金融项目，通过收单机构在乡镇指定的合作商户服务点，向农户提供存取款、代理缴费等业务和余额查询等服务。此外，各类银行业金融机构加强与农业相关企业、个体商户合作，招募特约商户，为企业和个人提供了一个安全、快捷、方便的电子商务应用环境和网上资金结算工具，帮助企业实现了销售款项的快速归集，缩短了收款周期。表 4-5 显示，截至 2018 年末，特约商户在农村地区共计 554.02 万户，相比 2017 年净增长 27.68 万户，同比增长 5.26%，实现农村特约商户的稳步增长。

表 4-5　2018 年末农村地区银行卡受理市场情况

银行卡市场	累计数/万户	净增/万户	万人拥有量/台	交易笔数/亿笔	交易金额/万亿元
特约商户	554.02	27.68	—	—	—
ATM	38.04	0.31	3.93	124.06	21.96
POS 机	715.62	4.13	73.93	25.14	6.79
其他自助服务终端	18.04	−0.68	1.86	5.06	2.23

资料来源：中国人民银行

无论是城市还是农村，在使用银行卡的业务中，ATM 和 POS 机的使用频率都是最高的，ATM 主要用于存取款业务，POS 机主要用于消费支付业务。随着农村城镇化建设的推进，自助服务终端的使用率及人均保有率越来越高。表 4-5 显示，截至 2018 年末，农村地区拥有 ATM 和 POS 机分别为 38.04 万台和 715.62 万台，万人拥有量分别为 3.93 台和 73.93 台，人均办理业务分别为 12.82 笔/年和 2.60 笔/年。这说明 ATM 和 POS 机两类终端被使用的频率很高，而其他自助服务终端的使用频率很低，人均每年使用次数还不足 1 次。

4. 征信体系建设情况

目前，农村企业和农户个人征信系统的主要使用者是金融机构，它通过专线和农村金融机构总部相连（即一口接入），并通过农村商业银行或农村信用社的内联网系统延伸到其分支机构信贷人员的业务柜台，从而实现企业和个人信用信息定期由各农村金融机构流入企业和个人征信系统，经汇总后由农村金融机构实时共享的功能。企业和个人征信系统由中国人民银行征信中心负责日常运行和管理，征信中心和商业银行建立数据报送、查询、使用、异常处理等各种内部管理制度和操作规程。企业和个人征信系统的网络结构如图 4-3 所示。

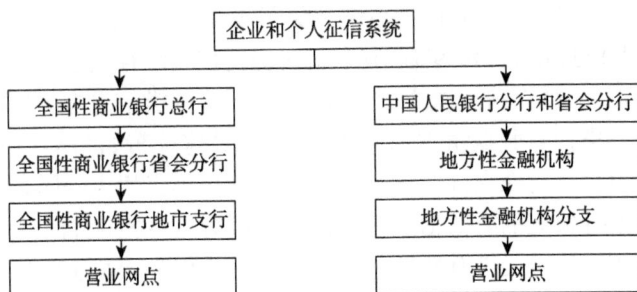

图 4-3　企业和个人征信系统的网络结构

　　中国人民银行个人征信系统采集的信息主要包括五类：一是贷款信息，含贷款发放及还款情况等；二是信用卡信息，包括信用卡的发卡和还款信息；三是担保信息，体现个人为其他主体的担保情况；四是特殊交易信息；五是特别记录信息。个人征信系统的信息报送主要由各接入机构以报文形式将信息报送给个人征信系统。个人征信系统中业务量较大的全国性商业银行、部分城市商业银行均采用接口方式报送；业务量小或自身信息电子化程度不高的部分农村信用社等采用非接口方式报送。截至 2014 年底，个人征信系统累计收集信贷账户记录 12.52 亿个，其中贷款账户记录 4.53 亿个，信用卡账户记录 7.99 亿个。个人征信系统2006~2014 年账户数变化如图 4-4 所示。

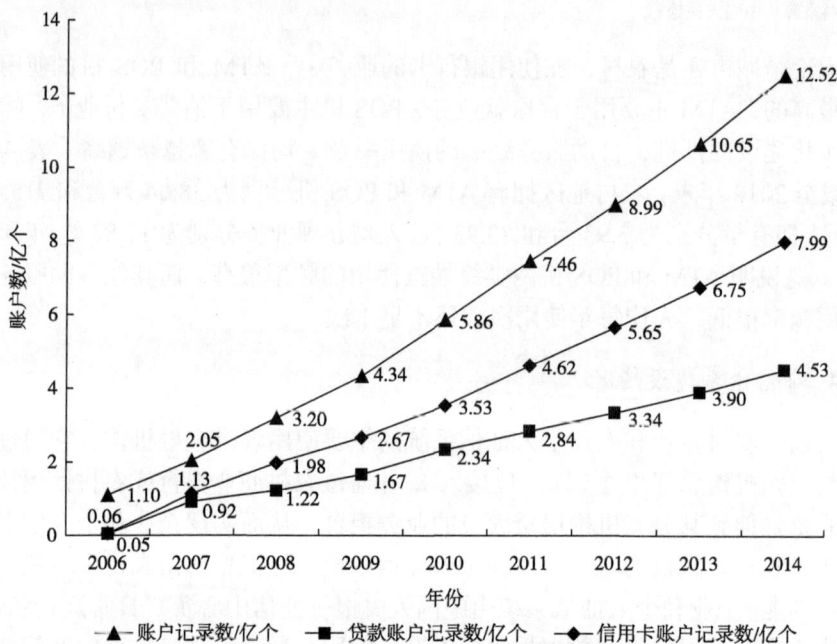

图 4-4　个人征信系统 2006~2014 年账户数变化

　　除个人信贷信息外，个人征信系统采集了 5 类公共信息共计 2.59 亿条账户信息，占全部数据信息量的 20.69%。其中，住房公积金缴存信息在公共信息中占比最大，为 51.14%，社保信息次之，占 42.99%，这两类信息在公共信息中占比超过 90%，其他 3 类信息数据量占比均低于 5%，具体分布如图 4-5 所示。

　　值得注意的是，对农村地区居民的信贷信息采集仍然十分困难，大部分农村居民没有可被银行采集的有效信贷业务信息，因为这些指标不完全适用于农村居民，如农村地区部分居民没有缴纳过社保和住房公积金，其住房公积金缴存信息

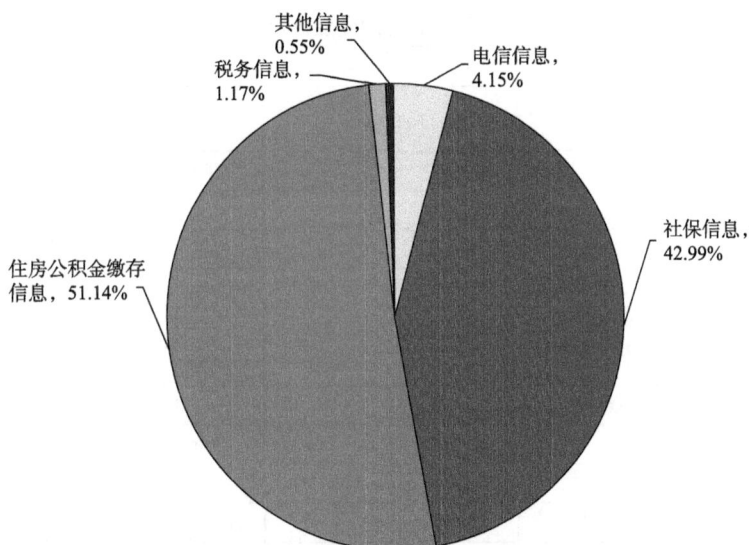

图 4-5　2014 年末公民个人信用信息采集源分布情况

和社保信息空白较多；即使办理过信用卡，信用卡的闲置率也较高。由此可见，对于农村地区居民的征信信息采集，面临着诸多现实困难。

就个人征信的查询而言，农村和城市没有实际的差别，个人征信可以通过中国人民银行征信中心网站查询，或就近的征信查询分中心查询。每个省（区、市）的主要城市地区，均有征信查询分中心，基本上可以满足居民对于征信查询便捷度的需求。部分省（区、市）对于个人征信的查询，不再局限于中国人民银行的分支机构，各大商业银行的分支行都开通了自助查询。这些省（区、市）通常位于东部沿海发达地区，金融体系的完善程度更高，但对于农村人口较多的中西部地区，有查询征信需求的农村居民仍然存在查询困难的问题。

4.1.3　农户与农村地区信贷供给情况

1. 2018 年涉农贷款供给情况

截至 2018 年末，全部金融机构本外币农村（县及县以下）贷款余额 26.64 万亿元，占各项贷款余额比重为 19.6%，当年新增贷款 1.94 万亿元，同比增长 6.0%；农户贷款余额 9.23 万亿元，占各项贷款余额比重为 6.8%，当年新增贷款 1.13 万亿元，同比增长 13.9%；农林牧渔业贷款余额 3.94 万亿元，占各项贷款余额比重为 2.9%，当年新增贷款 879.7 亿元，同比增长 1.8%，2018 年按不同类型分类的金融机构本外币涉农贷款如表 4-6 所示。

表 4-6 2018 年按不同类型分类的金融机构本外币涉农贷款 单位：亿元

项目	余额		当年新增额		同比增长
	本期/亿元	占各项贷款比重	本期/亿元	占各项贷款比重	
涉农贷款	326 807	24.1%	22 286.6	15.6%	5.6%
一、按用途分类					
（一）农林牧渔业贷款	39 424	2.9%	879.7	0.6%	1.8%
（二）农用物资和农副产品流通贷款	26 879	2.0%	−1 508.7	−1.1%	−5.1%
（三）农村基础设施建设贷款	56 913	4.2%	7 829.6	5.5%	11.0%
（四）农产品加工贷款	11 997	0.9%	−526.9	−0.4%	−3.7%
（五）农业生产资料制造贷款	5 551	0.4%	−419.5	−0.3%	−7.3%
（六）农田基本建设贷款	2 247	0.2%	−184.5	−0.1%	−10.4%
（七）农业科技贷款	361	0.000 3%	−17.4	−0.000 1%	−6.1%
（八）其他	183 435	13.5%	16 234.3	11.4%	8.0%
二、按城乡地域分类					
（一）农村（县及县以下）	266 367	19.6%	19 406.6	13.6%	6.0%
1. 农户贷款 其中：农户消费贷款	92 322 41 751	6.8% 3.1%	11 308.7 7 726.0	7.9% 5.4%	13.9% 22.6%
2. 农村（县及县以下）企业及各类组织贷款	174 045	12.8%	8 097.9	5.7%	2.2%
（二）城市涉农贷款	60 438	4.5%	2 880.1	2.0%	3.9%
1. 城市企业及各类组织涉农贷款	58 000	4.3%	2 721.9	1.9%	3.8%
2. 非农户个人农林牧渔业贷款	2 438	0.2%	158.2	0.1%	7.3%
三、按受贷主体分类					
（一）个人涉农贷款	94 760	7.0%	11 466.9	8.0%	13.7%
1. 农户贷款	92 322	6.8%	11 308.7	7.9%	13.9%
2. 非农户个人农林牧渔业贷款	2 438	0.2%	158.2	0.1%	7.3%
（二）企业涉农贷款	225 675	16.6%	12 299.5	8.6%	3.6%
1. 农村（县及县以下）企业贷款	169 335	12.5%	8 555.6	6.0%	2.7%
2. 城市企业涉农贷款	56 340	4.1%	3 743.9	2.6%	6.4%
（三）各类非企业组织涉农贷款	6 351	0.4%	−1 479.6	−1.0%	−23.8%
1. 农村（县及县以下）各类组织贷款	4 691	0.3%	−457.7	−0.3%	−13.5%
2. 城市各类组织涉农贷款	1 660	0.1%	−1 021.9	−0.7%	−42.9%

资料来源：《中国农村金融服务报告（2018）》

　　总体看来，2018 年新增涉农贷款和农村地区新增贷款保持着约 6%的增长率，而当年农户新增贷款增长率为 13.9%，明显高于前者，其中农村基础设施建设的新增贷款增长率明显高于其他用途贷款增长率。基于中国的地区经济差异，表 4-7

显示了各地区农林牧渔业贷款、农村（县及县以下）贷款、农户贷款、涉农贷款的余额及同比增长情况。

表 4-7　2018 年金融机构本外币涉农贷款统计

地区	农林牧渔业贷款		农村（县及县以下）贷款		农户贷款		涉农贷款	
	余额/亿元	同比增长	余额/亿元	同比增长	余额/亿元	同比增长	余额/亿元	同比增长
全国	39 423	1.8%	266 369	6.0%	92 322	13.9%	326 804	5.6%
总行[1]	95	42.3%	210	0.9%	46	24.6%	2 420	−3.6%
北京	463	−0.2%	834	21.5%	37	23.5%	2 299	15.5%
天津	190	−0.5%	450	−16.4%	243	23.0%	1 831	−22.4%
河北	1 084	11.0%	13 759	7.7%	4 335	7.2%	14 994	5.6%
山西	972	1.9%	8 480	3.6%	1 963	10.4%	10 000	2.5%
内蒙古	2 169	6.2%	6 745	0.7%	2 073	14.6%	8 402	0.5%
辽宁	1 524	−7.4%	6 384	7.7%	1 413	2.2%	8 148	5.3%
吉林	852	2.1%	4 475	−9.6%	688	5.8%	5 501	−8.9%
黑龙江	1 300	−7.9%	5 747	−3.8%	1 153	−1.0%	8 306	−2.5%
上海	114	−20.2%	587	−6.6%	194	1.0%	1 576	−14.3%
江苏	2 322	9.8%	27 990	2.7%	6 950	15.1%	32 328	4.0%
浙江	1 675	11.9%	32 943	10.2%	13 255	19.6%	35 576	9.2%
安徽	958	6.0%	9 580	14.8%	4 664	23.5%	12 420	11.7%
福建	1 263	9.7%	10 831	−4.5%	4 131	13.8%	12 306	−2.2%
江西	2 477	5.0%	10 009	16.5%	4 600	17.7%	12 274	18.5%
山东	1 582	−1.6%	22 164	−1.4%	5 769	16.6%	26 304	1.9%
河南	3 593	8.3%	16 095	12.5%	5 385	15.6%	18 456	10.8%
湖北	1 414	3.3%	8 186	12.0%	2 948	20.7%	11 472	11.1%
湖南	1 371	−2.2%	10 042	12.4%	4 544	11.9%	11 288	8.7%
广东	887	3.5%	9 321	13.4%	4 283	17.5%	12 155	12.1%
广西	1 851	−0.6%	5 660	8.9%	3 110	18.6%	8 113	4.0%
海南	315	15.6%	980	5.1%	238	7.6%	1 552	5.4%
重庆	274	−5.3%	3 726	4.7%	1 638	10.9%	5 380	6.1%
四川	1 830	−4.7%	13 250	4.6%	5 161	9.3%	16 596	3.4%
贵州	1 572	12.3%	9 215	21.1%	3 333	16.7%	10 907	24.7%
云南	1 365	11.0%	7 639	9.0%	2 445	11.7%	9 523	5.9%
西藏	281	18.0%	391	27.6%	258	19.0%	1 398	18.8%
陕西	1 034	−13.8%	5 445	3.3%	2 467	4.5%	6 988	6.0%
甘肃	2 463	−4.8%	5 465	1.4%	2 910	4.0%	6 786	1.4%
青海	186	0.6%	1 616	7.2%	222	15.0%	2 178	−3.4%
宁夏	491	8.2%	1 772	0.1%	670	6.2%	2 179	0.9%
新疆	1 456	−17.5%	6 378	−7.9%	1 196	−7.3%	7 148	−4.6%

1）指中国人民银行

资料来源：《中国农村金融服务报告（2018）》

2. 农村经济发展与农村信贷发展状况

表 4-8 的统计结果显示，2007~2018 年农业增加值占国内生产总值（gross domestic product，GDP）之比呈现不断下降趋势，从 2007 年的 10.2%下降到 2018 年的 7.0%，期间农业增加值占 GDP 的比重均值为 8.5%，一方面表明农业部门对中国经济增长的贡献率在下降，另一方面表明非农产业对中国经济增长的贡献率在稳步提升；从居民消费方面来看，农村居民消费与城镇居民消费之比也基本呈现下降的趋势，从 2007 年的 35.2%下降到 2018 年的 27.9%，期间农村居民消费与城镇居民消费之比的均值为 28.9%。

表 4-8　农业农村经济在国民经济中的地位

年份	GDP/亿元	农业增加值/亿元	农业增加值占GDP的比重	城镇居民消费/亿元	农村居民消费/亿元	农村居民消费与城镇居民消费之比
2007	270 092	27 674	10.2%	72 642	25 588	35.2%
2008	319 244	32 464	10.2%	84 413	28 240	33.5%
2009	348 517	33 583	9.6%	93 197	29 924	32.1%
2010	412 119	38 430	9.3%	108 909	32 556	29.9%
2011	487 940	44 781	9.2%	131 025	39 365	30.0%
2012	538 580	49 084	9.1%	147 769	42 814	29.0%
2013	592 963	53 028	8.9%	165 105	47 371	28.7%
2014	643 563	55 626	8.6%	183 605	52 633	28.7%
2015	688 858	57 774	8.4%	203 687	56 515	27.7%
2016	746 395	60 139	8.1%	226 790	61 877	27.3%
2017	832 035	62 099	7.5%	251 844	68 845	27.3%
2018	919 281	64 745	7.0%	276 915	77 208	27.9%
农业增加值占 GDP 的比重均值：8.5%				农村居民消费与城镇居民消费之比的均值：28.9%		

注：GDP、农业增加值、城镇与农村居民消费数据来源于国家统计局支出法统计口径，其中农业增加值为第一产业增加值（下同）

表 4-9 的统计结果显示，2007~2018 年，金融机构发放的农户贷款、农业贷款、农村贷款余额均呈现稳定增长的态势，其中农户贷款在各项贷款中比重均值为 5.98%，农村贷款在各项贷款中比重均值为 20.54%。其中，农户贷款在各项贷款中比重最低的为 2009 年的 4.73%，最高的为 2018 年的 6.85%，农村贷款在各项贷款中比重最低的为 2008 年的 17.36%，最高的为 2013 年的 22.57%。相较于农村贷款在各项贷款中比重的变化而言，农户贷款在各项贷款中比重的变化趋势更为清晰和明显。表 4-9 的数据显示，2007~2018 年农户贷款在各项贷款中的比重呈逐年稳步上升趋势，占比从 2007 年的 4.82%上升到 2018 年 6.85%，这主要

受惠于国家"普惠金融"政策的推广，反映出中国人民银行和中国银保监会针对农户贷款投放的倾斜政策起到了较为明显的效果。

表 4-9　2007~2018 年农村信贷投放余额及占比情况

年份	各项贷款/亿元	农业贷款/亿元	农户贷款/亿元	农村贷款/亿元	农户贷款在各项贷款中比重	农村贷款在各项贷款中比重
2007	277 747	15 055	13 399	50 384	4.82%	18.14%
2008	320 049	15 559	15 170	55 569	4.74%	17.36%
2009	425 597	19 488	20 134	74 551	4.73%	17.52%
2010	509 226	23 045	26 043	98 017	5.11%	19.25%
2011	581 893	24 436	31 023	121 469	5.33%	20.87%
2012	672 872	27 261	36 193	145 385	5.38%	21.61%
2013	766 327	30 429	45 027	172 938	5.88%	22.57%
2014	867 868	33 394	53 587	194 383	6.17%	22.40%
2015	993 460	35 137	61 488	216 055	6.19%	21.75%
2016	1 120 552	36 627	70 846	230 092	6.32%	20.53%
2017	1 256 074	38 713	81 056	251 398	6.45%	20.01%
2018	1 346 900	39 424	92 322	266 369	6.85%	19.78%
均值	761 547	28 214	45 524	156 384	5.98%	20.54%

注：其中各项贷款为金融机构本外币贷款余额，农村贷款范围为县及县以下
资料来源：《中国金融年鉴》

表 4-10 显示了 2008~2018 年农村、农业、农户贷款的增长情况，其中农村贷款的年均增长率为 16.34%，农业贷款的年均增长率为 9.15%，农户贷款的年均增长率为 19.18%。

表 4-10　2008~2018 年农村、农业、农户贷款的增长情况

年份	农村贷款增长率	农业贷款增长率	农户贷款增长率
2008	10.3%	3.3%	13.2%
2009	34.2%	25.3%	32.7%
2010	31.5%	18.3%	29.3%
2011	23.9%	6.0%	19.1%
2012	19.7%	11.6%	16.7%
2013	19.0%	11.6%	24.4%
2014	12.4%	9.7%	19.0%
2015	11.1%	5.2%	14.7%
2016	6.5%	4.2%	15.2%
2017	9.3%	5.7%	14.4%
2018	6.0%	1.8%	13.9%
年均增长率	16.34%	9.15%	19.18%

注：其中各类贷款增长率由表 4-9 计算得到

　　为了衡量和反映我国农村地区信贷投放与信贷需求的匹配状况，本章引入信贷配给的概念。信贷配给是指在信贷市场利率一定的条件下，贷款需求超过贷款供给，银行等金融机构需要对贷款进行配给的现象。信贷配给度可以反映信贷需求的满足程度，其度量公式见式（4-1）。信贷配给度越高，表明信贷配给的满足度越低。

$$信贷配给度 = \frac{B-A}{B} \times 100\% \qquad (4-1)$$

其中，A 表示农户或农村地区获得的信贷资金占全部贷款的比重；B 表示农村居民消费与城镇居民消费的比值。

　　本章采用农户贷款在全部贷款中的比重 A_1 和农村居民消费与城镇居民消费的比值 B 来计算农户信贷配给度；采用农村贷款在全部贷款中的比重 A_2 和农村居民消费与城镇居民消费的比值 B 来计算农村信贷配给度。计算结果如表 4-11 所示。

表 4-11　2007~2018 年农户和农村信贷配给度

年份	农户信贷配给度	农村信贷配给度
2007	0.863 1	0.484 7
2008	0.858 5	0.481 8
2009	0.852 6	0.454 2
2010	0.829 1	0.356 2
2011	0.822 3	0.304 3
2012	0.814 5	0.254 8
2013	0.795 1	0.213 6
2014	0.785 0	0.219 5
2015	0.776 5	0.214 8
2016	0.768 5	0.248 0
2017	0.763 7	0.267 0
2018	0.754 5	0.291 4

　　由表 4-11 和图 4-6 可以看出，农户信贷配给度呈现下降的趋势，但是农户信贷配给度依然比较高；而农村信贷配给度在经历了前期的下降之后，在 2015 年之后又开始有所上升。由此看来，农户信贷配给度和农村信贷配给度总体都呈现下降趋势，但相较而言，农户信贷配给度高于农村信贷配给度。

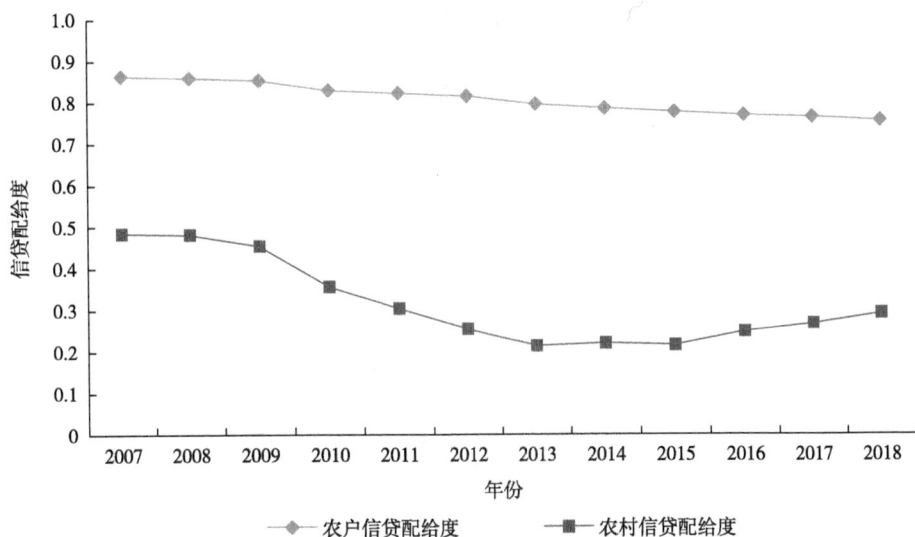

图 4-6　2007~2018 年农户和农村信贷配给度趋势

4.2　普惠性农户信贷服务体系的组织建设

4.2.1　普惠性农户信贷服务的阶段性分析

　　小额信贷是普惠性农户信贷最主要的早期实践形式。中国小额信贷的试点工作可以追溯到 20 世纪 50 年代。中华人民共和国成立后，为解决部分农民在生产经营中面临的资金困难等问题，农村合作社成立，并与农民建立起稳定的信贷关系。然而，人民公社化运动的兴起，使得小额信贷一度在农村市场消失。随着改革开放政策的落实和推广，快速发展经济、提高人民生活水平成为经济发展的首要任务，国家陆续出台并启动了一系列农村综合扶贫计划，如 1986 年设立国家扶贫专项贷款，以小额信贷的形式发放到贫困农民手中，旨在通过政策的引导与扶持，帮助这部分绝对贫困人口尽早脱离贫困；1994 年出台《国家八七扶贫攻坚计划》，该计划把向贫困地区提供扶贫资金作为撬动贫困地区发展的利器，标志着中国农村普惠信贷实践启动了新的篇章。本书简要总结中国农村小额信贷的发展历史，以坐标图形式对中国普惠性农户信贷发展进行阶段性回顾，如图 4-7 所示。

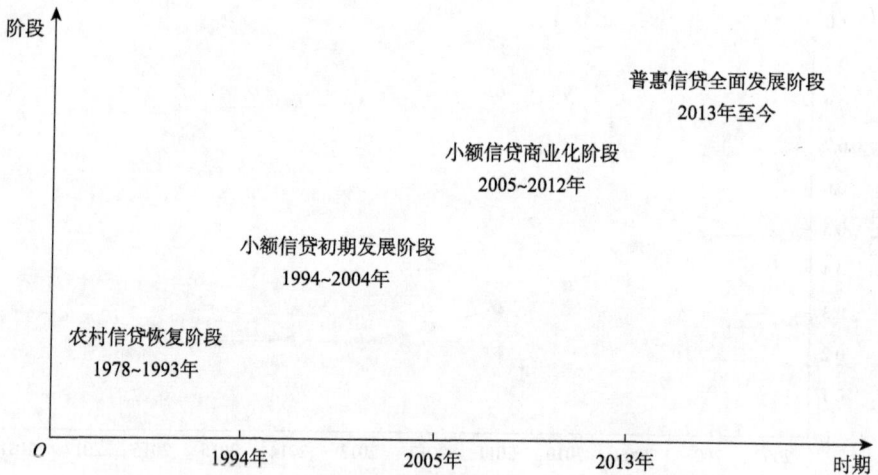

图 4-7　中国普惠性农户信贷发展的阶段性回顾

1. 农村信贷恢复阶段：1978~1993 年

第一阶段是农村信贷恢复阶段，中国农业银行及由其管辖的农村信用社是农村信贷服务的主要供给者，这一阶段，中国农业银行实际上承担了各种涉农金融服务业务，包括各种政策性的定向贷款（如向粮食专业户、农民个人或联户购置机动车辆、夏粮收购、农副产品收购等提供专项资金）、以个体工商业和乡村工业为目标的贷款安排（如针对农村个体工商户、乡村工业的贷款）及扶贫贴息贷款（指中央财政对发放给农户的贷款提供利息补偿）。根据《中国金融统计年鉴》，中国农业银行和农村信用社提供的各项涉农贷款（按照可比口径）从 1980 年的 684 亿元提高到 1993 年的 9 645 亿元，增长了 13 倍；农村各项存款余额由 400 亿元上升到 6 103 亿元，增长了 14 倍。这一阶段中国农村小额信贷呈现出以政府信贷资金投入为主导、扶贫资源未能有效流向困难人群等特征。

2. 小额信贷初期发展阶段：1994~2004 年

以中国社会科学院农村发展研究所为代表的一些社会团队和 NGO，借鉴了孟加拉国的格莱珉银行小额信贷模式，将"扶贫社"项目引入中国，不仅如此，联合国开发计划署（United Nations Development Programme，UNDP）的四川和云南项目、世界银行的四川阆中和陕西安康项目、陕西商洛地方政府的"扶贫社"等项目相继实施。1994 年 4 月，中国农业发展银行宣告成立，作为首家农业政策性银行，其承担了代理财政支农资金拨付、筹集农业信贷资金的职能。1996 年，全国农村金融体制改革工作会议明确了农村金融体制改革的目标是"建立和完善以合作金融为基础，商业性金融、政策性金融等各种金融机构分工协作的服务体系"。1996 年，农村信用社与中国农业银行脱钩工作基本完成。1999 年，中国人民银行开始向农村信用社提供低利率支农再贷款，农村信用社开始向农户提供小额信用贷款。

3. 小额信贷商业化阶段：2005~2012 年

2005 年以后，中国小额信贷迈向商业化的探索阶段，金融监管部门鼓励民营资本和海外资本进入农村金融市场。2005 年中国人民银行率先在中西部欠发达地区的 6 个省（区、市）开展民营小额贷款公司的试点，私人资本投资运营的商业性小额信贷机构开始产生。2006 年，中国银监会进一步放宽农村金融机构的准入门槛，鼓励和扶持以村镇银行、贷款公司和农村资金互助社为代表的新型农村金融机构的设立和发展；2007 年，中国邮政储蓄银行宣布成立，该银行定位于服务社区、服务中小企业、服务"三农"；2009 年，中国农业银行整体改制成为股份有限公司，完成由国有独资向国有控股的现代化商业银行的转变；2010 年，中国农业银行实现在上海证券交易所、香港证券交易所上市，中国农业银行重新回归"三农"金融服务市场。这一阶段小额信贷的发展由国家金融管理部门推动，由商业性资金或者正规金融机构投入与运营，在"政策性目标和商业性资本"之间探索出可持续发展的路径。

4. 普惠信贷全面发展阶段：2013 年至今

2013 年 11 月，党的十八届三中全会通过的《中共中央关于全面深化改革若干重大问题的决定》正式提出"发展普惠金融。鼓励金融创新，丰富金融市场层次和产品"。2015 年 2 月，中央一号文件发布，明确要"强化农村普惠金融。继续加大小额担保财政贴息贷款等对农村妇女的支持力度"。2015 年 3 月，《政府工作报告》提出"大力发展普惠金融，让所有市场主体都能分享金融服务的雨露甘霖"，这体现了国家对普惠金融的高度重视。2015 年，《中国银监会关于 2015 年小微企业金融服务工作的指导意见》明确了各大商业银行"三个不低于"的指标要求，即"在有效提高贷款增量的基础上，努力实现小微企业贷款增速不低于各项贷款平均增速，小微企业贷款户数不低于上年同期户数，小微企业申贷获得率不低于上年同期水平"。2016 年 1 月，《推进普惠金融发展规划（2016—2020 年）》发布，这是国家针对普惠金融发展制定的专门规划文件，为普惠金融的科学发展提供了坚实的政策保障，是普惠金融发展历程中具有里程碑意义的文件。2016 年 1 月，中央一号文件再次提出"推动金融资源更多向农村倾斜。加快构建多层次、广覆盖、可持续的农村金融服务体系，发展农村普惠金融，降低融资成本，全面激活农村金融服务链条"。2017 年，中国银监会等发布《关于印发大中型商业银行设立普惠金融事业部实施方案的通知》，要求"商业银行设立普惠金融事业部"，必须"聚焦小微企业、'三农'、创业创新群体和脱贫攻坚等领域",并为普惠金融事业部的发展制定了时间表。从频频发布的政策文件中可以看出,国家对普惠金融发展的高度重视和坚定决心。

4.2.2　普惠性农户信贷服务体系的机构建设

1. 新型农村金融机构快速发展

新型农村金融机构主要包括村镇银行、贷款公司和农村资金互助社。新型农村金融机构的快速发展得益于政府部门和金融监管机构的大力扶持,本章从政策扶持的角度将新型农村金融机构建设分为三个阶段,分别是起始阶段(2006~2007年)、加速阶段(2008~2009年)、深化阶段(2010年至今)。在起始阶段,金融监管部门制定和发布了大量与准入相关的规章制度,为新型农村金融机构设立和开展经营活动铺平道路;进入加速阶段后,在国家政策指导和各大商业银行积极参与下,村镇银行等新型农村金融机构的数量迅速增长;在深化阶段,主要是针对前期快速发展过程中出现的"使命漂移"和风险暴露等问题进行约束和规范。表 4-12记录了各阶段金融监管机构和政府部门出台的鼓励新型农村金融机构成长的重要政策和事件。

表 4-12　新型农村金融机构成长与发展历程大事记

阶段	时间/发布者	文件名称或重要事件	意义
起始阶段	2006 年/中国银监会	《关于调整放宽农村地区银行业金融机构准入政策更好支持社会主义新农村建设的若干意见》	村镇银行开始在四川、青海、甘肃、内蒙古、吉林、湖北 6 省(区)试点
	2007 年/中国银监会	《村镇银行管理暂行规定》;《村镇银行组建审批工作指引》	为村镇银行的发起、设立、经营提供制度保障,试点地区扩大到全国
加速阶段	2008 年	各大商业银行开始涉足组建村镇银行	村镇银行的数量快速增加
	2009 年/财政部	《关于实行新型农村金融机构定向费用补贴的通知》	符合条件的,自 2009 年至 2011 年,由中央财政按照上年末贷款余额的 2%给予补贴,进一步刺激了村镇银行的发展
	2009 年/中国银监会	《小额贷款公司改制设立村镇银行暂行规定》	允许符合条件的小额贷款公司转为村镇银行
	2009 年/中国银监会	《新型农村金融机构 2009—2011 年总体工作安排》	计划 2009~2011 年 3 年内设立村镇银行 1 027 家
深化阶段	2010 年/中国银监会	《关于加快发展新型农村金融机构有关事宜的通知》	文件要求确保执行新型农村金融机构 2009~2011 年 3 年规划
	2010 年/国务院	《国务院关于鼓励和引导民间投资健康发展的若干意见》	鼓励民间资本发起或参与设立村镇银行

资料来源:根据中国国务院、财政部、银保监会网站整理

在上述一系列政策的大力推动下，村镇银行数量增长迅速。截至 2019 年 10 月底，我国共有村镇银行 1 629 家，基本覆盖我国各省（区、市）。由图 4-8 可知，东北、东部、中部和西部地区村镇银行数量最多的分别是辽宁、山东、河南和贵州，其中山东村镇银行数量最多，达到 126 家；按照各地区村镇银行平均数来看，中部地区以平均各省（区）72 家居首位，其后依次是东部地区 56 家、东北地区 54 家和西部地区 40 家。其中，拥有村镇银行数量最少的 3 个省（区、市）分别是西藏、青海、北京，其中两个是西部地区省（区）。从目前的状况来看，村镇银行在西部地区的数量仍需进一步提高。

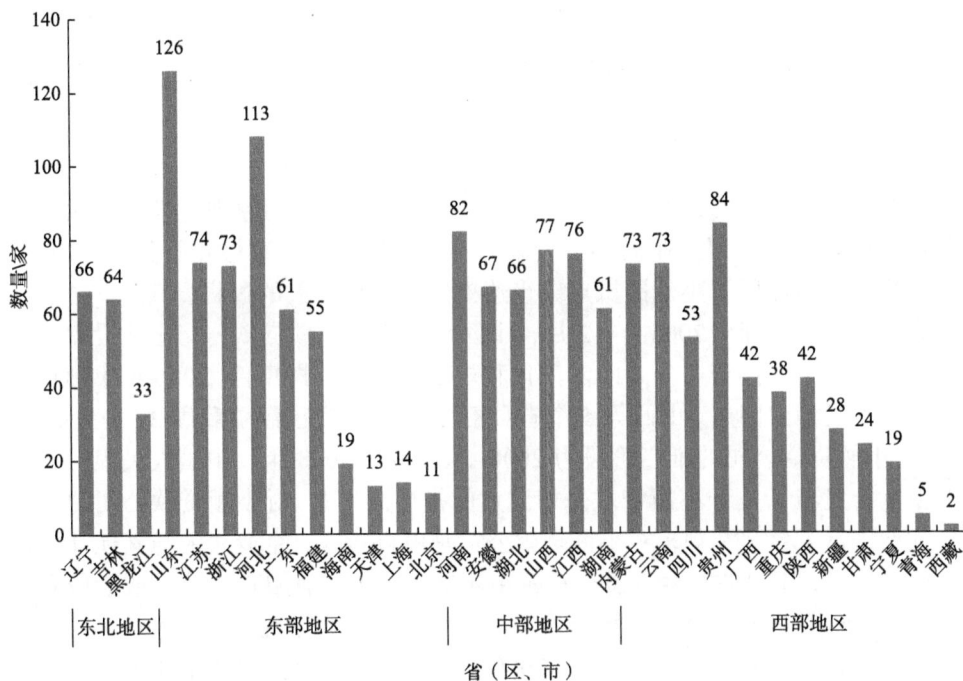

图 4-8　各省（区、市）村镇银行数量统计（截至 2019 年 10 月底）

按照 2009 年中国银监会《贷款公司管理规定》（银监发〔2009〕76 号），"贷款公司是经中国银行业监督管理委员会依据有关法律、法规批准，由境内商业银行或农村合作银行在农村地区设立的专门为县域农民、农业和农村经济发展提供贷款服务的非银行业金融机构。贷款公司是由境内商业银行或农村合作银行全额出资的有限责任公司"，"贷款公司以安全性、流动性、效益性为经营原则，实行自主经营，自担风险，自负盈亏，自我约束"。从监管的角度来看，贷款公司与小额贷款公司有所不同，两者的区别见表 4-13。

表 4-13　贷款公司与小额贷款公司的区别

区别	贷款公司	小额贷款公司
发起人	由境内商业银行或农村合作银行在农村地区设立的专门为县域农民、农业和农村经济发展提供贷款服务的非银行业金融机构	由自然人、企业法人与其他社会组织投资设立，不吸收公众存款，经营小额贷款业务的有限责任公司或股份有限公司
注册资本	不低于 50 万元	注册资本不得低于 500 万元（有限责任公司）；注册资本不得低于 1 000 万元（股份有限公司）
资金来源	投资人须满足境内商业银行或农村合作银行、资产规模不低于 50 亿元等要求	股东缴纳的资本金、捐赠金，不得超过两个银行业金融机构的融入资金
主管机构	各地银监分局	省级政府机构（如省级金融工作办公室或相关机构）

注：根据《贷款公司管理规定》（银监发〔2009〕76 号）和《关于小额贷款公司试点的指导意见》（银监发〔2008〕23 号）整理

根据《关于小额贷款公司试点的指导意见》（银监发〔2008〕23 号）的规定，"小额贷款公司发放贷款，应坚持'小额、分散'的原则，鼓励小额贷款公司面向农户和微型企业提供信贷服务，着力扩大客户数量和服务覆盖面"，小额贷款公司经历了小范围试点—迅速推广—规范发展的过程。其中，试点阶段为 2005~2007 年。2005 年 12 月，山西平遥两家小额贷款公司正式设立，被认为是我国小额信贷业务走向法治化和规范化的标志性事件，2006 年小额贷款公司试点延伸到四川、山西等 5 个省（区），2007 年底已涵盖我国 31 个省（区、市）。小额贷款公司的推广阶段为 2008~2015 年。2008 年，中国人民银行和中国银监会发布《关于小额贷款公司试点的指导意见》，对小额贷款公司的含义和试点进行了界定和规范：小额贷款公司是由自然人、企业法人与其他社会组织投资设立，不吸收公众存款，经营小额贷款业务的有限责任公司或股份有限公司。该政策的出台使得小额贷款公司如雨后春笋般涌现，从业人员、注册资本、贷款余额也实现了飞速增长。2009 年末，小额贷款公司数量和贷款余额分别为 1 334 家和 776 亿元；2012 年末，这一数值分别为 6 080 家和 5 921 亿元，到 2015 年，小额贷款公司发展跃升顶峰。小额贷款公司的规范阶段为 2016 年至今。随着小额贷款公司数量的快速增长，风险暴露问题日渐突出，各地方政府纷纷出台了促进小额贷款公司健康发展的意见，引导小额贷款公司从追求数量、规模扩张转为实现安全、可持续发展。按照中国银监会 2016 年末的统计数据，小额贷款公司的数量和贷款规模均略有下降，分别为 8 673 家和 9 273 亿元（表 4-14）。

表 4-14　2016 年我国小额贷款公司地区分布情况

地区		机构数量/家	从业人员数/人	实收资本/亿元	贷款余额/亿元	地区机构数均值/家	各地区机构数占全部机构数比重	各地区贷款余额占全部余额比重	各地区机构贷款余额均值/亿元
全国		8 673	108 881	8 233.9	9 273	8 673	100.0%	100.0%	1.07
东北地区	辽宁	559	5 196	366.4	317	422	14.6%	5.5%	0.40
	吉林	440	4 032	107.2	75.3				
	黑龙江	266	2 308	137.7	116.7				
东部地区	江苏	629	5 941	832.1	958.7	268	30.8%	42.0%	1.46
	河北	450	6 134	255.4	254.7				
	广东	440	9 070	604.4	676.2				
	山东	335	4 317	441.2	481.3				
	浙江	332	3 697	620.2	700.4				
	上海	119	1 562	187	196.1				
	福建	118	1 591	262.8	295.2				
	天津	110	1 455	130.7	131.7				
	北京	87	1 131	123.5	142				
	海南	55	729	52.6	60				
中部地区	安徽	445	5 183	372.1	443.4	279	19.3%	16.2%	0.90
	山西	311	3 624	194.6	183.3				
	河南	296	4 237	216.5	226.3				
	湖北	283	4 049	313.7	311.7				
	江西	209	2 756	213.2	234.2				
	湖南	128	1 903	101	104.1				
西部地区	内蒙古	400	3 777	282.4	287.8	255	35.3%	36.3%	1.10
	四川	341	6 800	578.9	645.7				
	云南	338	3 758	163	161.7				
	甘肃	334	3 600	146.4	120.7				
	广西	309	4 256	250	501.4				
	新疆	284	2 804	182.7	208.3				
	贵州	283	2 884	88.8	83.2				
	陕西	273	3 065	253.4	246.7				
	重庆	259	6 095	623.5	991.4				
	宁夏	147	1 903	71	63.8				
	青海	77	881	48.2	45				
	西藏	16	143	13.3	9				

资料来源：根据中国人民银行网站整理

　　农村资金互助社的建设经历了两个阶段。一是民间试点阶段（2003~2006 年）。2007 年，吉林梨树县闫家村百信农村资金互助合作社宣告成立。农民以自有资金入股成为互助社社员，遵循互利互助的原则，采用民主集中制管理形式，由社员大会推举选出理事会和监事会等。之后河南兰考县陈寨村、南马庄村、贺村，安徽明光市潘村镇，山东德州市陵城区，吉林梨树县夏家堡子村等地的资金互助社纷纷成立。农村资金互助社的成立一定程度上弥补了农村地区金融服务供给的不足。二是规范化发展时期（2006 年至今）。2006 年，中国银监会颁布《关于调整放宽农村地区银行业金融机构准入政策更好支持社会主义新农村建设的若干意见》（银监发〔2006〕90 号）允许农村地区的农民和农村小企业可按照自愿原则，发起设立为入股社员服务、实行社员民主管理的社区性信用合作组织。国家从宏观政策层面对农村资金互助社的内涵与形态进行了界定，对农村资金互助社的发展起到了积极的促进作用。2007 年，国家出台了《农村资金互助社管理暂行规定》《农村资金互助社组建审批工作指引》，同年中国银监会下发了《农村资金互助社示范章程》。在国家政策的引领下，农村资金互助社的发展逐渐步入规范化发展的轨道。根据中国银保监会的统计数据，截至 2019 年末，我国共有农村资金互助社 49 家，与村镇银行和小额贷款公司的成长相比，农村资金互助社的增长速度较慢[①]。

2. 商业银行"三农"金融事业部、普惠金融事业部建设

2017 年，中国银监会等 11 部门发布《11 部门关于印发大中型商业银行设立普惠金融事业部实施方案的通知》，要求商业银行设立普惠金融事业部，聚焦小微企业、"三农"、创业创新群体和脱贫攻坚等领域，大型银行成为发展普惠金融的骨干力量。

1）中国农业银行"三农"金融事业部建设

中国农业银行作为服务我国农村经济发展的主要金融机构，其在支农、助农方面发挥了十分重要的作用。2016 年，中国农业银行发布《关于进一步深化"三农"金融事业部改革的意见》，加大扶农、支农力度。图 4-9 为中国农业银行"三农"金融事业部的结构。

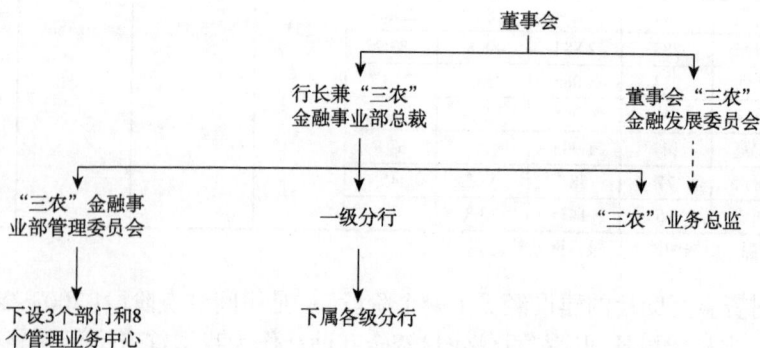

图 4-9　中国农业银行"三农"金融事业部的结构

---

① 这里的 49 家农村资金互助社是指获得了中国银保监会颁发的金融许可证的资金互助社。

中国农业银行以商业运作模式践行服务"三农"、支持县域经济发展的战略定位，为农户和农村金融市场提供包括农村个人生产经营贷款、化肥淡季商业储备贷款、农业产业化集群客户融信保业务、农村基础设施建设贷款、地震灾区农民住房贷款、县域工薪人员消费贷款等信贷服务。2019 年，中国农业银行农户贷款余额为 3 219.68 亿元，较 2018 年增长 28.8%，惠农卡惠及农户数超过9 600 万户。

2）中国邮政储蓄银行"三农"金融事业部建设

中国邮政储蓄银行于 2007 年 3 月 20 日正式挂牌成立，2012 年整体完成股份制改革，截至 2019 年，拥有营业网点 39 719 个，其中 62% 的网点分布在中西部地区；在我国 30 个省（区、市）县级区域的网点覆盖率达到了 100%。中国邮政储蓄银行坚持"服务社区、服务中小企业、服务'三农'"的市场定位，于 2016年 9 月成立"三农"金融事业部，并在内蒙古、吉林、安徽、河南、广东的 5 家分行启动事业部改革试点，其结构如图 4-10 所示。

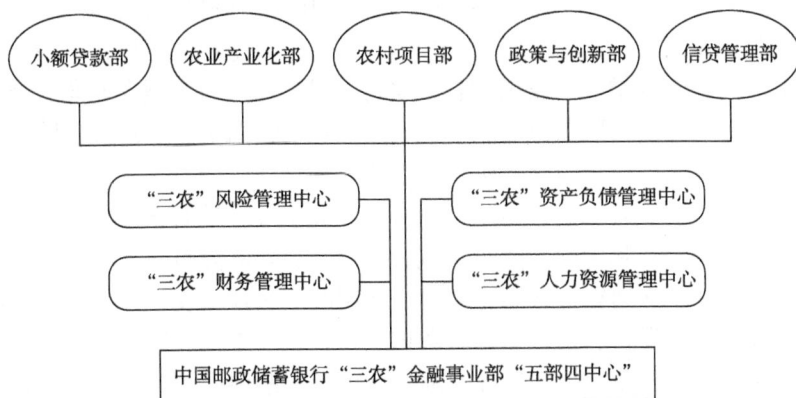

图 4-10　中国邮政储蓄银行"三农"金融事业部的结构

2019 年末，中国邮政储蓄银行在县及县以下地区共有网点 2.77 万个，占全部网点数量的 69.81%；在县及县以下地区配备自助设备 9.82 万台，助农金融服务点商户 7.61 万个。2019 年涉农贷款余额 1.26 万亿元，较 2018 年末增长 8.62%；发放个人小额贷款余额 6 102.01 亿元，较 2018 年增长 15.77%。

3）其他大型商业银行普惠金融事业部的建设

中国工商银行普惠金融业务部成立于 2017 年 4 月 12 日。中国工商银行普惠金融业务部推行"六个单独"机制，即为小微金融业务设置独立的信贷计划、独立的信贷管理体系；建立单独的资本管理机制，享受单独的资本计量、配置、评价政策；实行单独的会计核算体系，逐步建立完善小微企业金融业务的报表体系；启用单独的风险拨备与核销机制，设置差异化的风险容忍度，执行差异化的核销政策；建立单独的资金平衡与运营机制，核定专项资金计划，纳入全行资产负债业务规划统一管理；运用单独的考评激励约束机制，差异化考核问责机制，并对分支行普惠金融业务部门实行双线考核。

中国建设银行普惠金融事业部成立于 2017 年 4 月 11 日，并同时成立了普惠金融发展委员会，协调推进各级分行普惠金融业务的管理和发展。普惠金融事业部承担全行普惠金融业务的牵头工作，跟进中央和监管部门的政策要求，推动政策落地，落实普惠金融发展委员会确定的管理和发展目标。截至 2018 年末，中国建设银行涉农贷款余额 17 645.50 亿元，其中，普惠型涉农贷款增速 22.51%，大幅高于同期各项贷款平均增速；中国建设银行还打造了"裕农通"服务品牌，设立"裕农通"普惠金融服务点 6.7 万个，运用"手机+供销服务点+裕龙卡"的村口银行模式，在县域农村地区全面开展普惠金融服务。

2017 年 6 月 20 日，中国银行以中银富登村镇银行为基础，整合集团相关业务，正式成立普惠金融事业部。截至 2019 年末，中国银行小微企业贷款余额达14 119 亿元、"三农"贷款余额达 12 373 亿元。中银富登村镇银行在 22 个省设立了 125 家村镇银行，中国银行充分利用自身优势，以金融之手推进农业供给侧结构性改革，促进农业增效、农民增收、农村增绿，加大与大型农业龙头企业的战略合作；为有"走出去"需求的农业龙头企业提供银团贷款、跨境并购等服务；开展农村信贷产品创新，为农民生产、生活提供信贷支持。

2017 年 7 月，交通银行普惠金融事业部正式成立，针对普惠金融业务展开垂直化、专业化的经营和管理。随后，重庆、河南、安徽等多地省级分行陆续设立普惠金融事业部。交通银行普惠金融事业部制改革从顶层设计入手，完善体制机制，统筹规划机构设置、统计核算、考核激励、风险管理、资源配置等全方位支撑服务体系，推进各项监管政策在交通银行进一步落地实施，进一步提升交通银行普惠金融服务的能力和水平。

继大型国有商业银行"三农"金融事业部及普惠金融事业部逐步建立，其他股份制商业银行纷纷进军"三农"领域。例如，平安银行成立平安普惠金融业务集群，专注解决个人和小型企业的消费金融需求；华夏银行为践行"普惠金融"，以"便利、快捷、交互"为目标对金融服务进行全面升级；中国民生银行通过持续推进商业模式创新、机构与产品创新、风险管理创新，打造个性化战略品牌，提升金融服务的覆盖率，助推普惠金融可持续发展。

4.2.3　数字金融平台建设与农户信贷可得性

数字技术在金融领域的应用极大地推动了普惠金融的快速发展，数字技术如同"两翼",赋予了普惠金融发展更多的内涵和更广的前景。许多在电子商务领域处于领先地位的企业开始积极探索可得性更好、可负担性更低、可持续性更强的普惠金融形式和工具,它们利用自身的数字技术优势,为普惠金融发展提供了很多新的解决方案,它们在技术领域的创新为普惠金融发展提供了强劲的动力。在可负担性方面,大数据、云计算等数字技术的运用,使得数字技术实现了"信息多跑路",可以使金融机构用更少的人力成本和运营成本对某项金融服务的事前、事中、事后进行监督;在可持续性方面,随着成本的下降,金融服务提供商的利润空间上升,更多的金融机构被吸引进而增加金融供给,商业可持续性得以实现;在可得性方面,数字技术可以快速扩大金融服务人群,传统普惠金融用了 40 多年覆盖了 1.5 亿户家庭,但数字普惠金融能在更短的时间内覆盖更多的农户家庭;数字技术平台使得金融服务的人群更加大众化,金融产品的类型更加丰富,在支付、信贷、保险等领域的金融创新极大地提高了金融产品的普惠程度。

表 4-15 列举了部分提供数字普惠金融服务的数字平台。越来越多的小额贷款公司转变经营方式,开始探索运用数字技术提高业务模式效率和进行商业模式转型,开展数字化小额贷款业务成为众多小额贷款公司青睐的发展模式。

表 4-15　提供数字普惠金融服务的数字平台

数字平台类别		业务类别	典型数字平台
数字交易平台	第三方支付平台	支付	支付宝、微信支付、拉卡拉
	众筹平台	股权众筹、产品众筹	京东东家
	综合性互联网金融平台	基于电子商务的互联网金融	蚂蚁金服、京东金融
		基于智能制造的互联网金融	海尔金融、小米金融
		基于社交门户网站的互联网金融	腾讯、奇虎 360
		互联网保险	众安保险
		网络互助保险	蚂蚁互保
	数字化信用评分机构	个人和企业的征信服务	芝麻信用

注:引自贝多广和李焰(2017)

除了传统金融机构以外,诸多数字科技企业基于电子商务、智能制造及社交门户网站搭建综合性互联网金融平台,以互联网、大数据、云计算为依托,致力于满足那些被传统金融机构"排斥在外"的中低收入客户人群的信贷需求,如表 4-16 所示。

表 4-16　综合性互联网金融平台小额信贷产品与信息

类别	机构名称	小额信贷产品	业务简述
基于电子商务的互联网金融平台	蚂蚁金服	小微企业贷款（蚂蚁小贷、旺农贷）；消费信贷（借呗、花呗）	贷款用于小微企业、个体工商户、农户小额贷款；个人小额消费贷款等
	京东金融	小微企业贷款（京小贷、京农贷）；消费金融（京东白条）	贷款用于小微企业、个体工商户、农户小额贷款；个人小额消费贷款等
基于智能制造的互联网金融平台	海尔集团	海尔消费金融（家电贷、家装贷、教育贷等）；海尔产业金融（融资租赁，供应链金融贷款给农户）	小微企业贷款和个人消费贷款
	小米	小米贷款（针对 1.5 亿小米用户的纯信用贷款，运用小米大数据进行信用评分）	个人特色消费信贷
基于社交门户网站的互联网金融平台	腾讯	（以微信为端口）微粒贷、头号贷等消费信贷产品	个人消费贷款
	奇虎 360	360 借条	个人消费贷款
	百度	百度贷款平台（消费、经营、投资等）	个人消费贷款

注：根据贝多广和李焰（2017）整理得到

在以上三类综合性互联网金融平台中，基于电子商务的互联网金融平台起步于其"母体"的电子商务业务，其早期的金融服务也主要以其加盟的商户和消费者为主，然后逐步向外部市场扩张，成立独立的金融服务提供商，属于此类的典型有蚂蚁金服、京东金融等；基于智能制造的互联网金融平台是指具有深厚产业背景的企业，通常是大中型企业进入互联网金融领域，借助数字技术，拓展产业金融和个性化的消费市场，代表性企业有海尔集团、小米等；基于社交门户网站的互联网金融平台，主要通过社交平台和门户网站，依靠其广泛和庞大的用户群开展小额信贷业务，如腾讯、奇虎 360、百度等。

4.3　中国农户信贷服务体系的普惠性实证分析

4.3.1　评价指标体系设计与选择

国际货币基金组织（International Monetary Fund，IMF）曾在 2004 年对各国的金融服务可得性展开专项调查，该项调查主要从信贷服务的可得性和使用情况两个维度对各国的普惠金融发展情况进行分析。本节在借鉴国际货币基金组织调查研究的基础上，构建农户信贷普惠指数（farmer credit inclusive index，FCII），用以反映我国各地区农户信贷服务的普惠性程度。

本节从信贷服务的可得性和使用情况两个大的维度来考察农户信贷服务的普惠性程度，其中信贷服务的可得性主要选取人口和地理两个子维度。考虑到城镇化建设中的户籍因素，以及金融机构选择客户的基本倾向，在分析信贷服务的可得性的人口维度时，本节选取银行业金融机构网点个数/第一产业从业人数（万人）、银行业金融机构从业人数/第一产业从业人数（万人）两个指标。在分析信贷服务的可得性的地理维度时，本节根据我国的行政区划等级，选取银行业金融机构网点个数/乡、镇、街道个数，银行业金融机构从业人数/乡、镇、街道个数两个指标。本节没有采用土地面积来测度信贷服务的可得性，主要是因为我国各省（区、市）之间土地面积和金融发展程度存在差异，且像西部各省（区、市），很大一部分土地面积属于无人居住区，如果直接按照各省（区、市）的土地面积计算，差异化会被放大，与实际情况不符。通过上述四个指标，来反映农户获得信贷服务的难易程度和地区差异。

关于信贷服务的使用情况维度，本节选取农户贷款/各项贷款、农户储蓄/各项存款、未上浮利率贷款占比三个指标，以反映信贷服务的使用情况。就农村的实际情况而言，存款和贷款业务是农户最能够实际使用的服务，也最能体现其普惠性程度。在分析农户享受信贷服务的成本时，本节选取未上浮利率贷款占比这一指标，即某一地区某一年内本外币各项余额中，未超过贷款基准利率部分所占的比重，用以反映该地区信贷服务成本的差异。上述七个指标的具体定义汇总如表 4-17所示。

表 4-17　农户信贷普惠指数的指标体系

维度	描述性指标	具体指标	指标含义
信贷服务的可得性	人口维度的可得性	银行业金融机构网点个数/第一产业从业人数（万人）	每万人第一产业从业人员拥有银行业金融机构网点个数
		银行业金融机构从业人数/第一产业从业人数（万人）	每万人第一产业从业人员拥有银行业金融机构从业人数
	地理维度的可得性	银行业金融机构网点个数/乡、镇、街道个数	每个乡、镇、街道拥有银行业金融机构网点个数
		银行业金融机构从业人数/乡、镇、街道个数	每个乡、镇、街道拥有银行业金融机构从业人数
信贷服务的使用情况		农户贷款/各项贷款	贷款使用情况
		农户储蓄/各项存款	存款使用情况
		未上浮利率贷款占比	信贷服务成本

在指数的计算上，本节借鉴联合国开发计划署编制人类发展指数的方法构建

农户信贷普惠指数的综合评价模型，测度公式如下：

$$FCII_{i,t} = 1 - \frac{\sqrt{(\omega_1 - \partial_{1,i,t})^2 + (\omega_2 - \partial_{2,i,t})^2 + \cdots + (\omega_k - \partial_{k,i,t})^2}}{\sqrt{\omega_1^2 + \omega_2^2 + \cdots + \omega_k^2}} \quad (4\text{-}2)$$

其中，$FCII_{i,t}$ 表示第 i 个地区在 t 年的农户信贷普惠指数；$\partial_{k,i,t}$ 表示第 i 个地区第 k 项指标在 t 年的测度值；ω_k 表示第 k 项指标的权重。农户信贷普惠指数 $FCII_{i,t} \in [0.1]$，$FCII$ 的值越大，说明该地区农户的信贷服务普惠水平越高。第 k 个指标的评价值 $\partial_{k,t}$ 的计算公式为

$$\partial_{k,i,t} = \omega_k \times \beta_{k,i,t} \quad (4\text{-}3)$$

其中，$\beta_{k,i,t}$ 表示第 i 个地区在 t 年的第 k 项指标进行标准化处理后的值，计算公式如下：

$$\beta_{k,i,t} = \frac{x_{k,i,t} - \min(x_k)}{\max(x_k) - \min(x_k)} \quad (4\text{-}4)$$

$$\omega_k = \frac{\sigma_k}{\bar{x}_k} \quad (4\text{-}5)$$

其中，$x_{k,i,t}$ 表示第 i 个地区在 t 年的第 k 项指标的实际值；x_k 表示第 k 项指标的实际值；$\bar{x}_k$ 表示第 k 项指标的平均值；σ_k 表示第 k 项指标的标准差。

4.3.2　农户信贷普惠指数计算与结果

1. 2011~2017 年中国各省（区、市）的农户信贷普惠指数

本节运用表 4-17 所构建的农户信贷普惠指数的指标体系和式（4-2）的计算方法，对我国 31 个省（区、市）2011~2017 年的农户信贷服务发展水平进行测算，以上所有指标对应的原始数据均来源于《中国金融年鉴》《中国农村金融服务报告》、各地区金融运行报告、各地区统计年鉴等，计算结果如表 4-18 所示。

表 4-18　2011~2017 年排名前 10 位的省（区、市）农户信贷普惠指数

省（区、市）	2011 年	2012 年	2013 年	2014 年	2015 年	2016 年	2017 年	均值
上海	0.699 9	0.651 6	0.706 0	0.731 0	0.691 1	0.701 8	0.716 1	0.699 6
北京	0.473 4	0.505 3	0.538 7	0.603 2	0.634 7	0.650 6	0.653 7	0.579 9
天津	0.276 6	0.290 6	0.313 5	0.327 9	0.343 9	0.360 6	0.365 9	0.325 6
浙江	0.170 7	0.179 5	0.195 2	0.211 7	0.214 6	0.229 4	0.235 6	0.205 2
江苏	0.109 8	0.115 7	0.125 1	0.132 2	0.145 1	0.150 3	0.166 6	0.135 0
广东	0.111 6	0.118 8	0.119 8	0.128 8	0.134 0	0.137 0	0.134 4	0.126 3

省（区、市）	2011 年	2012 年	2013 年	2014 年	2015 年	2016 年	2017 年	均值
辽宁	0.103 8	0.096 9	0.111 5	0.114 4	0.117 3	0.117 7	0.115 9	0.111 1
山西	0.090 7	0.089 7	0.100 5	0.089 0	0.095 0	0.100 5	0.101 4	0.095 3
吉林	0.086 6	0.088 7	0.090 9	0.094 0	0.096 3	0.101 7	0.108 1	0.095 2
福建	0.080 1	0.084 5	0.090 2	0.094 1	0.099 0	0.104 9	0.105 7	0.094 1

注：由于原始数据存在的差异过大，未上浮贷款占比的变异系数异常，使得计算出的指数值与实际存在巨大偏差，因此对原始指标进行标准差缩小处理，使变异系数既符合计算要求，也能体现地区差异，表中指数值为数据处理后的计算结果。读者若需要 31 个省（区、市）的全部数据，可电邮联系 gaoyunfeng@swu.edu.cn

除西藏地区以外，2011~2017 年我国其他地区的 FCII 值均呈逐年增大的趋势，这表明随着时间的推移，农户的信贷服务水平呈现稳定提高的态势，也说明我国农村地区普惠金融体系建设取得了一定的成效。值得注意的是，地区之间的农户信贷普惠指数的差异较大，这间接表明了经济落后地区普惠性农户信贷服务体系建设的艰巨性。

2. 2011~2017 年中国各地区农村信贷普惠指数的差距

结合表 4-19 的统计指标分析，2011~2017 年各省（区、市）农户信贷普惠指数的均值呈现稳步小幅上升的变化趋势，变化区间在 0.114 2~0.139 6，但标准差、极差波动上升。从标准差和极差的变化情况看，农户信贷普惠指数水平处于中等偏下水平的地区较多，且这些地区指数水平较为集中，而处于两端的地区，即西部欠发达地区和东部沿海发达地区的差距正在逐步增大。

表 4-19   2011~2017 年我国各省（区、市）农户信贷普惠指数的统计指标

年份	均值	标准差	最大值	最小值	极差
2011	0.114 2	0.136 7	0.699 9	0.045 4	0.654 5
2012	0.115 7	0.133 3	0.651 6	0.045 5	0.606 1
2013	0.123 2	0.144 2	0.706 0	0.047 0	0.659 0
2014	0.128 6	0.154 4	0.731 0	0.045 7	0.685 3
2015	0.131 7	0.152 9	0.691 1	0.048 4	0.642 7
2016	0.137 3	0.155 6	0.701 8	0.049 9	0.651 9
2017	0.139 6	0.157 8	0.716 1	0.050 2	0.665 9

3. 农户信贷服务的可得性

本节用各省（区、市）的涉农贷款余额与 GDP 之比来表示农户信贷服务的可得性，其和农户信贷普惠指数的散点分布图如图 4-11 所示，由各散点的分布来看，涉农贷款余额与 GDP 之比和农户信贷普惠指数之间没有明显的相关性。

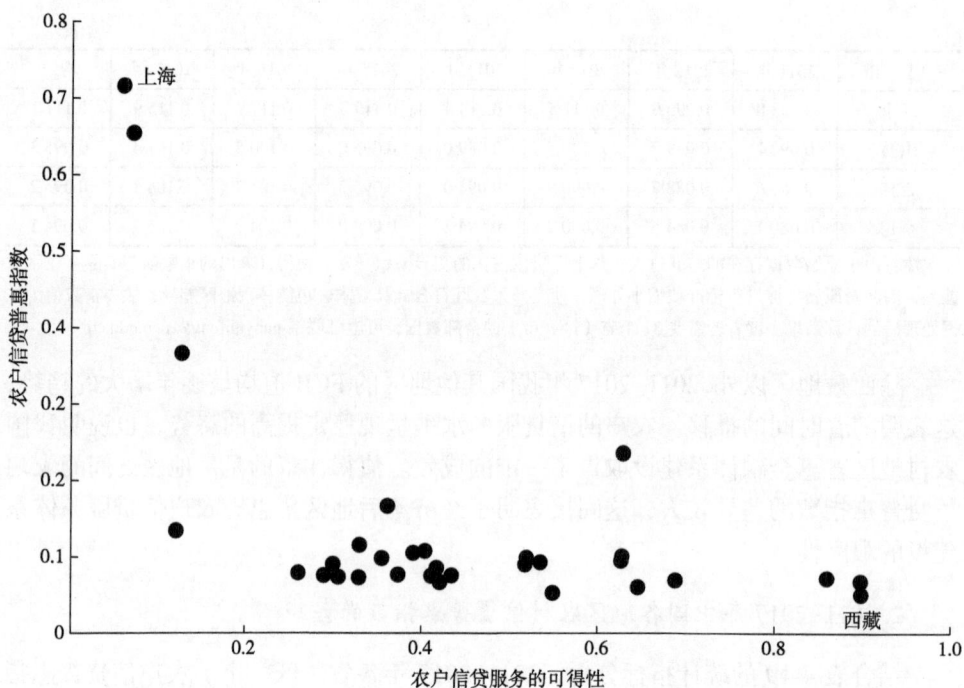

图 4-11　农户信贷服务的可得性与农户信贷普惠指数关系的散点图

4.3.3　信贷普惠指数的聚类分析

上述统计分析显示，我国农户信贷服务普惠水平呈现出地区不平衡现象。本小节对我国各地区 2011~2017 年的农村信贷普惠指数进行样本聚类分析，按照地区来确定农户信贷普惠指数的类型。在聚类方法上，选择组间连接法，即当两类合并成一类后，使所有的两项之间的平均距离最小。在间距测度变量方面，采用 Euclidean 距离，设有 n 个样本，每个样本有 a 个指标，设 $x_{i,k}$ 为第 i 个样本的第 k 项指标，相关公式如下：

$$d_{i,j} = \sqrt{\sum_{k=1}^{a} \left(x_{i,k} - x_{j,k} \right)} \qquad (4\text{-}6)$$

其中，$d_{i,j}$ 表示样本 i 和样本 j 之间的距离。

同时，运用标准差标准化方法，把数值标准化到 Z 分布，标准化后变量均值为 0，标准差为 1，标准差标准化的计算公式为

$$x_{i,k}^{\circ} = \frac{x_{i,k} - \overline{x}_{i,k}}{S_j}, \quad i = 1, 2, \cdots, n; \quad j = 1, 2, \cdots, n \qquad (4\text{-}7)$$

　　北京、上海、天津、浙江的指数值远远高于其他地区，因此在进行聚类分析时，将这四个省（市）从中剔除，来减小由此带来的分类误差，同时根据指数的差异，将上海、北京列为第一类，天津、浙江列为第二类。最后，输出结果的树状聚类图如图 4-12 所示。

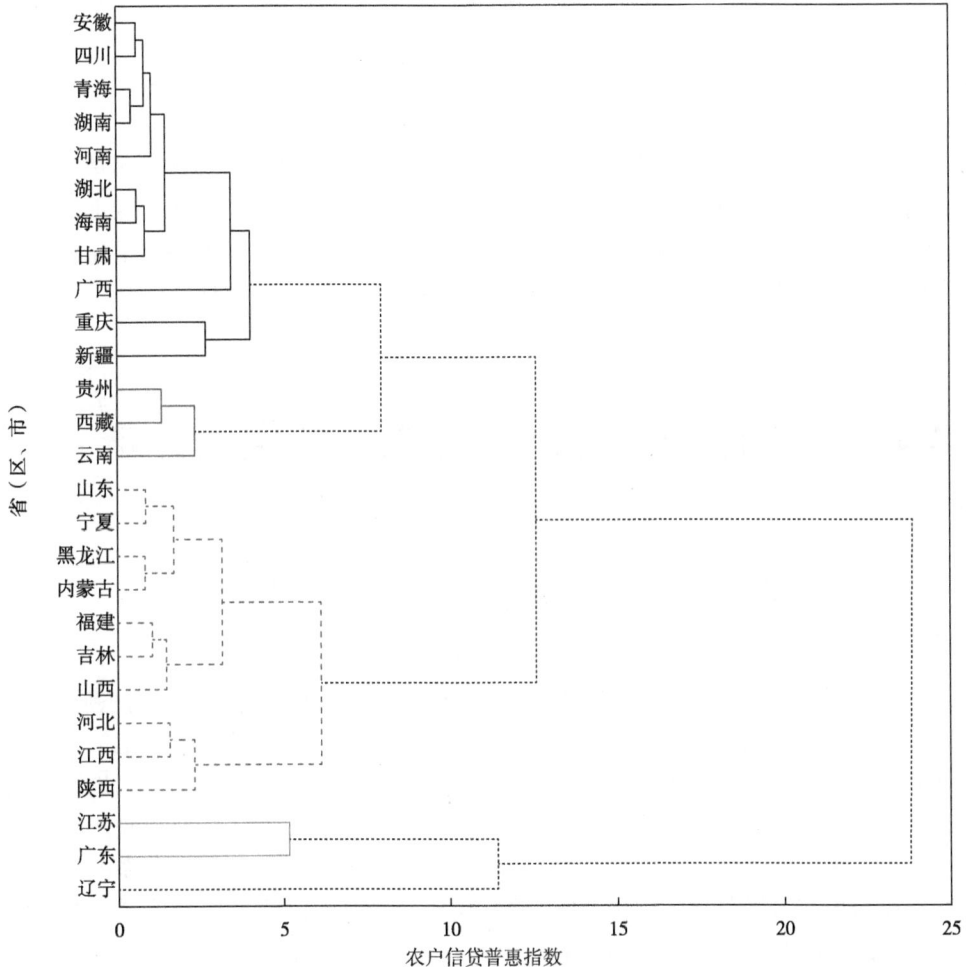

图 4-12　我国农户信贷普惠指数的树状聚类图

　　由图 4-12 可以得出，把距离设为"7"时，上述省（区、市）可明显分为五大类，结合聚类前剔除的省（市），通过农户信贷普惠指数的树状聚类图，我国各地区可分为七大类，结合其各项指标和实际情况进行分类评价，其中比较有代表性的三类地区如下。

　　第一类地区：上海、北京。作为我国最发达的两个直辖市，拥有全国最完善的金融机构体系，其金融机构和金融从业人员的数量和水平远高于其他省（区、市），而其土地面积又远小于其他省（区、市），这使得无论是城市居民还是农村居民获得金融服务的便利性和成本都优于其他地区，这两个地区的农业人口和农村经济占 GDP 之比不及其他农业大省，但在强大的金融体系支撑下，农户信贷普惠指数水平领跑全国。

第二类地区：天津、浙江。这两个省（市）分别属于京津冀地区和长三角经济区，而且是沿海港口城市和地区，其经济与金融的发展受到核心城市北京、上海的拉动作用较强，其金融体系比较完善，金融服务水平比较高，农户信贷普惠指数也比较高。

第三类地区：江苏、广东。这两个省分别属于长三角地区和珠三角地区的核心省，地区经济与金融发展水平比较高，拥有像南京、苏州、广州、深圳等经济比较发达的城市，其金融服务的辐射作用比较强，农村经济的发展水平比较高，其农户信贷普惠指数虽逊于前两类地区，但仍然领先国内其他地区。

4.4　农户信贷服务体系普惠性的空间计量分析

4.4.1　农户信贷服务体系普惠性的地区差异

聚类分析结果显示，中国各地区的农户信贷服务水平表现为明显的东强西弱，即农户信贷普惠指数领先的省（区、市）多位于东部地区，而中西部地区，特别是西部地区省（区、市）的农户信贷普惠指数处于较低水平，且与东部地区有较大的差异；不仅如此，农户信贷普惠指数领先的省（区、市）同时也是京津冀、长三角、珠三角地区的龙头省（区、市），这说明中国农户信贷服务体系的发育程度存在两极和多极分化的现象。为了更直观地观察中部、东部、西部地区各省（区、市）间的差距和变化趋势，本节对中国农户信贷普惠指数进行核密度估计。

1. 密度函数的确定

本节选择 Gaussian 核密度函数对农户信贷服务的普惠性程度进行估计，核密度估计通过用连续的密度曲线来描述随机变量的分布形态，其估算公式如下：

$$f(x) = \frac{1}{Nh} \sum_{i=1}^{N} K\left(\frac{X_i - x}{h}\right) \tag{4-8}$$

其中，$f(x)$ 表示随机变量 x 的密度函数；$K(\cdot)$ 表示核密度函数；h 表示宽度；X_i

和 x 分别表示观测值和均值；N 表示观测值的个数。对于宽度 h 的确定，有如下公式：

$$h = C \cdot N^{\frac{1}{5}} \tag{4-9}$$

$$C = 1.05\sigma \tag{4-10}$$

其中，σ 表示观测值的标准差。

2. 中国农村信贷普惠指数的核密度估计

基于中国各省（区、市）的地理分布和社会经济发展状况，按经济区域将中国分为东部、中部、西部和东北四大地区，并分别进行核密度估计，来评估区域农户信贷服务普惠水平。

2011~2017 年中国 31 个省（区、市）的农户信贷服务普惠水平的变化如图 4-13 所示。核密度函数整体随时间变化逐年向右缓慢移动，说明中国 31 个省（区、市）的农户信贷服务水平呈小幅上升趋势。峰值随时间逐年下降，波峰的宽度虽未见明显变化，但谷底的宽度可见明显地增大，核密度图形有明显地从"瘦高"向"肥胖"变化趋势，这种变化的态势说明中国农户信贷服务的差距在不断扩大但扩大的幅度很小。从 2011~2017 年的图形来看，波峰均表现为"一主四小"的格局，同时，整个核密度函数表现出很长的右拖尾现象，且右边山峰和主峰之间存在较大的距离，这说明中国农户信贷服务普惠水平主要集中在中低水平，而且中低水平区与高水平区之间存在较大的差距；波峰的分布格局也说明地区农户信贷服务普惠水平存在明显的多极分化和地区不平衡现象。

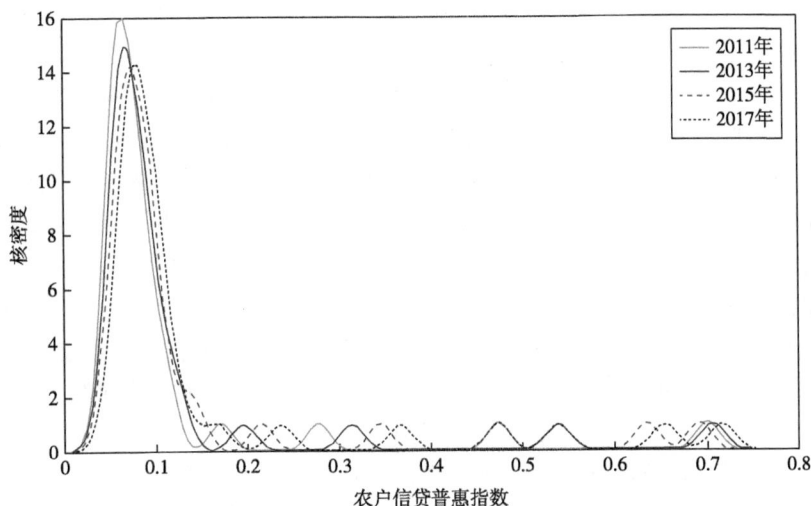

图 4-13　31 个省（区、市）农户信贷服务普惠水平的变化

　　由图 4-14 可知，核密度函数中心及右边部分随时间变化向右移动，说明东部地区农户信贷服务普惠水平整体呈小幅上升趋势，其中，从 2011~2017 年，峰值逐年下降，谷底两端逐渐向外延伸，函数图形逐渐变"扁平"，这样的变化态势说明，东部地区农户信贷服务普惠水平的差距在不断扩大，而且扩大的幅度十分明显。同时，函数图形右边部分波峰逐渐变高，波峰距离变大，演化为双峰形态，说明东部地区两极分化现象日渐严重。

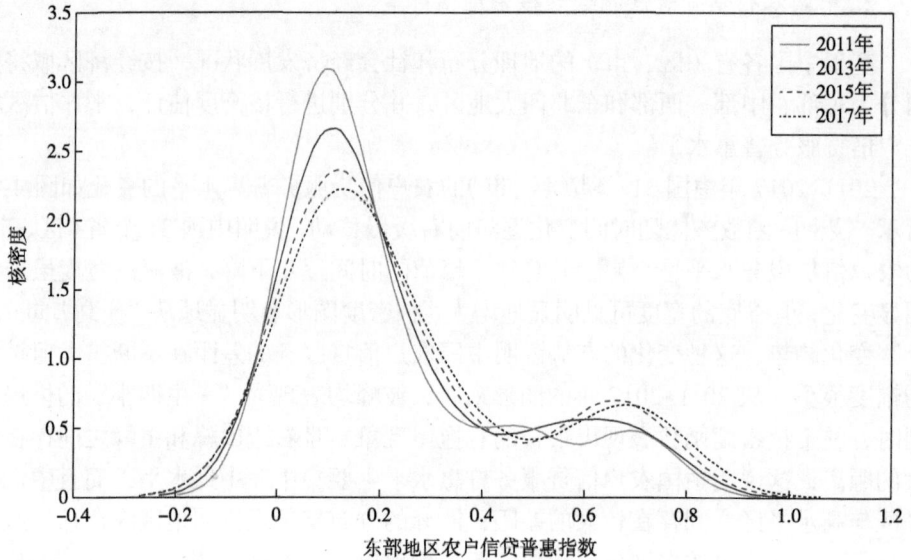

图 4-14　东部地区农户信贷服务普惠水平的变化

　　由图 4-15 可知，核密度函数整体均随时间变化向右移动，说明中部地区农户信贷服务普惠水平整体呈上升趋势，且上升幅度相当明显。波峰随时间右移的同时，也随时间逐渐增高，波峰的宽度越来越窄，谷底的宽度也相对缩小，从"扁平"逐渐向"瘦高"发展，说明中部地区农户信贷服务普惠水平的差距在不断缩小，且变化明显，但到了 2017 年图形又由"双峰"变为"单峰"的趋势，这说明中部地区在普惠水平变高的同时，两极分化的现象也随时间推移在逐渐改善。

　　由图 4-16 可知，核密度函数整体随时间变化向右移动，说明西部地区农户信贷服务普惠水平整体呈上升趋势，且上升幅度较为明显，但密度函数左边部分在观测年度内有小幅左移，但很快反弹回到原有水平。2011~2015 年，波峰在随着时间右移的同时，波峰峰度也有所下降，波峰和谷底的宽度均逐渐增大，从"瘦高"变为"扁平"，说明在此期间西部地区农户信贷服务普惠水平的差距不断扩大，

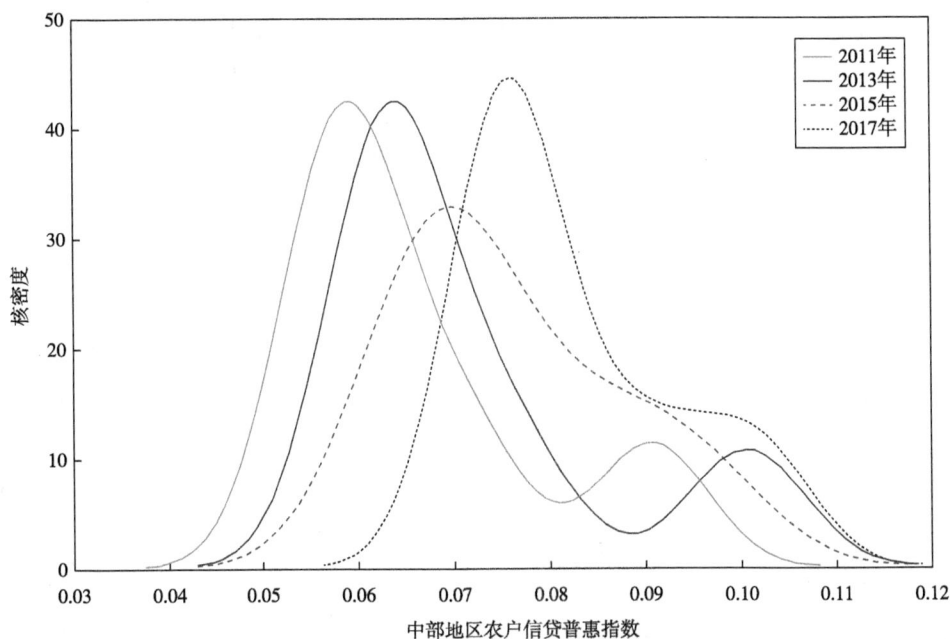

图 4-15　中部地区农户信贷服务普惠水平的变化

且变化明显。直到 2017 年，波峰和谷底的宽度减小，这说明两极分化的趋势被遏制，但各省（区、市）之间的差距仍然很大。

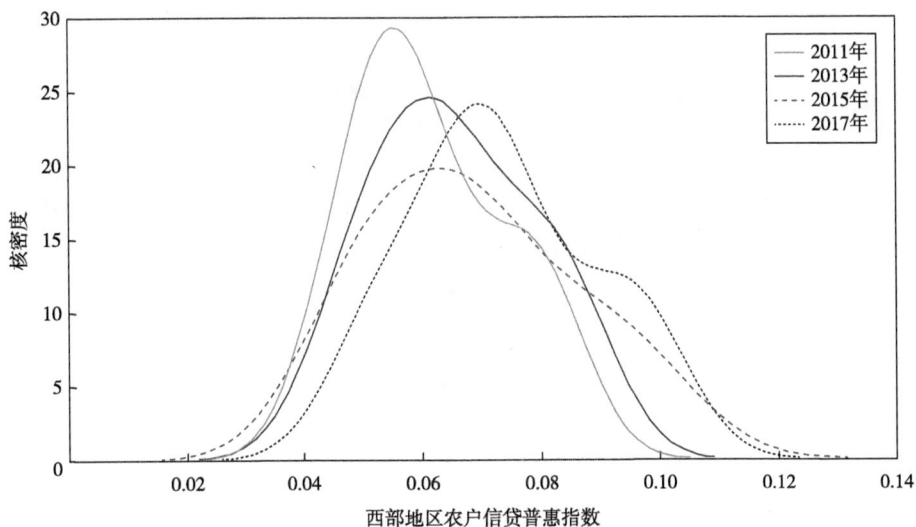

图 4-16　西部地区农户信贷服务普惠水平的变化

由图 4-17 可知，核密度函数整体随时间变化向右移动，说明东北地区农户信贷服务普惠水平整体呈上升趋势，且上升幅度较为明显。2011~2015 年的函数图形呈现出"双峰"，表现为"左高右低"的形态，且图形随时间越来越扁平，说明在此期间东北三省具有两极分化现象。此后，吉林、黑龙江两省的农户信贷服务普惠水平增长迅速，东北三省差距缩小，分化现象得到缓和，表现为 2017 年函数图形大幅右移，且右峰变高，谷底距离缩小。

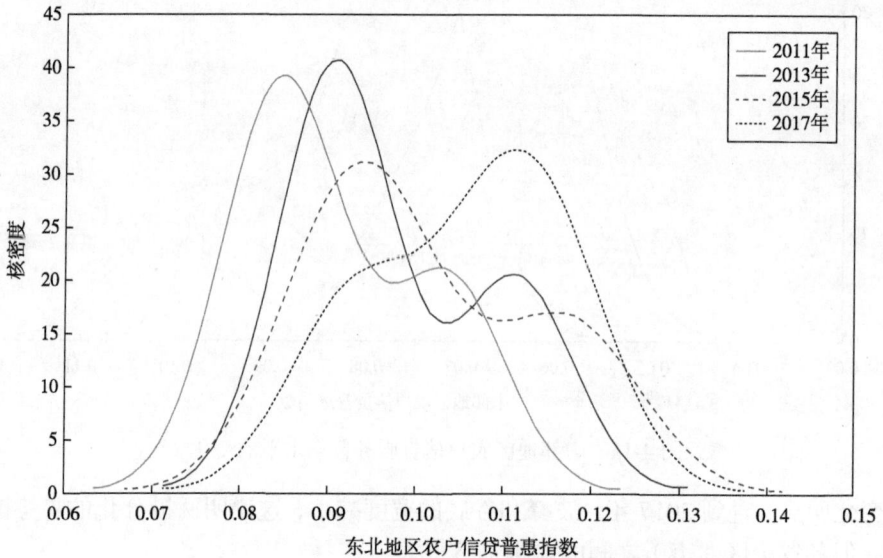

图 4-17　东北地区农户信贷服务普惠水平的变化

4.4.2　农户信贷服务体系普惠性的空间演变

　　核密度估计反映的是全国和东部、中部、西部、东北地区农户信贷普惠指数的分布情况及地区间的非平衡现象，不能反映各地区之间是否存在相互影响或是横向转移的情况。因此，本小节运用 Markov 链对指数进行分析，进一步考察各地区间的空间因素，并用下面公式进行估计：

$$P_{i,j}^{t,t+d} = \frac{\sum_{t=2011}^{2017-d} n_{i,j}^{t,t+d}}{\sum_{t=2011}^{2017-d} n_i^t} \tag{4-11}$$

其中，d 年的转移概率记为 $P_{i,j}^{t,t+d} = P\{X_{t+d}=j \mid X_t=i\}$，表示 t 年属于 i 组别的地区在 d 年后转移到 j 组别的一步转移概率；$n_{i,j}^{t,t+d}$ 表示在整个样本研究期间，由 t 年

属于 i 组别的地区在 $t+d$ 年后转移为 j 组别的地区数量；n_i^t 表示 t 年属于 i 组别的地区数量。

1. Markov 链分析

首先，将指数进行分组，为保证每个组的样本个数尽可能相等，选取各年份农户信贷普惠指数均值的 50.7%、64% 和 77% 分别作为各年的 3 个分位点，将指数分为 4 组，分别为低水平组（L）、中低水平组（ML）、中高水平组（MH）、高水平组（H）。其次，通过 R 语言编程得到 2011~2017 年中国各地区农户信贷服务普惠水平的 Markov 概率转移矩阵，如表 4-20 所示。

表 4-20　2011~2017 年中国各地区农户信贷服务普惠水平的 Markov 概率转移矩阵

时间间隔	组别	L	ML	MH	H
T, T+1	L	0.782 6	0.217 4	0	0
	ML	0.142 9	0.816 3	0.040 8	0
	MH	0	0.021 7	0.956 5	0.021 7
	H	0	0	0.022 2	0.977 8
T, T+2	L	0.682 9	0.317 1	0	0
	ML	0.205 1	0.717 9	0.076 9	0
	MH	0	0.027 0	0.945 9	0.027 0
	H	0	0	0.052 6	0.947 4
T, T+3	L	0.647 1	0.352 9	0	0
	ML	0.193 5	0.677 4	0.129 0	0
	MH	0	0.035 7	0.928 6	0.035 7
	H	0	0	0.096 8	0.903 2

注：L ≤ 50.7%，50.7%<ML ≤ 64%，64%<MH ≤ 77%，H>77%

由表 4-20 可知，在不同的时间间隔下，转移概率最大的都是主对角线上的元素，同时，当一个地区的农户信贷服务普惠水平属于某一水平时，在经过 1~3 年后仍然属于这一水平的概率区间为[64.71%, 97.78%]，说明中国农户信贷服务的发展存在"俱乐部趋同"现象。中高水平组的"俱乐部趋同"最为稳定，高水平组 1 年内较为稳定，随着时间间隔变长，稳定性也逐渐降低，但仍然高于前两个低水平组和中低水平组，而低水平组和中低水平组的稳定性相对较低，且也表现为随时间间隔变长，其稳定性进一步下降。同时，在不同的时间间隔下，发生转移的概率仅存在于相邻的组别之间，不相邻的组别之间不存在农户信贷服务普惠水平的转移。低水平地区有向中低水平地区转移的趋势。中低水平地区也有向低水平地区转移的趋势，且随着时间的推移，低水平地区向上转移的概率越来越大，而中低水平地区的稳定性逐渐变差，向低水平地区转移的概率变大。另外，中低水平地区也存在向中高水平地区转移的趋势，但转移概率较小，仅 4%~13%。同时，中高水平地区也存在一个极小的向下转移的概率，且这个概率在同一时间间隔内，均小于中低水平地区向上转移的概率。

中高水平地区向上或向下转移的概率相同，且随时间增加波动幅度很小，说明中高水平地区的趋同效应最为稳定。综合来看，低水平地区和中低水平地区存在明显的相互转移趋势，中高水平地区向上或者向下转移的趋势都很小，但高水平地区向下转移的趋势较大，且时间间隔为 3 年时，转移的概率达到 9.68%。虽然中低水平地区和中高水平地区之间存在相互转移的趋势，但这样的概率最高也只有 12.90%，相比其他转移概率，这个趋势不再明显。因此，从转移的概率上看，低水平地区和中低水平地区为一部分，中高水平地区和高水平地区形成另一部分，表现出两极分化的趋势，说明中国农村信贷服务的发展存在"马太效应"。

2. 空间 Markov 链分析

虽然相邻的各个水平组别之间存在转移的概率，但是出于各省（区、市）地理位置的原因，同时农村信贷服务需要实际网点和人员的支撑，因此如果两省（区、市）之间存在地理位置上的隔离，那么农村信贷服务的转移很难实现，考虑到这一点，引入一个各省（区、市）二项相邻权重矩阵，矩阵的元素按如下赋值：

$$w_{i,j} = \begin{bmatrix} 1, & 相邻 \\ 0, & 其他 \end{bmatrix} \tag{4-12}$$

在引入权重矩阵后，对指数进行空间自相关分析，通过 Matlab 计算，得到 2011~2017 年中国农户信贷服务普惠水平的莫兰指数（Moran's I 指数）、Z 统计值及 P 值，如表 4-21 所示。

表 4-21　莫兰指数、Z 统计值及 P 值

分类	2011 年	2012 年	2013 年	2014 年	2015 年	2016 年	2017 年
莫兰指数	0.147 9	0.163 3	0.166 7	0.170 6	0.183 5	0.186 7	0.194 2
Z 统计值	1.677 5	1.820 8	1.851 8	1.888 0	2.007 2	2.037 2	2.106 4
P 值	0.046 7	0.034 3	0.032 0	0.029 5	0.022 4	0.020 8	0.017 6

由表 4-21 可知，中国农户信贷服务普惠水平的莫兰指数均为正值，2011~2017 年莫兰指数值随时间推移越来越大，且各年份空间自相关通过了 5% 显著性水平的 Z 统计检验，显著性水平逐年增加。这说明中国各省（区、市）的农户信贷服务发展呈现较强的空间正相关关系，而且这种相关关系随时间推移逐年增强，可以运用空间 Markov 链分析。

在加入空间滞后项，即各省（区、市）的二项相邻权重矩阵后，用同样的分组方法计算时间间隔为 3 年的中国农村信贷服务普惠水平的 Markov 概率转移矩阵，结果如表 4-22 所示。

表 4-22　含空间滞后项的中国农户信贷服务普惠水平的 Markov 概率转移矩阵

滞后项	组别	L	ML	MH	H
L	L	0.846 2	0.153 8	0	0
	ML	0.250 0	0.750 0	0	0
	MH	—	—	—	—
	H	—	—	—	—
ML	L	0.562 5	0.437 5	0	0
	ML	0.333 3	0.583 3	0.083 3	0
	MH	0	0.142 9	0.857 1	0
	H	0	0	0.200 0	0.800 0
MH	L	—	—	—	—
	ML	—	—	—	—
	MH	0	0	0.928 6	0.071 4
	H	0	0	0.333 3	0.666 7
H	L	0.400 0	0.600 0	0	0
	ML	0	0.727 3	0.272 7	0
	MH	0	0	1.000 0	0
	H	0	0	0	1.000 0

注：L≤50.7%，50.7%<ML≤64%，64%<MH≤77%，H>77%

由表 4-22 可知邻近省（区、市）的信贷服务普惠水平对本省（区、市）的信贷服务普惠水平的影响程度。与表 4-20 原始的 Markov 概率转移矩阵相似，在加入滞后项后，仍然只有相邻水平的组别间存在转移的概率，这也说明，在考虑地理因素后，中国农户信贷服务普惠水平的发展仍然存在"俱乐部趋同"现象。

当滞后项为低水平相邻地区，本省（区、市）也属于低水平地区时，其向中低水平地区转移的概率为 15.38%，远低于表 4-20 原始的 Markov 链中代表低水平地区向中低水平地区转移的总体概率 35.29%。同时，当本省（区、市）属于中低水平地区时，受到低水平相邻地区的影响较大，3 年后仍维持为中低水平地区的概率下降为 75%，且无向中高水平地区转移的趋势。这说明低水平地区存在一个地理位置的集中，同时本省（区、市）与低水平地区相邻时，由于自身金融行业的劣势，低水平相邻地区并不能对本省（区、市）产生太多的正面影响或者经济利益，甚至还会产生一定的负面影响。

当滞后项为中低水平相邻地区时，本省（区、市）为低水平地区或者中低水平地区 3 年后向上转移的概率相比滞后项为低水平相邻地区增大，这说明对于低水平地区而言，受到了中低水平相邻地区的积极影响。同时，本省（区、市）为中高水平地区 3 年后向上转移的概率为 0，这也说明中低水平相邻地区对自身为中高水平的省（区、市）的影响有限。

当滞后项为中高水平相邻地区时，由于存在地理位置分布限制，仅中高水平地区和高水平地区存在"互动"。相较于中低水平相邻地区中高水平省（区、市）向下转移的概率为 14.29%，向上转移的概率为 0，中高水平相邻地区中高水平省（区、市）向下转移的概率为 0，且向上转移的概率为 7.14%，表现出明显的积极辐射影响。当滞后项为高水平相邻地区时，低水平地区和中低水平地区稳定性进一步下降，且向上和向下转移的概率相较于滞后项为中低水平地区时均有大幅度的上升，说明当相邻省（区、市）水平越高时，带来的积极影响越大。高水平地区和中高水平地区表现也趋于稳定。

综上分析，当本地区存在一个或若干个相对自身拥有较高水平的相邻省（区、市）时，对自身信贷服务普惠水平的发展也存在一个积极的作用，而且相邻省（区、市）的水平越高，这个积极作用的效力就越大。同时，在均拥有高水平相邻省（区、市）的情况下，水平越低的地区，受到的积极影响相对越大，说明在农户信贷服务普惠水平的发展上，存在一个积极的空间扩散效应。

第 5 章　普惠性农户信贷服务体系建设与创新的障碍分析

5.1　涉农银行业金融机构的经营活力不足

5.1.1　涉农银行业金融机构的盈利水平有所下降

表 5-1 统计的是 2011~2018 年涉农银行业金融机构的主要盈利指标，统计数据显示，2014 年是涉农银行业金融机构营利能力变化的一个分水岭。在 2014 年以前，多数涉农银行业金融机构的盈利水平是比较正常的，然而 2014 年之后涉农银行业金融机构的盈利水平呈现出非常明显的下降趋势。以农村商业银行为例，其资本利润率从 2014 年的 17.23%下降到 2018 年的 10.61%，其资产利润率从 1.38%下降到 0.82%；而农村合作银行的资本利润率下降得更为明显，从 2014 年的 13.0%下降到 2018 年的 5.97%，其资产利润率从 1.15%下降到 0.48%；农村信用社的资本利润率从 2014 年 17.37%下降到 2018 年 10.17%，其资产利润率从 0.95%下降到 0.61%；新型农村金融机构的资本利润率从 2014 年的 10.1%下降到 2018 年的 5.62%，其资产利润率从 1.42%下降到 0.66%；邮政储蓄银行的资本利润率从 2014 年的 19.76%下降到了 11.03%，其资产利润率从 0.55%小幅上升到 0.57%。

表 5-1　2011~2018 年涉农银行业金融机构的主要盈利指标

信贷机构	盈利指标	2011 年	2012 年	2013 年	2014 年	2015 年	2016 年	2017 年	2018 年
农村商业银行	资产利润率	1.20%	1.25%	1.26%	1.38%	1.11%	1.01%	0.87%	0.82%
	资本利润率	15.43%	15.94%	15.91%	17.23%	13.95%	13.14%	11.67%	10.61%
农村合作银行	资产利润率	1.30%	1.34%	1.32%	1.15%	0.96%	0.63%	0.62%	0.48%
	资本利润率	17.06%	16.57%	14.87%	13.0%	10.93%	7.27%	7.73%	5.97%

信贷机构	盈利指标	2011年	2012年	2013年	2014年	2015年	2016年	2017年	2018年
农村信用社	资产利润率	0.74%	0.82%	0.85%	0.95%	0.80%	0.69%	0.64%	0.61%
	资本利润率	15.30%	16.29%	16.14%	17.37%	14.07%	11.83%	10.80%	10.17%
新型农村金融机构	资产利润率	—	—	—	1.42%	1.28%	0.96%	0.82%	0.66%
	资本利润率	—	—	—	10.1%	9.38%	7.64%	6.93%	5.62%
邮政储蓄银行	资产利润率	0.6%	0.63%	0.57%	0.55%	0.52%	0.51%	0.55%	0.57%
	资本利润率	32.2%	27.9%	23.2%	19.76%	15.27%	12.87%	11.06%	11.03%

注：资产利润率是指金融机构在一个会计年度内获得的税后利润与总资产平均余额的比率，本表采用净利润与资产平均余额的比率计算。资本利润率是指金融机构在一个会计年度内获得的税后利润与资本平均余额的比率，本表采用净利润与所有者权益平均余额的比率计算。新型农村金融机构为村镇银行和贷款公司

资料来源：中国银保监会

涉农银行业金融机构利润率水平的快速下降对普惠信贷服务的供给至少有两个负面影响：一是会打击涉农银行业金融机构服务"三农"的热情，这些机构可能会选择去拓展盈利空间更大的非农经济领域；二是会抑制涉农银行业金融机构普惠信贷服务的可持续供给能力，对于涉农银行业金融机构而言，留存收益是其补充资本、扩张经营的主要甚至唯一的资金来源，如果营利能力得不到持久巩固和保障，其经营的可持续性会大大降低。与2014年以后各类农村信贷机构盈利水平下滑趋势相比，农户信贷普惠指数的变化趋势则恰好相反，呈逐年上升的态势，虽不能断定农户信贷普惠指数的提高对农村信贷机构的盈利水平具有负面影响，但涉农银行业金融机构利润率的阶段性下降却是一个不争的事实。

5.1.2　新型农村金融机构总体发展状况不及预期

自2006年《中国银行业监督管理委员会关于调整放宽农村地区银行业金融机构准入政策更好支持社会主义新农村建设的若干意见》发布之后，大批新型农村金融机构开始快速涌现。2012年5月，中国银监会调低了主发起行的最低持股比例到15%，以鼓励和吸引更多民间资本参与组建村镇银行。截至2019年10月，我国村镇银行的总数及分布情况如表5-2所示。

表5-2　2011~2019年我国村镇银行分地区统计　　　单位：家

地区	2011年	2012年	2013年	2014年	2015年	2016年	2017年	2018年	2019年
东北地区	46	55	61	70	85	93	100	101	163
西部地区	166	209	268	286	325	367	414	435	483
东部地区	190	242	333	417	461	494	522	536	554
中部地区	224	287	333	378	437	487	528	541	429

资料来源：中国银保监会

从表 5-2 可以看出，2019 年我国共有 1 629 家村镇银行，其中，东部地区的村镇银行最多，西部地区次之，东北地区的村镇银行最少。

截至 2019 年 10 月末，我国各地区共有贷款公司 12 家，资金互助社 45 家，其中，中部地区资金互助社的总数最多，东部地区次之，西部地区的资金互助社最少，具体见表 5-3。

表 5-3　2011~2019 年资金互助社分地区统计　　　　单位：个

地区	2011 年	2012 年	2013 年	2014 年	2015 年	2016 年	2017 年	2018 年	2019 年
东北地区	8	9	9	9	9	9	9	9	9
西部地区	8	8	8	8	8	8	8	8	8
东部地区	13	13	13	13	13	13	13	13	13
中部地区	13	15	15	15	15	15	15	15	15

资料来源：中国银保监会

以上统计结果显示，村镇银行的规模明显高于其他两类新型农村金融机构，而且资金互助社在 2012 年之后再没有新增 1 家。因此，村镇银行已经成为新型农村金融机构的主力军。值得注意的是，尽管发展村镇银行的政策定位是服务农村、服务农民，但在实际执行过程中也出现了一些问题，具体表现在以下方面。

（1）村镇银行出现了"使命漂移"现象。国家扶持村镇银行的目的是解决农村信贷服务不足的问题，然而部分村镇银行却"贷工不贷农、贷大不贷小、贷富不贷穷"，其服务定位出现了较大偏差，致使一部分村镇银行的贷款集中度过高，面临极大的经营风险。此外，主发起行的设立规定，虽然可以让村镇银行从控股银行那里获得一定的专业管理经验，但是无法有效解决管理人员的"本土化"问题，因此部分村镇银行在开展业务时容易照搬控股银行的经营模式，忽略了本地经济的特点，不重视对本地村民和乡镇居民"软信息"的收集，也没有形成具有自身特色的经营优势和竞争能力。

（2）村镇银行的资本与资金实力较弱，未能实现规模经济。村镇银行的注册资本一般从数千万元到几亿元不等，绝大多数村镇银行的注册资本在 10 亿元以下，因此村镇银行的资本实力普遍较弱，其后期资本补充只能靠留存收益和定向募股。从资金层面上讲，由于村镇银行的网点非常有限，这进一步限制了其派生存款和扩张贷款的能力。

（3）村镇银行的股权结构对村镇银行的本土化、社区化经营有不利影响。2006年村镇银行刚刚问世的时候，主发起行的持股比例规定为 20%，之后调整为 15%，尽管如此，多数村镇银行的大股东依然是主发起行，而村镇银行的行长及高级管理层多为主发起行派出，这种方式的弊端就是派出人员不一定了解驻地村镇银行的社会、经济及文化环境，容易沿着主发起行的经营战略和业务模式去拓展市场，从而出现"使命漂移"，偏离服务"三农"的政策方向和市场定位。

5.1.3 涉农金融机构从业人员的配置相对不充分

本章选择东部地区的北京、中部地区的安徽、西部地区的重庆、东北地区的辽宁为样本，对这4个样本省（市）2011~2018年小型农村信贷机构网点和从业人员进行统计分析，结果见表5-4。其中，2018年重庆小型农村信贷机构单位营业网点的从业人数为8.79人，北京为12.99人，安徽为10.80人，辽宁为12.90人，即使是最高的北京，其小型农村信贷机构单位营业网点的从业人数都低于同期的我国银行业金融机构单位营业网点的从业人数。表5-5显示的是2011~2018年我国银行业金融机构网点和从业人员情况。表5-4和表5-5的对比分析显示，4个样本省（市）的小型农村信贷机构单位营业网点的从业人数都低于同期的银行业金融机构单位营业网点的从业人数，这说明服务于农村地区的金融机构的数量和从业人员是不足的。

表 5-4　2011~2018 年重庆、北京、安徽、辽宁小型农村信贷机构网点和从业人员统计

省（市）	比较指标	2011 年	2012 年	2013 年	2014 年	2015 年	2016 年	2017 年	2018 年
重庆	营业网点/个	1 765	1 765	1 769	1 770	1 769	1 774	1 775	1 773
	从业人员/人	15 220	15 877	16 278	16 362	16 767	16 140	15 789	15 586
	从业人员/营业网点	8.62	9.00	9.20	9.24	9.48	9.10	8.90	8.79
北京	营业网点/个	693	691	693	711	694	694	675	673
	从业人员/人	7 008	7 032	7 758	8 561	8 913	8 862	8 983	8 743
	从业人员/营业网点	10.11	10.18	11.19	12.04	12.84	12.77	13.31	12.99
安徽	营业网点/个	3 031	2 946	3 014	3 054	3 083	3 110	3 128	3 120
	从业人员/人	29 850	30 737	31 559	31 350	32 919	32 867	33 322	33 691
	从业人员/营业网点	9.85	10.43	10.47	10.27	10.68	10.57	10.65	10.80
辽宁	营业网点/个	2 474	2 364	2 381	2 222	2 208	2 186	2 186	2 291
	从业人员/人	27 905	28 951	31 744	29 779	31 853	32 696	30 081	29 543
	从业人员/营业网点	11.28	12.25	13.33	13.40	14.43	14.96	13.76	12.90

注：小型农村信贷机构包括农村商业银行、农村合作银行和农村信用社；从业人员/营业网点=单位营业网点的从业人数

资料来源：《区域金融运行报告》

表 5-5　2011~2018 年我国银行业金融机构网点和从业人员情况

比较指标	2011 年	2012 年	2013 年	2014 年	2015 年	2016 年	2017 年	2018 年
营业网点/个	200 450	202 128	208 923	214 069	220 727	222 824	226 537	226 163
从业人员/人	3 193 942	3 378 134	3 564 476	3 716 285	3 781 746	3 796 186	3 947 825	3 930 290
从业人员/营业网点	15.93	16.71	17.06	17.36	17.13	17.04	17.43	17.38

注：从业人员/营业网点=单位营业网点的从业人数

资料来源：《区域金融运行报告》

对比分析显示，农村信贷机构从业人员的配置相对来说是不充分的，这种不充分在农户居住相对比较分散的农村地区可能会变得更加严重，由于农户的小额信贷具有"期限短、金额小、频次高"的特点，农村信贷机构人力资源投入的不足将严重阻碍农户提升信贷可得性，制约着农村地区普惠金融的进一步发展。

5.1.4　农村银行业金融机构的科技人才储备不足

农村信贷机构是服务"三农"的主体和普惠金融的重要支撑者，在金融科技快速发展的新时代，利用新技术和新设备可以快速地实现对农村客户的画像和甄别、信贷风险的模拟与评价，而农村信贷机构现有的金融科技人才储备还不能满足普惠金融发展的需求，其具体表现和原因如下。

部分农村信贷机构地理位置集中在县城、乡镇，其对金融科技人才的吸引力比较弱。一方面，绝大部分农村信贷机构的营业网点或分支机构设立在乡镇上，而我国的金融科技人才主要集中在少数一线城市，这些拥有较高学历的金融科技人才更愿意选择在大城市工作和生活，那些地处乡镇的农村金融机构对他们的吸引力比较弱，以至于农村信贷机构的金融科技人才一直处于短缺状态。另一方面，农村信贷机构的薪酬激励机制制约了其对金融科技人才的吸引力。农村信贷机构的薪酬机制与国有商业银行的薪酬机制大致相同，按其收入水平的由低到高，大致可以分为基层员工、中层干部、高层管理人员等若干层次，通常基层员工和中层干部之间差距较小，中层干部的薪酬水平较基层员工的收入水平没有太大的差距，但是中层干部与高层管理人员之间的差距较大，对新招聘的金融科技人才通常比照中层干部的薪酬待遇来设计相应的收入激励机制，这种激励水平通常很难吸引高水平的金融科技人才，从而制约了农村信贷机构利用最新金融科技发展普惠信贷业务的能力。

农村信贷机构对金融科技人才的奖惩机制不够完善。多数农村信贷机构的奖惩制度往往是追责惩罚条款多于正向激励条款，且追责惩罚内容详细明确，而奖励制度则相对模糊。一方面，农村信贷机构在奖惩制度执行过程中过于强调员工的信贷风险责任，导致员工对于信贷工作的处理过于谨慎；在这种奖惩机制下，员工取得较好业绩时所得的奖励，往往不抵信贷风险责任带来的处罚，这种奖惩机制的设计不仅限制了农村信贷机构普惠信贷业务的发展，也制约了金融科技人才的工作积极性和主动性。另一方面，员工提拔具有一定的行政色彩，这也是农村信贷机构金融科技人才流失的重要原因。

农村信贷机构的企业文化相对比较呆板，金融科技人才的发展空间有限。农村信贷机构的企业文化理念具有极强的"同一性"，自主创新能力相对弱化，机构自上而下的文化氛围使得管理团队缺乏生机与活力，在这种工作环境中，员工容易产生惰性，而金融科技人才相对年轻化，这样的企业文化和工作环境容易使其丧失对工作的激情和积极性。此外，农村信贷机构规模有限，能够提供的技术岗位也有限，相比于各大商业银行，在每一年的校园招聘和社会招聘期内，那些大型商业银行在城市地区可以提供大量的优质岗位，经过数轮的筛选，学历较高、能力较强、经验较多的求职者往往率先被大型金融机构吸收。

5.2 农村金融基础设施的建设相对落后

5.2.1 农村征信体系不能满足市场需求

征信体系是普惠信贷体系建设中的关键环节，如果没有一个健全有效的社会征信体系做支持，各类信贷机构将很难准确评估潜在借款人的信贷风险，对弱势群体的信贷歧视或信贷排斥也会变得在所难免。虽然我国的征信体系建设相比于发达国家起步较晚，但在各级政府部门及中国人民银行的大力支持下，征信体系在城市地区的建设取得了较大的发展。就目前的征信系统来看，个人信用信息基础数据库和企业信用信息基础数据库的初期建设已经基本完成，并且分别于 2006 年 1 月和 8 月正式全国联网运行两个信用信息基础数据库。但征信体系建设的初期，设置的征信相关的制度和规定，主要服务的是城市地区的个人和企业，满足城市群体在信贷服务中的信用需求。农村地区征信体系的建设，并没有完全跟上城市征信体系发展的脚步。当前农村征信市场存在的诸多问题恰恰制约了普惠信贷服务体系的建设与创新，具体表现为以下四个方面。

1. 现有农村征信体系的有效服务供给不足

农村征信体系只是全社会征信体系在农村地区的分布与延伸，它的核心功能主要是收集与各类经济主体有关的特征信息、交易信息和信用信息等数据。当前农村征信体系所收集到的信息比较有限，以个人信息为例，主要包括个人基本资料、贷款情况、担保、欠息、诉讼、纳税、电话费、水电费有无拖欠等信息，以及农户在金融机构的贷款情况等信息，其他信息的采集依然不够充分，由于农村经济发展相对落后，同时农业相对于其他行业生产周期长，风险高、收益低，行业弱势明显；农户自身的贷款需求较小，可提供的信用信息较少，采集成本较高，另外，农户和农村中小企业的相关信息主要通过填表的形式获取，填表内容受到填表人主观意识的控制，同时表中需要填写的信息分类十分详细，大部分涉及个人和企业的隐私问题（如家庭资产、年收入、健康状况等），较为敏感的内容存在漏填或隐瞒真相的现象。综合各方面因素来看，这些信息对于准确判断潜在借款人的信用水平和信用风险仍显不足。

2. 关于农村征信体系的立法保障与监督不够

要保障征信体系的有序发展，需要相关法律对其进行约束，这样既可以防止借贷中道德风险的发生，也可以强化违约发生后的责任追究，使借贷双方的各项权利处于相对完善的法律框架中。但实际上，我国目前既没有专门管理监督农村征信体系的职能部门，也没有明确针对农村征信体系的法律法规，对于农户信用信息的采集和处理，没有统一、规范的模式，对于出现信用违约的农户或中小企业，惩罚机制没有相应的法律法规可以参考。因此，农村征信体系的建设没有一个明确的法律框架，缺少了法律的保护，就会导致出现信用风险后，没有相应的惩罚机制。农村信贷机构和农村客户群体的利益均得不到保障，也可能导致双方对于征信体系产生不信任。

3. 农村民间征信机构的发展相对滞后

多年以来，征信体系主要依靠公立征信机构，中国人民银行作为整个征信体系建立的核心部门，每年都会发布关于农村征信体系建设的政策指导意见，公立征信系统的覆盖范围不断扩大。中国人民银行还结合各地实际情况，以农户、家庭农场、农民专业合作社等不同类型的经营主体多渠道地采集信息，以县（市）为单位创建农户信用信息数据库，随互联网技术的进步，开始搭建"数据库+网络"平台，多方面、多层次地提供信用服务。近年来，随着持续对我国 31 个省（区、市）开展农户信用档案建设，截至 2016 年末，我国共为 1.72 亿名农户建立了信用档案，超过 9 248 万名农户获得了银行的信贷支持。与中国人民银行建立的公立征信体系相比，民间征信体系的发展依然缓慢。相比公立征信体系而言，民间农村征信体系对相关市场主体信息的收集更充分，分析方法也更灵活，其对潜在借款人的客户画像、风险特征、活动轨迹的描述也更真实，通过扶持民间征信机构的规范化发展，可以有效缓解农村地区"融资难、融资贵"的问题，农户和农村地区中小企业这些相对弱势的群体就能得到农村征信体系的有效支持。

　　4. 现有公立征信体系的信息分析技术水平有待提升

　　大数据时代的到来，一方面带来了有关借款人的海量信息，另一方面对各类经济主体的信用信息和信用评分模式带来了巨大的挑战，特别是互联网平台的广泛使用，给征信机构如何掌握农户个人信息、如何验证农村中小微企业的经营信息提供了机遇和挑战。现有的公立征信机构对依托大数据进行的征信分析技术的掌握与运用还不够先进，二元经济结构形成的二元金融结构导致了农村和城市的征信体系存在较大的差距，农村征信体系的建设仍停留在政策主导层面，信用供给者仅仅是对政策的执行，而非市场需求导向，而各大商业银行也缺乏动力去填补农村征信体系的空白。

5.2.2　涉农担保机构没有充分行使职能

　　农村地区由于征信体系相对落后，有贷款需求的农户想要从银行获得贷款相对困难。为了更好地解决"融资难、融资贵"的问题，近年来，在各级政府的大力推动下，由地方政府、金融部门共同参与，相继组建了农业融资担保公司，这些具有政府支持背景的融资担保公司在缓解农户融资难方面做出了一定的努力，但对于农户和农村中小企业而言，农业融资担保公司并没有充分发挥为农户融资担保的职能，具体表现为以下三点。

　　1. 担保形式单一、贷款程序烦琐

　　贷款担保机制是缓解农户融资难的重要保障机制之一，然而现实中的农户和农村中小企业在贷款担保环节"卡壳"主要有以下原因。

　　一是抵押贷款担保形式过于单一。涉农担保公司在长期经营过程中业务范围比较单一，担保产品缺乏创新。信贷机构对于贷款抵押物的要求几乎一致倾向价值稳定、产权明确、流动性好的不动产，而农户能够提供的抵押物通常为土地、林地的承包经营权，价值较低的宅基地、农村住房，甚至可能是农业原料、农产品等。在农户发生违约后，这些抵押物很难变现，从而导致银行和担保公司不愿意涉足这一块业务。

　　二是不动产抵押贷款折价过大。一般来说，城镇范围内私有房产作为抵押物进行担保贷款，按照市场价格评估后，通常应该按照房屋总价的 70%~80%放贷。对于能够提供良好不动产的农户和农村中小企业，涉农信贷机构再次提高了折价，按照抵押物估价的 50%~60% 放贷。这也说明，担保机构在抵押担保过程中，为了规避风险，牺牲了客户群体的利益，这也是逃避责任的一种表现。

三是贷款手续烦琐。一般的不动产抵押贷款流程，要经借款人提出申请、信贷人员对其调查、信贷部门负责人同意、对不动产进行价值评估、贷款审查委员会开会审查、到有关部门办理抵押物登记、签订三方合同、信贷和风控等部门盖章与授权，最后经信贷领导审批签字，才能放款给借款人。整个过程通常耗时一两个月，遇到银根收紧的情况时甚至更长。对于从事农业生产的农户和农村中小企业而言，时间、季节都是决定生产效果的关键因素，农户无法承担这样的时间成本，过长的贷款流程很可能导致农户失去"商机"，而担保机构作为中介方，除了帮助银行分担风险外，其余流程并没有简化，放款时间也没有缩短，忽视了农业生产中时间的重要性。

2. 农业担保机构规模小、实力弱

受到自身资本规模偏小的制约，农业担保机构无法充分发挥其担保职能。农业担保机构普遍为政府出资建立，少量民间资本参与的模式，通常结构比例为 70% 的地方财政加 30% 的民间资本，总体看来，社会资金在担保行业不够活跃。同时，在农业担保机构经营期间，地方财政往往捉襟见肘，资金无法得到及时的补充。政府为了保证担保机构非商业性的经营模式，又限制了更多民间资本的后续注入，这就导致了农业担保机构自身积累难度大，由于其要实现担保的政策性目的，不能收取较高的担保费，大部分农业担保机构既没有后续资金的注入，也无法通过日常经营累积资本，没有足够的资本支持，担保机构在扩大经营范围、创新担保产品上就显得"有心无力"。另外，由于农业担保机构自身规模小，在与银行合作中，处于相对弱势的地位。银行往往乐于同实力强大的企业合作，而农业担保机构不仅实力相对较弱，而且业务范围更为特殊，导致参与农业担保业务的银行不多，这也使得少数参与的银行在合作中拥有极高的话语权。银行为了规避自身的风险，甚至要求担保机构按照 1:1 的比例，将担保资金存入银行，这一方面阻碍了担保资金的杠杆效应，另一方面相当于是担保机构在出资放款，银行坐收渔利。通常而言，农业担保机构需要服务的地理区域是整个省、市，担保需求远远超过担保机构自身的规模，而银行又进一步抑制了其资金的杠杆效应，最终导致农业担保机构无法开展更多的业务。

3. 部分地方政府过多干预农业担保机构的日常运营

农业担保机构在经营和发展过程中都需要地方政府的财政和政策支持，与政府各部门之间的密切联系能够使其更好地开展业务和工作。然而，在实际的经营过程中，少数地方政府利用其出资主体的身份，以及与机构高层管理间的密切关

系，干涉担保项目的审批，破坏了业务的规范化运作。这一方面损害了符合担保条件的客户群体的利益，另一方面也增加了担保项目的隐藏风险。

5.2.3　农村地区银行支付服务效率不高

支付体系是重要的金融基础设施之一，它支撑着整个金融与经济体系的正常运转。长期以来，依托于银行体系的农村地区支付网络与服务能力一直比较薄弱。当前为农村地区提供支付结算服务的银行业金融机构主要包括农村商业银行、农村信用社、农业银行、邮政储蓄银行、农业发展银行、村镇银行等，非银行金融机构参与银行卡支付的比例较低（表 5-6）。由表 5-6 中的统计数据来看，2016~2018年，农村地区个人银行结算账户的增长率除 2017 年以外，基本上低于全国的增长率；农村地区个人借记卡和信用卡的增长率虽然有的年份高于全国的增长率，但农村地区信用卡数占全国信用卡数的比例却是下降的，说明农村地区的农户对信用卡支付结算与小额融资功能不够重视。

表 5-6　2016~2018 年城乡个人银行结算账户及银行卡发卡量统计

项目	2016 年		2017 年		2018 年	
	数量	增长率	数量	增长率	数量	增长率
全国个人银行结算账户/亿户	83.08	13.35%	91.69	10.36%	100.68	9.80%
农村地区个人银行结算账户/亿户	35.61	7.78%	39.66	11.37%	43.05	8.55%
全国借记卡数/亿张	56.60	12.96%	61.05	7.86%	69.11	13.20%
农村地区个人借记卡数/亿张	23.87	14.48%	26.91	12.74%	29.91	11.15%
全国信用卡数/亿张	4.65	7.60%	5.88	26.45%	6.86	16.67%
农村地区信用卡数/亿张	1.65	21.32%	1.75	6.06%	2.02	15.43%

资料来源：中国人民银行、《2017 年中国支付体系发展报告》、《2017 年农村地区支付业务发展总体情况》和《2018 年支付体系运行总体情况》

表 5-7 的统计数据显示，2016~2018 年，全国单位结算账户增长率基本保持在 11%左右，仅在 2016 年，农村地区单位结算账户增长率略高于全国的增长率。

表 5-7　2016~2018 年城乡单位银行结算账户开户统计表

项目	2016 年		2017 年		2018 年	
	数量	增长率	数量	增长率	数量	增长率
全国单位结算账户/万户	4 939.47	11.27%	5 483.43	11.01%	6 118.87	11.59%
农村地区单位结算账户/万户	1 823.07	11.82%	1 966.51	7.87%	2 174.83	10.59%

资料来源：中国人民银行、《2017 年中国支付体系发展报告》、《2017 年农村地区支付业务发展总体情况》和《2018 年支付体系运行总体情况》

表 5-8 的统计数据显示，农村地区人均持有的银行卡，ATM、POS 机的万人

拥有量远低于全国平均水平。不仅如此，农村地区 ATM、POS 机和自助服务终端交易总笔数和人均交易笔数也呈现明显的下降趋势。

表 5-8　2018 年全国与农村地区银行支付设备的比较

项目	银行卡（人均持有）/张	POS 机（每万人拥有）/台	ATM（每万人拥有）/台
全国平均	5.46	245.66	7.99
农村平均	3.31	73.93	3.93

资料来源：中国人民银行、《2017 年中国支付体系发展报告》、《2017 年农村地区支付业务发展总体情况》和《2018 年支付体系运行总体情况》

总体来看，虽然大多数农村地区银行业金融机构的网点接入了中国人民银行的大额支付系统和小额支付系统，但县、乡银行网点依然存在着异地结算、跨行清算渠道速度较慢、渠道不够通畅等问题。在小额支付领域，由于电子支付和手机支付的高速增长，农村地区银行业金融机构正面临着来自支付宝和微信支付的强大挑战。传统小额支付主要借助银行卡、ATM、POS 机等终端来受理用户的支付命令，而手机支付功能与支付领域的拓展极大地挑战了传统银行的支付模式与市场份额。

5.3　金融发展过程中存在着结构性障碍

5.3.1　银行业的市场集中度比较高

银行业金融机构在我国金融体系中具有举足轻重的地位，截至 2019 年末我国共有 4 597 家存款性金融机构，其具体构成如表 5-9 所示。

表 5-9　2014~2019 年存款性金融机构数量统计　　　　　　　　单位：家

机构类别	2014	2015	2016	2017	2018	2019
城市商业银行	133	133	134	134	134	134
股份制商业银行	12	12	12	12	12	12
国有大型商业银行	5	5	5	5	5	5
货币经纪公司	5	5	5	5	5	5
金融资产管理公司	4	4	4	4	4	4
金融租赁公司	30	47	56	66	69	70
开发性金融机构	1	1	1	1	1	1
民营银行	1	5	8	17	17	17

续表

机构类别	2014	2015	2016	2017	2018	2019
农村合作银行	89	71	40	33	30	30
农村商业银行	665	859	1 114	1 262	1 397	1 423
企业集团财务公司	196	224	236	247	253	254
汽车金融公司	18	25	25	25	25	25
外资法人银行	41	40	39	39	41	41
消费金融公司	6	12	18	22	23	24
信托公司	68	68	68	68	68	68
政策性银行	2	2	2	2	2	2
住房储蓄银行	1	1	1	1	1	1
农村信用社	1 596	1 373	1 125	965	812	782
贷款公司	13	13	13	13	13	13
村镇银行	1 151	1 308	1 441	1 564	1 616	1 622
农村资金互助社	45	45	45	45	45	45
其他金融机构	8	8	6	2	15	19
合计	4 090	4 261	4 398	4 532	4 588	4 597

资料来源:《中国金融年鉴》, 中国银保监会

表 5-9 显示, 2019 年, 村镇银行、农村商业银行、农村信用社的机构总数分别位列第 1~3 名。2014~2019 年新增的 507 家存款性金融机构中的绝大部分是村镇银行, 农村信用社则因为改制原因出现了较大幅度的减少。

尽管涉农存款性金融机构在众多的存款性金融机构中具有明显的数量优势, 但在资本数额方面并不占优势, 而中国银行、中国农业银行、中国工商银行、中国建设银行、交通银行五大国有控股商业银行拥有明显的垄断优势, 表 5-10 显示的是 2014~2019 年五大国有控股商业银行资本金占我国银行业资本金总额之比的统计数据。

表 5-10　2014~2019 年五大国有控股商业银行资本金占我国银行业资本金总额之比

项目	2014 年	2015 年	2016 年	2017 年	2018 年	2019 年
一级资本占比	58.34%	56.74%	54.98%	53.43%	53.18%	51.74%
核心一级资本占比	57.84%	56.00%	54.63%	53.32%	53.05%	51.76%
二级资本占比	62.59%	49.13%	41.83%	43.30%	45.59%	47.42%
资本净额占比	59.12%	55.53%	42.07%	51.72%	51.78%	50.91%

资料来源:《中国金融年鉴》, 中国银保监会

根据表 5-10 的统计数据, 2019 年, 五大国有控股商业银行的市场占有率达到了 50.91%。根据市场结构理论, 在垄断型的银行业市场结构中, 大型商业银行更看重潜在借款人是否有合格的抵押物及充分完整的财务信息, 它们更擅长通过价值评估来对借款人的信贷需求进行量化分析, 而大型企业通常比较契合这些大型

商业银行的贷款要求，因此大型企业会有更多的信贷资金流入；而中小企业通常不具有合格的抵押物，其财务制度也不是非常完善，这让依赖传统信贷技术的大型商业银行很难做出判断，逆向选择的顺序使得中小企业较难获得大型商业银行的青睐和支持，信贷资金流入中小企业的数量就相对比较少。有学者分析显示，高度垄断的银行业市场结构更有利于大企业融资，而不利于中小企业融资（张金清和阚细兵，2018）。在不同的经济发展水平背景下，银行业的市场集中度对普惠金融的影响具有一定的差异性，在那些经济欠发达地区，因为交易成本较高、信息不对称、银行审批程序复杂，中小企业和弱势群体的信贷需求往往难以得到满足（黄慧敏和田颖，2019）。

相较于美国的银行业市场结构，我国五大国有控股商业银行的市场占有率略高于美国前五大银行的总和。2018 年美国银行数量为 5 406 家，美国前五大银行资产额占银行业资产总额的比例为 43%，在经历次贷危机之后，美国银行业贷款结构发生了一些积极的变化，其中个人信用贷款占比下降至 77.8%，银行不良贷款率由 2010 年的 5.46% 的高点下降至 1% 左右。2014~2019 我国新增的 507 家存款性金融机构中有 471 家是村镇银行，占新增机构数的 92.9%。从机构数量上讲，村镇银行的引入对于打破大型商业银行垄断有一定的积极作用，但从资本实力和资产规模的角度来看，其实际效果依然有限。

5.3.2　社会融资需求过分依赖信贷

我国的金融结构是典型的银行主导型，银行业金融机构在整个国民经济体系中居于非常重要的地位，承担着为社会各部门提供资金融通服务的功能，从而形成了以银行业金融机构为核心的社会融资结构（表 5-11）。

表 5-11　2018 年我国 31 个省（区、市）社会融资规模增量统计表　单位：亿元

省(区、市)	本币贷款	企业债	企业股票融资	企业债/本币贷款	企业股票融资/本币贷款
北京	7 573	7 006	387	92.51%	5.11%
天津	2 408	704	11	29.24%	0.46%
河北	4 815	560	78	11.63%	1.62%
山西	2 588	527	8	20.36%	0.31%
内蒙古	602	−102	1	−16.94%	0.17%
辽宁	3 840	−411	125	−10.70%	3.26%
吉林	992	183	17	18.45%	1.71%
黑龙江	837	−71	5	−8.48%	0.60%
上海	6 181	1 716	186	27.76%	3.01%

续表

省(区、市)	本币贷款	企业债	企业股票融资	企业债/本币贷款	企业股票融资/本币贷款
江苏	13 574	2 382	472	17.55%	3.48%
浙江	15 490	1 544	384	9.97%	2.48%
安徽	4 320	448	47	10.37%	1.09%
福建	4 631	992	133	21.42%	2.87%
江西	4 593	659	45	14.35%	0.98%
山东	7 251	1 401	191	19.32%	2.63%
河南	6 088	480	31	7.88%	0.51%
湖北	6 111	551	124	9.02%	2.03%
湖南	4 655	347	66	7.45%	1.42%
广东	20 054	3 174	979	15.83%	4.88%
广西	3 331	161	37	4.83%	1.11%
海南	499	−77	18	−15.43%	3.61%
重庆	3 490	250	36	7.16%	1.03%
四川	5 947	803	83	13.50%	1.40%
贵州	3 847	−9	18	−0.23%	0.47%
云南	2 647	346	17	13.07%	0.64%
西藏	514	41	34	7.98%	6.61%
山西	3 815	561	22	14.71%	0.58%
甘肃	1 682	−67	1	−3.98%	0.06%
青海	353	−168	0	−47.59%	0
宁夏	475	26	0	5.47%	0
新疆	1 337	−61	50	−4.56%	3.74%

资料来源：中国人民银行

　　由表 5-11 可以发现以下两个问题：一是贷款是众多经济部门获取外源融资的主要渠道。2018 年本币贷款在整个社会融资规模的增量部分依然占据较高的比例，而其他直接融资所占比例则很低。以企业债占本币贷款的比例来看，2018 年我国各地区新增直接融资占本币贷款的比例都是比较低的（北京的企业债占本币贷款的比例为 92.51%，其原因是北京是众多大企业总部所在地，故该数字不具有可比性，应当予以剔除）。剔除北京之后的该指标最高的是天津（29.24%），上海次之，为 27.76%，福建再次之，为 21.42%，最低的 3 个省（区）是青海、内蒙古和海南，2018 年分别为负增长。就新增股票融资而言，这个比例就更低了，该指标最高的 3 个省（市）依次是西藏 6.61%、北京 5.11%、广东 4.88%，其中有两个省（市）是发达的东部省（市）。社会融资过分依赖银行贷款的融资结构一方面会导致社会融资风险过于集中在银行体系，另一方面会导致银行在分配贷款时会优先考虑还贷能力强的经济部门，这使得处于相对弱势地位的农户和农村地区容易被银行部门排斥。二是贷款在各省（区、市）的分布不平衡。2018 年新增本币贷款最多的 3 个省依次是广东 20 054 亿元、浙江 15 490 亿元、江苏 13 574 亿元，全部是工业经济比较发达的省，而农业比较发达的东北三省和农村人口比较集中的西部地区所分配到的信贷资金有限，这会严重影响这些地区农户的信贷可得性和普惠性。

5.3.3　金融机构内生成长动力不足

金融机构是从事资金运营服务的特殊工商企业，它既具有一般企业追求盈利的普通性，也具有不同于企业的特殊性，这种特殊性体现在它是为其他工商企业和个人提供金融产品与服务的。不仅如此，金融机构所提供的金融产品与服务还必须和市场演变与社会发展相适应，否则金融机构就可能会被淘汰，在这一市场竞争过程中，金融机构的内生成长能力就显得非常重要。内生成长能力是指金融机构能够在日常经营过程中提升自身的资本实力，增强对外部冲击的应变能力，创新经营模式与战略，保持金融机构的稳定与可持续发展。我国金融机构的内生成长动力普遍不足，这种不足主要受制或体现在以下三个方面。

1. 部分金融机构的内部组织结构不能充分适应经济发展

以银行业金融机构为例，截至 2019 年底，我国共有各类存款性金融机构 4 597 家，绝大多数的金融机构都有国有股东或国有企业股东控股或参股的背景，国有控股的背景虽然可以让金融机构具有更强的信用基础和资金动员能力，但同时也会带来一些弊端。一方面，国有金融机构在开展贷款业务时会倾向寻找那些有政府支持背景的项目或国有企业，以降低信贷中的道德风险，这在某种程度上势必会挤压非国有企业或个人的信贷市场份额，更让社会弱势群体的信贷可得性和普惠性大大降低；另一方面，国有金融机构内部组织结构更像政府部门的行政科层结构，各个部门之间往往缺乏合作与协调，这对金融机构创新金融服务、提高信贷普惠性都是一种障碍。

2. 部分金融机构领导者欠缺企业家精神

企业家精神的欠缺，不仅体现在农村金融机构本身，也体现在其他非农金融机构身上，这在很大程度上制约了金融机构的经营活力与扩张能力。企业家是企业的经营者和组织者，他们实际拥有着企业的资产并运营着整个企业，一个合格的企业家应当具有现代化的经营管理能力，能充分发挥和挖掘企业的生产能力、组织能力、创新能力，带领企业进行有序、有度的规模扩张，实现企业的最优发展。我国金融机构的部分实际运营者往往没有或者只拥有很低的抱负水平，即他们不是非常清楚要把金融机构引领或发展到一个什么样的水平和地位，也不清楚企业未来的发展目标是什么，这就容易产生目光短浅的现象，将企业利益局限在短期上，这会极大地限制企业家的组织协调能力和创新能力。就普惠金融而言，很多银行家如果只看到弱势群体身上的风险，而没有发现其潜在的还贷能力，则很容易在普惠信贷服务的供给与创新方面止步不前。

3. 金融机构对现有经营模式的路径依赖很难被打破

以农村信用社为例，它应当坚持自愿性、互助共济性、民主管理性和非营利性的基本原则与理念，但在实际运行过程中，我国的农村信用社既不是合作制也不是股份制，同时产权概念也较模糊。首先，农户加入信用社没有遵循自愿原则，退出信用社则更为"艰难"。其次，农村信用社对其社员没有尽到合作互助的义务，与社员之间的贷款流程基本按照商业银行模式，贷款的对象、金额、抵押担保程序均由农村信用社负责人决定，管理制度的非民主性也导致社员的贷款占比仅在50%左右，而农户自身对合作互助及民主管理这样的概念也没有过多的意识，更多地认为农村信用社属于官方机构。事实上，农户存在这样的认知也不无道理，农村信用社的建立需要依靠政府力量推动，内部管理层配置及经营目的带有行政色彩。最后，农村信用社的初衷是为"社员服务"，营利其次，但实际上，农村信用社模式均向商业银行的经营模式看齐，导致农村信用社的市场定位一直较为模糊。不仅如此，农村信用社的社员大会、董事会和监事会等往往流于形式，这些问题的存在使得农村信用社要想回归合作制的本源存在相当大的困难，也不利于农村地区实现金融的普惠性发展。

5.4 农业与农村经济发展的长期性约束

5.4.1 农业经济效率的水平比较低

我国农业的弱质性主要表现在农业生产效率低、农产品收益低、农产品价格波动大等方面，个体农户、家庭农场和农业中小企业是农业生产的主要从事群体，这类群体面临"融资难、融资贵"的问题。要提升农村的信贷普惠水平，减少农户长期面临的金融排斥，就必须提高农业经济的整体效率。农业的弱质性不仅制约了农村经济的发展，还阻碍了农村信贷普惠体系的建设。造成农业经济效率低的原因主要有以下几点。

1. 地少人多，难以形成规模经营

虽然我国的国土面积位居世界前列，但可耕地面积占国土面积的比例并不高，我国拥有大量的农村人口，人均耕地占有量低。2016~2019 年我国农村居民人均耕地面积如表 5-12 所示。

表 5-12 2016~2019 年我国农村居民人均耕地面积 单位：亩

地区	2016 年	2017 年	2019 年
全国	3.53	3.63	3.65
北京	1.12	1.12	0.51
天津	2.71	2.83	2.28
河北	2.87	2.98	2.95
山西	4.05	4.19	4.29
内蒙古	15.58	16.15	21.29
辽宁	5.54	5.67	6.31
吉林	9.91	10.30	11.97
黑龙江	17.64	18.35	22.39
上海	1.05	1.07	0.91
江苏	2.63	2.73	2.63
浙江	1.51	1.55	1.07
安徽	3.08	3.18	3.18
福建	1.40	1.44	1.05
江西	2.23	2.32	2.21
山东	2.80	2.89	2.51
河南	2.43	2.50	2.48
湖北	3.23	3.32	3.16
湖南	1.99	2.07	1.93
广东	1.10	1.10	0.84
广西	2.67	2.71	2.12
海南	2.62	2.65	1.81
重庆	3.13	3.23	2.77
四川	2.45	2.52	2.10
贵州	3.32	3.41	2.79
云南	3.60	3.70	3.34

续表

地区	2016 年	2017 年	2019 年
西藏	2.87	2.86	2.80
陕西	3.54	3.65	2.88
甘肃	5.93	6.16	6.32
青海	3.27	3.39	3.48
宁夏	6.74	7.03	6.88
新疆	6.50	6.59	9.27

注：2018 年耕地数据未公布；1 亩≈666.67 平方米

资料来源：国家统计局

从表 5-12 可知，2019 年农村居民人均耕地面积为 3.65 亩，从各个省（区、市）的具体情况来看，仅有山西、内蒙古、辽宁、吉林、黑龙江、甘肃、宁夏、新疆 8 个省（区）的农村居民人均耕地面积超过 3.65 亩，排第一位的黑龙江省的农村居民人均耕地面积为 22.39 亩。人均耕地相对较多的省（区、市），主要位于东北地区及西北地区，除山西外，整个东部、中部、西南地区均明显低于全国平均水平。这也说明我国大部分地区存在地少人多的现象。在这些人均耕地较少的地区，从事农业生产的多数农民，其规模也仅局限在个人或者家庭，农业生产对家庭经营的依赖使得土地的分割相对分散，农业生产难以实现规模化经营。

反观那些实现农业规模化生产的国家，高效的农业生产使其更容易得到金融支持。以美国为例，若按照农业人口计算，其人均耕地面积可以达到 80 公顷，即人均 1 200 亩，因此，人均耕地面积的扩大和农业生产集中度的提高使得美国农业在世界范围内变成优势产业，美国的农户也拥有相对较高的收入。因此，围绕这样发达的农业，美国建立了发达、健全和多渠道的农业金融支持服务体系，农户能得到包括农村信用体系、政府信贷、商业银行、保险公司、私人及其他金融机构等的信贷支持。因此，只有农业足够强大，才能吸引到更多的金融资源，农户才能得到更好的金融服务。

2. 农产品价格波动性大，农户收入不稳定

农产品销售收入是农户家庭收入中最重要的组成部分，该项收入对农产品价格具有极强的依赖性，而农业生产的周期性使得农产品价格的波动非常剧烈和频繁。当农产品集中收获和处于上市季节时，农产品的价格往往较低，由于农户的人均生产规模比较小，农户无法像发达国家一样借助农产品期货进行库存管理和跨期平滑，从而无法化解农产品价格下跌带来的负面冲击和影响；在人均产量既定的情况下，农户的农业生产经营收入就会下降，这无疑会对农户还贷能力造成负面影响。虽然部分农户可以选择进城务工的方式谋求相对更多的收入，但仍然没有相对稳定的工作，以及缺乏完善的社保和医保，难以成为金融机构的目标群体，在有借贷需求的时候，仍然可能受到金融机构的金融排斥。不仅如此，部分农户因为放弃务农而外出打工，难以享受对于农户的普惠金融政策所带来的各种优惠待遇。

5.4.2　农村经济与农业人口空心化

我国的城乡二元结构，以及城镇化和工业化进程的不断发展，使得农村青壮年劳动力逐渐向城市转移，不仅造成农村人口在年龄结构上的不合理分布，还使得农村地区的优质劳动力供给严重不足。不可否认的是，农村劳动力的转移对于加快城镇化建设，以及促进城乡一体化发展，确实产生了巨大的作用，但农村劳动力在转移的规模和速度上，还需要考虑农业自身的承受能力，农村劳动力的过度转移也会对农业产生负面影响，甚至可能阻碍农村经济的发展。此外，农村劳动力的转移导致农村留守现象日益明显，尤其是妇女和老年劳动力土地经营面积的增加，使得该群体的劳动量及劳动强度都大大提高。除了进行田间劳作外，他们还需要照顾一家老小，因此在农业生产上投入的劳动力、资本和技术的质量都不高，能够得到的产量也有限，这样的劳作模式在多数情况下更倾向自给自足，而很难去提高家庭收入。农村这样的留守情况，不仅影响了农业的发展，还可能形成诸多的社会问题。

随着我国逐渐进入老龄化社会，人口红利正在逐渐消失，劳动力成本呈现逐年上升的趋势。不仅如此，未来无论是农村还是城市，劳动力供给不足的现象将更加明显，劳动力成本进一步上升也将成为必然。面对日渐上涨的劳动力成本，第二、第三产业可以通过提升终端价格的方式消化成本上涨的压力，而农产品市场的充分竞争性则限制了农产品价格上涨的空间。因此，受劳动力成本上升的挤压，广大的农村地区从事农业生产的农户能够得到的收入增长是非常缓慢的，这样必然会加剧农村劳动力的向外转移，农村空心化现象将更加明显。农村人口的大量外流，必然会带走农村大量的民间资本，资本和劳动力的缺失也会影响农村地区各行各业的产出，最终制约农村经济的发展。农村劳动力的转移，使得农村人口中，妇女、老人、儿童的比例逐步上升，从事农业生产的主要人群也逐步从青壮年变成妇女和老人。这部分人群除了进行农业生产外，几乎没有其他的收入来源，其能够产生的经济效益是有限的，因此这类群体的生产性信贷需求要弱于生活性信贷需求，如孩子上学、家人就医等，而这样的信贷业务由于存在较大的信用风险，容易被信贷机构拒绝。综上所述，农村人口的空心化，不仅减少了有效的信贷需求，也增加了信贷机构在农村地区开展信贷业务的风险，从而阻碍农村普惠信贷的推广。

5.4.3 旧观念制约农村普惠信贷

在农村地区，农户由于长期受到旧观念的影响，对于银行信贷或其他金融服务的需求长期处在较低的水平。同时，农村地区多数青壮年劳动力选择外出务工，而留守农户的年龄相对较大，传统思维相对牢固，具体表现在以下几个方面。

第一，部分农户长期存在"小农意识"，满足于"小富即安"的生存现状。中国农户长期以来受到农业文化的影响，自给自足、温饱无忧往往成为多数农户日常生活劳作的追求目标，长期相对稳定的农村生活环境，使得农户对于更高的生活质量和生活水平没有足够的追求动力。因此，农户往往不会去追求产出最大化，绝大多数农户的金融需求仅仅局限在现金持有上，同时，由于个体农户生产经营规模多为自我满足和少量盈余，其难以形成信贷需求。

第二，根深蒂固的旧观念使得人们遇到任何问题时，都希望靠自己的力量去解决。农户受这种思想的影响，通常不主动向其他人寻求帮助，导致很多扩大再生产的机会被放弃，这使得农户未来的收入无法得到持续的增长，从而也进一步抑制了其信贷需求。即使在扩大再生产过程中需要借贷，农户也会首先考虑亲友借贷、邻里借贷，而不一定求助于金融机构。

第三，由于农户通常存在浓厚的乡土情结，对土地有较强的占有欲。相对有限的土地资源和众多的农业人口，导致了农村土地小块分割的现状。由于较强的占有欲，即使是亲属之间，土地也难以合作整合进行规模化生产，农业的信贷需求就得不到有效释放。这种小农经济的生产经营方式，抑制了农村经济的发展，给普惠信贷的发展带来了挑战。

第四，我国的农业生产长期以来均以家庭为单位，而这种分散经营且规模产量较小的状况阻碍了现代化农业的发展进程，机械化和规模化的农业生产仅在少数地区实现，同时农业自身基本属于完全竞争的产业，总体利润远低于其他行业，加之农户互助组织的缺失，各类信贷机构对于农业的金融排斥，使得农户长期处于被动议价的困境，这也导致农村地区普惠信贷的发展滞后。

总之，受旧观念的影响，多数农户安于现状，导致农村信贷需求得不到有效释放，一定程度上阻碍了农村信贷的发展。这也说明农村信贷市场存在巨大的发展空间，一旦农村旧观念开始改变，整个农村信贷市场会产生巨大的信贷需求。

第 6 章　普惠性农户信贷服务体系建设的策略设计

6.1　微型农村信贷机构的培育策略

6.1.1　村镇银行的培育策略

村镇银行是农村金融体制改革的重要产物，它的诞生与发展体现了中央政府和监管部门对打通农村地区普惠金融服务"最后一公里"的决心和意愿。截至 2018 年底，我国有 1 286 个县（市）设立村镇银行，县（市）覆盖率为 70%，村镇银行整体的资产规模已经达到 1.51 万亿元，负债总额为 1.33 万亿元，累计发放贷款达到 4.69 万亿元。随着改革进程的不断推进，村镇银行在发展过程中出现了偏离其目标定位和市场定位的"使命漂移"现象，为了增强村镇银行服务"三农"的能力和效果，应当从发起人、治理模式、管理制度等方面推进其建设与创新，具体内容如下。

1. 优化村镇银行的发起人结构

根据 2006 年发布的《中国银行业监督管理委员会关于调整放宽农村地区银行业金融机构准入政策更好支持社会主义新农村建设的若干意见》，村镇银行的主发起人必须是银行业金融机构，图 6-1 展示的是我国村镇银行的发起人结构与比例。

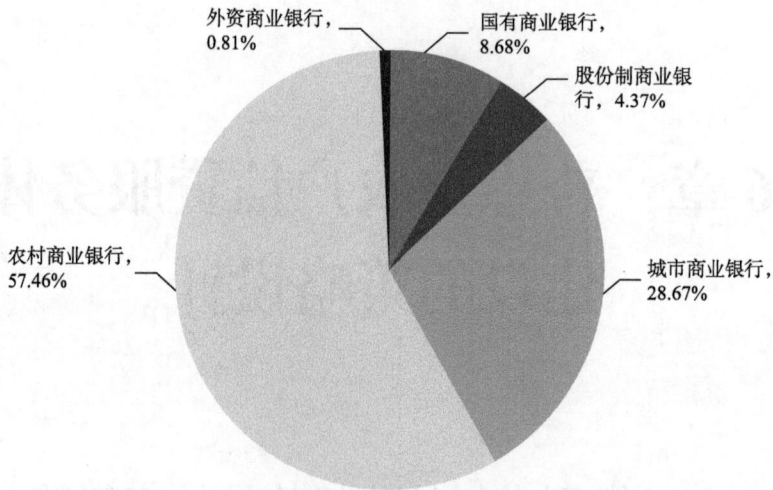

图 6-1　我国村镇银行的发起人结构与比例

由图 6-1 的数据可以看出，农村商业银行依然是村镇银行最主要的发起人，占比为 57.46%，城市商业银行次之，占比为 28.67%，然后是国有商业银行，占比为 8.68%，股份制商业银行占比为 4.37%，外资商业银行占比最低，为 0.81%。总体来看，地方性商业银行，特别是农村商业银行是村镇银行建设的"主力军"，相较于国有商业银行和股份制商业银行而言，地方性商业银行作为发起人具有一定的信息优势，因为作为本土性的商业银行，其对本地农村经济的发展和农户的信用状况更为熟悉和了解，可以缓解信贷审批过程中的信息不对称现象；而国有商业银行和股份制商业银行作为发起人，其资本实力更加雄厚，高级管理人才的储备、内部控制与管理制度和手段更加完备。因此，优化村镇银行的发起人结构就是要鼓励更多的地方性商业银行参与到村镇银行的发展与建设中来，同时鼓励国有商业银行、股份制商业银行积极地向村镇银行输送本地化的专业高级管理人才，帮助村镇银行建立较为完善的内部控制与管理制度，并为村镇银行的惠农信贷提供必要的技术指导与服务。

2. 创新村镇银行的治理模式，提高村镇银行的管理水平

从目前村镇银行的发起人与控股股东的结构来看，一家商业银行发起设立多家银行的情况非常普遍，随着村镇银行数量的快速增长，作为发起人的商业银行通常会比照分支行的模式来对新设立的村镇银行的业务运营进行管理，这种做法的优势和劣势都非常明显，优势是可以快速帮助新设立的村镇银行建立现代化的管理制度与组织体系，劣势是无法突出普惠金融的具体要求，也无法充分适应村镇银行所在地区的经济环境与人文社会环境。因此，可以新设一家

或者选择一家已设立的村镇银行作为村镇银行的投资管理行，允许该投资管理行受让其主发起人已持有的全部村镇银行的股权，探索控股公司制商业银行的经营模式，鼓励跨地区、跨银行的兼并与重组，探索市场化的村镇银行的优胜劣汰机制，完善村镇银行的内部公司治理体系，提高村镇银行集约化经营和集团化服务的水平，建立有效的后台管理与运营服务体系。投资管理行要切实帮助旗下村镇银行实现可持续发展的财务目标，提升村镇银行的管理水平，健全和完善村镇银行的资本水平、关联交易、审计监督、风险识别、风险隔离等制度，强化村镇银行的风险管理能力，为村镇银行提供有力的资金支持和系统支持，降低村镇银行的经营成本，提高村镇银行服务农村、服务农户的能力。帮助村镇银行制定支农支小的整体发展规范，促进商业银行专业技术优势与村镇银行社区服务的有机结合，激活农村金融服务的末梢链条，更好地满足县域"三农"和农村小微企业的金融服务需求。

3. 探索推广"多县一行"制的试点工作

由于受自然环境和人口总量等因素的限制，虽然村镇银行的数量在近些年出现非常显著的增长，但在部分经济发展水平低、人口稀少、经济发展基础薄弱的"老少边"和中西部地区，仍然存在着银行网点少、基本金融服务无法有效覆盖的问题。如果在这些地区单独设立村镇银行，不仅不利于村镇银行的可持续发展，还会加大其经营风险。鉴于此种情况，2018 年 1 月，《中国银监会关于开展投资管理型村镇银行和"多县一行"制村镇银行试点工作的通知》发布，允许在同一省份内相邻的多个县（市、旗）中的 1 个县（市、旗）新设 1 家或选择 1 家已设立的村镇银行作为"多县一行"制村镇银行，金融监管部门应当密切跟踪试点村镇银行的运营状况，总结试点改革中的成功经验，遵循"先试点、后推开"的原则，在时机成熟之后再在广大的西部农村地区进行推广。通过建立有效的约束激励机制，确保试点地区的村镇银行坚持支农支小的市场定位，确保试点村镇银行服务本地农村社区的基本属性，增强村镇银行支农支小的战略定力，加快完善其信贷服务网络体系，创新个性化、本地化的信贷产品与服务，围绕支农支小信贷服务能力的提升，鼓励和支持村镇银行开办新业务，积极拓宽支农支小的资金来源渠道，增加经济欠发达地区的信贷投放，引导信贷资源更多地向农村地区倾斜，大力支持经济欠发达农村地区普惠金融的发展。

6.1.2　资金互助社的培育策略

资金互助社是合作金融的重要形式，然而关于如何建设和发展农村合作金融体系，还存在着一些制度上的迷茫。当前我国农村合作金融组织有着多种形式和业态：第一类是由中国银保监会（现国家金融监督管理总局）批准设立的农村资金互助社；第二类是由农业农村部推动建立的农民或农村资金互助社；第三类是中华全国供销合作总社领办的农民或农村资金互助社；第四类是农民自发形成的农村资金互助社。其中，第一类农村资金互助社须获得中国银保监会批准、拥有金融业务许可证，属正规农村金融组织，其他三类属非正规农村金融组织（汪小亚等，2016）。针对不同业态和不同目的所设立的农村（农民）资金互助社要区别对待、分类引导，其具体的建设思路如下。

1. 提升正规农村资金互助社的可持续经营能力

2007 年 3 月 9 日，第一家由中国银监会批准的农村资金互助社——吉林梨树县闫家村百信农村资金互助社宣告成立。2012 年之后，中国银监会停止了核准新的农村资金互助社的设立，因此正规农村资金互助社的试点工作处于停滞状态。究其原因，一是在新会员的发展上，监管部门持不允许态度，这极大地限制了农村资金互助社的资金来源和实现规模经营的能力；二是在农村资金互助社的发展方向上缺乏一个长期有效、清晰的政策定位。中国银监会批准设立的农村资金互助社的经营限制见表 6-1。

表 6-1 中国银监会批准设立的农村资金互助社的经营限制

规定项目	规定内容
资金来源	资本金、社员存款、社会捐赠和向其他银行业金融机构融入资金
业务范围	限于社员的存款、贷款、结算、代理业务
贷款要求	只能向社员发放贷款，同一借款人贷款余额小于资本净额的 15%，前十户贷款余额小于资本净额的 50%
贷款利率	基准利率下浮 10%，上浮 4 倍
分设机构	不允许

资料来源：《中国银行业监督管理委员会关于印发〈农村资金互助社管理暂行规定〉的通知》（银监发〔2007〕7 号）

针对正规农村资金互助社停滞不前的局面，应在坚持社区性、互助性、民主性原则的指引下，拓宽农村资金互助社的资金来源，鼓励商业银行为农村资金互助社提供资金融通支持，加强对社员的培训，提升高级管理人员的管理能力，允许本社区的农户和农村小微企业主加入农村资金互助社，加强内部控制与管理制度的建设，完善农村资金互助社的信息披露制度，定期向社员披露农村资金互助社的运营、贷款风险等信息，充分发挥农村资金互助社的信息优势，约束社员的风险行为。

2. 依托农民专业合作社，发展社内的商业信用合作

根据表 6-2 的统计，截至 2015 年，我国共有 1 336 089 家农民专业合作社，入会社员数达到 59 931 674 人，其中普通农户数为 51 976 620 户，专业大户及家庭农场成员数为 2 009 181 户。值得注意的是，在全国范围内，除了海南、贵州、湖北、湖南、江西等地农民专业合作社的内部信用合作水平比较高以外，全国开展了内部信用合作的合作社平均占比仅为 4.84%。因此，要依托专业化生产链条与环节，大力提升农民专业合作社内部的信用合作水平。在风险可控的前提下，加大对农民专业合作社中龙头企业的贷款资金扶持，通过农村专业合作社的产业分工关系，以生产资料赊销、产品回购抵款的方式进行生产与信用合作，在合作社内部农户社员仍然是一个独立的生产经营单位，通过赊购方式从合作社取得种子、农药、化肥等生产资料，并按照约定价格将农畜产品销售给合作社。通过内部信用合作，社员可以绕开直接向金融机构借款这一环节，而只是由合作社负责从金融机构获取外部资金支持。这种合作不仅可以解决农户贷款中的信息不对称问题，有效缓解农户"融资难、融资贵"的问题，还可以促进合作社与社员之间的合作关系。

表 6-2　2015 年我国农民专业合作社统计

地区	农民专业合作社数/家	被农业主管部门认定为示范社/家	农民专业合作社成员数/人	普通农户数/户	专业大户及家庭农场成员数/户	未开展内部信用合作的合作社数/家	开展内部信用合作的合作社	
							总数/家	占比
北京	6 330	575	327 044	264 900	1 086	6 292	38	0.60%
天津	8 876	446	207 136	200 886	6 043	8 876	0	0
河北	93 339	4 431	3 125 199	3 051 405	43 795	92 724	615	0.66%
山西	81 061	10 169	1 257 553	1 227 522	20 579	81 060	1	0
内蒙古	56 180	1 457	779 452	755 899	20 838	56 180	0	0
辽宁	42 221	2 665	1 617 934	1 287 330	18 619	41 978	243	0.58%
吉林	57 312	2 737	877 393	845 058	21 597	56 448	864	1.51%
黑龙江	49 742	2 023	1 498 304	1 377 573	23 823	42 128	7 614	15.31%
上海	3 216	187	62 007	61 736	0	3 216	0	0
江苏	70 940	12 249	12 004 935	10 578 481	447 815	70 904	36	0.05%
浙江	45 989	8 735	1 162 330	1 092 245	30 455	45 839	150	0.33%
安徽	64 190	6 628	3 299 329	2 869 857	122 427	63 726	464	0.72%
福建	29 454	3 129	789 836	638 785	32 453	28 888	566	1.92%

续表

地区	农民专业合作社数/家	被农业主管部门认定为示范社/家	农民专业合作社成员数/人	普通农户数/户	专业大户及家庭农场成员数/户	未开展内部信用合作的合作社数/家	开展内部信用合作的合作社	
							总数/家	占比
江西	40 957	4 944	1 562 724	1 302 868	140 351	33 432	7 525	18.37%
山东	138 946	12 926	6 265 803	5 460 140	110 299	135 807	3 139	2.26%
河南	100 615	9 948	4 060 000	3 329 200	70 779	95 893	4 722	4.69%
湖北	57 108	5 559	3 040 281	2 438 107	190 527	44 927	12 181	21.33%
湖南	45 703	5 115	2 830 187	2 043 980	169 205	37 321	8 382	18.34%
广东	35 684	3 817	718 587	618 148	33 462	35 684	0	0
广西	24 121	1 783	647 042	435 598	21 184	20 506	3 615	14.99%
海南	13 553	857	252 365	233 660	1 011	8 320	5 233	38.61%
重庆	25 688	1 738	3 462 224	3 300 675	122 371	25 688	0	0
四川	58 266	6 844	3 216 651	3 028 887	128 511	58 141	125	0.21%
贵州	23 360	1 966	748 852	422 414	18 037	18 195	5 165	22.11%
云南	35 476	2 123	1 552 523	1 390 964	12 101	35 457	19	0.05%
陕西	36 535	4 196	1 957 392	1 654 407	148 954	36 243	292	0.80%
甘肃	56 665	4 932	1 261 876	1 016 844	35 599	53 938	2 727	4.81%
青海	8 876	1 355	536 163	327 965	4 078	7 897	979	11.03%
宁夏	4 726	1 218	252 787	248 057	4 650	4 723	3	0.06%
新疆	20 960	1 909	557 765	473 029	8 532	20 960	0	0
全国	1 336 089	126 661	59 931 674	51 976 620	2 009 181	1 271 391	64 698	4.84%

3. 积极发挥财政资金对资金互助社的引导功能

针对资金筹集困难的农村资金互助社，要加大财政资金投入，引导村民完善《互助资金管理民约》，明确小额信贷的借贷要求，健全借款小组联户担保制度，完善信用担保、财产抵押制度，为村民建立个人信用档案，做到前贷不清、后借不贷，建立守信农户信誉评级制度，对按期还款农户标记红星，对逾期不还农户标记黄星，通过"一事一议"的方法提高村民自治管理意识和自治管理能力，树立村民的守信意识。

6.1.3　小额贷款公司的培育策略

国际经验表明，小额贷款公司是普惠金融发展初期最有力的信贷服务提供者和参与者。根据设立方式和监管要求的不同，我国的小额贷款公司可以分为两种类型：一类是中国银保监会批准的小额贷款公司，其性质属于非银行金融机构，须获得中国银保监会的金融业务经营许可方能开展运营；另一类是经地方政府批准设立的小额贷款公司，没有金融业务经营许可证，其性质属于从事贷款业务的非金融企业。如果根据小额贷款公司逐利性强弱可以将其分为公益性小额贷款机构和商业性小额贷款公司。对小额贷款公司的方向引导与业务规范是发挥其惠农支农作用的重要前提，具体内容包括以下方面。

1. 扩大公益性小额贷款机构的资金来源，提升公益性小额贷款机构的风险控制能力

在经历了快速发展之后，公益性小额贷款机构的数量从巅峰时期的 300 多家下降到 2018 年的 56 家，大部分公益性小额贷款机构陆续退出市场，缺乏明确的法律地位和持续的资金来源是制约其发展的重要原因，那些发展稳健、可持续经营能力强的小额贷款公司通常也是成功的公益性小额贷款机构。以中和农信项目管理有限公司为例，它在 2000 年从中国扶贫基金会（现为中国乡村发展基金会）全面接管小额贷款项目之后，早期的资金来源是国内外社会捐赠的资金，目前则主要依靠资产证券化、股权融资和银行批发贷款等商业化融资手段。中和农信项目管理有限公司发放的小额贷款数据见表 6-3。

表 6-3　中和农信项目管理有限公司小额贷款统计

年份	贷款户/万户	农户	妇女	初中及以下学历
2015	30.6	95.0%	93.3%	93.09%
2016	36.6	93.8%	91.9%	91.6%
2017	38.2	92.7%	82.9%	89.5%
2018	35.7	88.6%	59.1%	84.3%

资料来源：根据中国扶贫基金会（现为中国乡村发展基金会）历年年报整理

截至 2018 年底，中和农信项目管理有限公司共计发放小额贷款 250.12 万笔，累计余额 407.41 亿元，其中 2018 年共发放贷款 43.09 万笔，贷款额 129.01 亿元，平均每笔贷款额度为 29 940 元，户均余额 25 203 元，贷款客户中 88.6% 为农户，59.1% 为妇女，84.3% 为初中及以下学历水平，而大于 30 天的风险贷款率仅为 1.04%。

为促进公益性小额贷款机构的发展，要梳理和总结公益性小额贷款机构长期运营历史，给予那些助困目标明确、可持续发展能力较强的公益性小额贷款机构以明确的法律认可，宣传和表彰那些具有社会责任担当的公益性小额贷款机构，扩大社会捐资的来源渠道，吸引更多的社会资本参股公益性小额贷款机构，向自愿执行谨慎性金融监管标准的公益性小额贷款机构提供定向商业银行贷款，以支持其惠农信贷服务。

2. 规范商业性小额贷款公司的经营行为，助力合规性商业性小额贷款公司转型升级

适当提高线下商业性小额贷款公司融资杠杆率不得超过 0.5 倍的监管限制，可以根据商业性小额贷款公司的业务类型、资金来源、评级水平等适当放松对商业性小额贷款公司的审慎性监管，即避免对所有商业性小额贷款公司"一刀切"式的金融监管，放松对真正支农支小的商业性小额贷款公司的监管限制，鼓励商业银行向支农支小的商业性小额贷款公司提供定向贷款融资，允许部分经营业绩优、支农效果好的商业性小额贷款公司转型升级为村镇银行。

6.2　商业银行普惠金融事业部的建设策略

随着国家普惠金融发展规划的落地实施，各大国有商业银行和股份制商业银行纷纷设立了旨在为小微企业和"三农"服务的普惠金融事业部，本章认为应从组织优化、产品创新、服务创新等方面提升商业银行普惠金融事业的运营效率与服务质量，具体措施包括以下方面。

6.2.1　优化普惠金融事业部的组织结构

根据《大中型商业银行设立普惠金融事业部实施方案》的要求，各大商业银行应当提升普惠金融事业部的组织地位，协调普惠金融事业部与一线部门的合作，优化普惠金融事业部的组织结构与职能分工，建立垂直混合型的普惠金融事业部结构，其基本原理如图 6-2 所示。

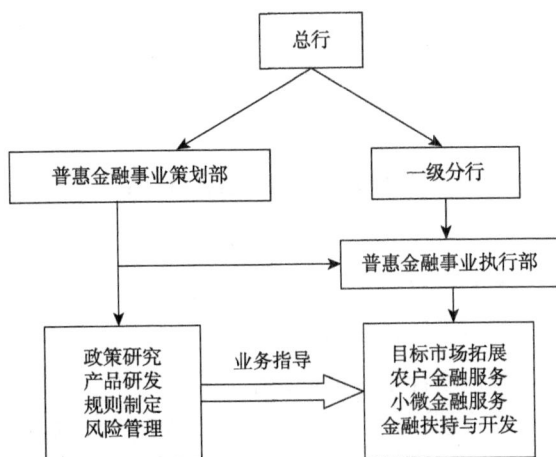

图 6-2　商业银行普惠金融事业部结构与职能

在各大银行总行设立普惠金融事业策划部，该普惠金融事业策划部与省级一级分行属平行机构。银行总行应当明确普惠金融事业策划部的事权边界，在普惠金融事业部中分设专门委员会。专门委员会的设立要体现中国银保监会提出的"垂直条线化"和"五专机制"（专门的综合服务机制、专门的统计核算机制、专门的风险管理机制、专门的资源配置机制、专门的考核评价机制）管理的要求，并根据普惠金融业务的需要设计具体执行部门的组织架构，专门委员会负责研究和落实普惠金融政策的具体实施方案、普惠金融产品的设计与研发、普惠信贷业务具体实施规则的制定、普惠信贷风险的控制与管理。普惠金融事业策划部应当制定完整的普惠业务执行手册和操作指南，并根据该指南对普惠金融事业执行部提供相关的业务指导和培训。

在商业银行的各一级分行下设立普惠金融事业执行部，普惠金融事业执行部的工作人员隶属于各一级分行管理，但其业务考核目标不同于其他基层网点，普惠金融事业执行部应按照普惠金融事业策划部的指导规范开展普惠金融服务，具体包括目标市场拓展、农户金融服务、小微金融服务、金融扶持与开发等。普惠金融事业执行部应当充分借助一级分行的网络优势和资源优势，深入农村地区，调查了解农户的信贷需求，建立专门的综合服务机制，快速识别农户的有效信贷需求，并及时向上级分行和普惠金融事业策划部做出反馈；普惠金融事业策划部在接到相关反馈之后，应积极研发出适合农户需求的金融产品，按照"专营、放权、提效、严管"的工作思路，优化小额信贷产品的期限设计、流程管理、创新权限等。普惠金融事业执行部要负责做好数据收集工作，扭转基层员工在业务开展过程中存在的各种畏难情绪，坚决杜绝在信贷服务中的不作为，严格控制信贷风险，主动提升服务农村、服务农民、服务农业的热情与意识，推动重点农村地区普惠金融服务的网络建设，真正打通农村普惠金融服务的"最后一公里"，让广大农户做到足不出户就能享受到优质便捷、可负担的信贷服务。

6.2.2　提高普惠金融事业部的经营效率

1. 建立专门的资源配置机制，整合银行的各项资源

各大商业银行应充分发挥自身的资本、信息、定价方面的优势，制订农户普惠金融服务的专项信贷投放计划，根据各个普惠金融事业部的投入与产出制定专门的经济成本费用与经济利润核算方法，建立高效专业的高级金融人才队伍，将政治素质优秀、业务能力突出的员工充实到普惠金融事业执行部。建立完善的配套服务保障机制，将普惠金融服务需求与农村基层网点的运营管理有机结合，在充分贯彻总行的普惠金融业务总体规划目标的前提下，制订具体的分步实施计划，确保农户的专项信贷计划能保质保量地如期完成。

2. 建立专门的综合服务机制，为农户提供更加优质的普惠金融服务

各大商业银行要出台和制定符合农户信贷需求特点的信贷管理政策，充分考虑富裕型农户、困难型农户及种养大户的需求差别，根据各个地区经济金融的发展水平和普惠金融事业执行部的业务拓展能力，细化普惠信贷产品的标准和审贷政策，建立专门的信贷评审机制，简化基层网点的业务办理流程，缩短审贷决策的时间和链条，综合考量潜在借款人的信用风险，建立早期信贷风险预警机制。综合运用互联网、大数据、云计算等技术手段，延伸商业银行在农村地区的服务半径，拓宽银行服务渠道，提供包括融资服务、支付结算、投资咨询、开业辅导等的多种金融服务，拓展农村地区普惠金融服务的广度和深度。

3. 建立专门的风险管理机制，防范普惠金融业务风险

建立普惠金融事业部的重要目的就是通过组织创新，进一步缩短农户和农村小微企业的融资链条，减少社会弱势群体和部门的融资障碍。同时，银行部门应当充分意识到农户信贷需求的特点，从银行发展战略的高度，建立专门的信贷风险审查与评估机制，构建科学合理的普惠金融事业部风险管理制度，在坚持商业可持续的前提条件下，适当提高对普惠金融业务风险的容忍度，落实审贷人员尽职免责制度。对农户信贷业务足额计提减值准备，全面覆盖可能的资产减值风险，执行差异化的坏账核销政策，强化普惠金融事业部的内部审计工作，防范农户普惠金融业务风险。

4. 建立专门的统计核算机制，真实反映银行部门的经营业绩与社会责任

提供普惠金融服务是金融机构的一项重要社会责任，要实现营利性目标与社会性目标的有机结合，就必须对银行开展普惠金融业务时的社会成本进行准确计量和反映，这样才能做到有取有予，而不是竭泽而渔。因此，银行应当建立能够反映其经营成本、经营风险和收益状况的专门的统计核算机制，明确普惠金融事业部与其他部门之间的成本分摊，便于银行部门确定真实的内部资金转移价格，度量利润取得的真实性。建立完善的贷款分类与统计制度，定期披露银行部门向小微企业、普通农户、困难农户的贷款发放情况。

5. 建立专门的考核评价机制，构建有效的激励约束机制

普惠金融业务拓展难度与风险不同于银行的一般信贷业务，特别是对于那些刚刚进入该领域的商业银行而言，会产生大量的前期投入成本与费用，不仅如此，如何准确度量农户信贷投入所产生的经济效果也是一个非常复杂的技术问题。因此，银行应当针对普惠金融事业部制定专门的绩效考评机制，编制具有包容性的绩效评价指标体系，从业务拓展、风险管理、服务宣传等多方面考核普惠金融事业部的综合表现，将农户对普惠金融事业部及一线员工的评价纳入绩效评价指标体系之中，采用定量分析指标与定性分析指标相结合的评价方法，尊重工作在农村地区的一线员工的工作付出。

6.2.3　稳步提升农户信贷服务的满意度

提升农户信贷服务的满意度是未来大型商业银行普惠金融事业部需要长期面对的问题，大型商业银行应将传统经营优势与农户信贷需求相结合，做好以下四个方面的工作。

1. 快速识别农户的有效信贷需求

长期以来，大型商业银行的服务对象主要是大中型企业及国有经济部门，围绕着它们的融资需求，商业银行已经开发出非常成熟的信贷技术，但与国有经济部门和大中型企业的融资需求不同的是，农户的融资需求通常具有"短、小、散、频"的特点，其借贷期限通常比较短，单笔贷款金额比较小，贷款人的地理分布比较分散，贷款申请比较频繁。不仅如此，农户通常不具备高安全性、高价值的抵押物，而农村小微企业也没有完整的财务报表与管理系统，不能给银行提供太多的财务信息。因此，商业银行必须充分利用金融科技手段，创新客户定位与需

求分析方法，利用大数据来对农户的信贷需求、还贷能力进行分析和判断，缩短审贷时间，更快地识别和满足农户的信贷需求。

2. 研发适合农户融资需求的信贷产品

从事农业生产的农户或农村小微企业，其资金需求通常具有较强的自然周期性，其信贷需求容易在农忙季节时集中爆发，在农闲季节时快速收敛。因此，大型商业银行要能根据农户的信用状况和生产经营状况，开发出可以快贷、快还的贷款产品，方便农户借贷，不仅如此，还要简化贷款的审批流程，缩短贷款的审批时间，增强贷款服务的时效性。对于有创业能力的农户，商业银行还应该为其提供开业辅导和经营咨询服务，帮助农户和农村小微企业主提升经营能力，降低经营风险。对于开发性专项贷款的小额贷款，在农户没有合格抵押物的情况下，商业银行应该利用小组联保方式，激发借款人的生产积极性和社会活动的参与度，提高农户贷款偿还率。

3. 建立灵活的信贷产品定价机制

农户通常被认为是信贷风险较高的社会群体，然而由于收入水平、经营能力、受教育程度及地区差异，农户的信贷偿还能力仍然表现出较大的差异性。脆弱性困难农户通常被认为还贷能力最弱，而种养大户通常被认为还贷能力较强。商业银行在发放贷款时要根据贷款期限、借款人的风险暴露水平、生产能力的强弱、未来经营前景的好坏，对借款成本进行综合评价；商业银行要密切跟踪贷款市场基准利率的变化，及时调整贷款风险溢价因子，提高农户贷款定价的准确性和合理性，既要保证贷款定价能够充分反映借款人的风险水平，也要保证商业银行经营的可持续性，为农户提供可负担的信贷服务。

4. 提高农村地区的银行支付效率

在大部分农村地区，农户居住相对比较分散，移动支付已经成为农户小额日常支付的主要方式。然而，在移动支付和小额支付领域，商业银行已经远远落后于支付宝、微信支付等。为了尽快摆脱在小额支付和移动支付市场上的被动地位，巩固在零售支付领域的商业地位，商业银行应该树立行业领先、市场领先、客户服务领先的竞争意识，改变过去以柜台服务为中心的支付模式，大力推进智慧银行建设，充分考虑农户的认知水平、生活习惯等开发移动支付智能平台，在确保支付安全和保护用户个人隐私的条件下，简化移动支付程序，降低支付风险，提高支付效率，缩短支付到账时间。以中国农业银行为例，其开发的"聚合支付"平台可以针对学校、医院、物业、保险、停车、零售商超、旅游景区等多种应用场景，帮助消费者构建支付便捷的金融生活生态圈。

6.3　农村金融基础设施的建设策略

6.3.1　加快推进农村地区征信体系建设

1. 提高公共征信体系的覆盖率，提升农户征信信息质量

征信体系具有一定的准公共产品的属性，它的健全与否关系着整个社会能否公平发展，而完善的征信体系是普惠金融可持续发展的基石，也是辅助金融机构贷款决策的重要工具。我国农村地区的信用活动水平比较低，可供采集的信用信息相对比较有限。因此，要充分发挥公共征信体系在农村地区的作用，中国人民银行应坚持"改革创新、支农惠农"的工作方针，指导和组织农村商业银行、村镇银行等农村金融机构，依托现有的农户信息管理系统，积极推进农户电子信用档案建设，因地制宜地开展农户信息的采集和归档工作，加强与财政、市场监督、行政、税务、司法部门的合作关系，丰富包括生产经营、收入来源、家庭财产、社会关系等内容的农户个人信息，建立一个广覆盖的个人信用信息网络体系，进一步提升农户个人信息的质量，加强金融机构之间的农户信用信息共享。

加快推进农村地区小微企业信用建档立案工作，扩大公共征信机构的服务覆盖面，提升征信机构的服务质量。引入更先进的数据分析手段与方法，以农户信用信息档案为基础，开发适合于农户和农村经济特点的信用评分评价体系，运用科学合理的信贷分析模型，准确评价农户的信用状况与借贷风险。加大普惠金融知识宣传与普及，培养农户的金融风险意识，自觉抵制高息揽储的诱惑，推动"信用户""信用村""信用镇"的建设，培养农户的信用意识，培育守信光荣的信用乡村文化。

2. 扶持民营征信机构的发展，改善农户的征信服务体验

随着电子商务平台的日益普及，其庞大的交易规模与交易群体为金融市场提供了海量的个人与企业信息，也为民营征信机构的发展提供了肥沃的土壤与机会。2015 年 1 月，中国人民银行发布了《关于做好个人征信业务准备工作的通知》，宣告着个人征信市场的正式放开及鼓励民营资本的进入，之后 8 家民营企业进入个人征信业务准备阶段。相较于公共征信体系而言，民营征信机构的数据信息来

源更广泛、更翔实，这些信息不仅涵盖了水电费、燃气费、物业费、有线电视费等个人信息，还包含了社交数据、电子商务交易等社交和交易信息，属于大数据征信模式。以芝麻信用管理有限公司为例，它依托于阿里巴巴旗下的淘宝和天猫等电子商务平台，获取了大量交易用户的海量信息，其中包括了许多农村地区特别是经济欠发达地区的农户个人信息，这为后期的信贷产品设计和推广提供了有力帮助。

鼓励民营资本借助其广泛的市场网络优势，积极拓展农村地区的个人征信市场，在坚持保护好农户个人隐私的条件下，彻底放开个人征信市场，开发新的个人信用评分体系，建立与农资供应部门的信用合作，为农户生产性经营提供信贷服务与支持，利用电子商务平台大数据信息的采集优势，加强对农户的了解。

鼓励民营征信机构与小额贷款公司的一体化经营与合作，加强对农村富裕型农户的金融市场渗透，提高小额信贷的覆盖面，创新以农户为主体的贷款产品与服务，提高农户信贷服务的可得性。

3. 运用数字化征信技术，提高征信服务效率

信息技术的创新与普及，不仅深刻改变了金融市场的运行与结构，也对征信市场的运营模式与竞争产生了非常深远的影响，因为在征信市场中，数据获取能力是征信机构最核心的竞争力，谁能获取到广泛多维、覆盖面广的个人信息，谁就能占据市场主导地位，而利用数字化征信技术正是驾驭大数据的有力武器。

与传统分析手段不同，数字化征信技术利用的不仅有事后分析方法，它还引入了更多的在线分析手段。数字化征信技术可以对更广泛的客户群体进行实时、动态、多维的信息分析与跟踪，通过这种方式可以更加准确地对客户信用状况做出及时的评价。因此，要认真学习和借鉴国内外数字征信的先进技术和经验，在构建农户信用评分模型与指标体系时，要运用先进的机器学习方法，改良和优化经典的信用评估模型，积极尝试随机森林、神经网络等算法，挖掘出和农户信用表现有稳定关系的特征信息，开发能够准确预测农户信用行为的分析方法与模型。在农户授权许可的前提下，可以从信用历史、行为偏好、履约能力、身份特征、社会关系等多个维度对农户个人的信用状况进行综合评估，提高农户信用画像的准确度，将金融科技应用到信用出行、信用交易等多种场景，提升农村金融的普惠化程度。

6.3.2 提升农村地区的移动支付效率

互联网的快速普及与发展不仅便利了信息交流，也极大地鼓励了网上交易。截至 2019 年 6 月，我国手机网络购物用户达到 62 181 万人，较 2018 年增长了 2 990

万人，占手机网民比例为 73.4%（图 6-3）。依托于移动手机的小额支付领域的创新更是大大便利了小微企业的支付体验，支付宝、微信支付极大地便利了市场交易，扩大了交易边界和交易规模。相对于银行传统的物理网点而言，移动金融与支付大大降低了商业银行的经营成本，有效解决了普惠金融服务的"最后一公里"问题，因此，商业银行应正确处理好实体网点和虚拟网络的关系，在提升线下实体网点的综合化、智能化服务功能的同时，也要加强对手机支付平台的建设。

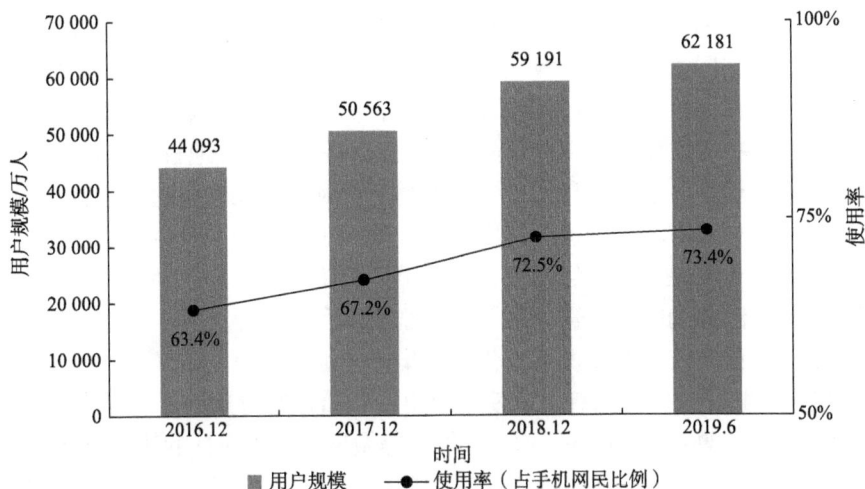

图 6-3　手机网络购物用户规模及使用率

建议农户在银行首次开立基本账户的同时开通手机支付功能。银行要开发更安全、更便捷、更好用的手机应用程序，并将微支付、微融资、微理财、微取款功能集成在手机应用程序之中，让那些位置相对偏远的农村地区用户也能享受到现代化的金融支付服务。做好移动支付的宣传引导工作，打消农户对移动支付的抵触情绪。商业银行可以依托农村地区的便利店、小超市、农资销售点、合作社、彩票投注站等社区营业网点，与这些商户建立合作代理关系，允许其代理一部分小额现金提领业务，减少农户的等待时间。建立虚拟的社区金融平台，使广大农户通过该平台评价银行的金融服务水平，交流金融资讯，分享理财经验。

6.4　农村经济与信用环境的优化策略

本节从收入增长、风险分摊、文化建设的角度，提出以下优化农村地区经济与信用环境的具体措施，其主要内容如下。

6.4.1　稳定农村经济发展的经济政策环境

1. 切实保护农户的土地财产权益

农户融资难的一个主要原因是长期的低收入致使农户的财富积累速度和程度都比较低。根据国家统计局的收入分类，农户收入主要包括家庭经营性收入、工资性收入、转移性收入和财产性收入四大类，而一个稳定的农户收入增长预期取决于农户的各项权益能够得到有效的保护，特别是农户的土地权益能否得到清晰、有效、有力的保护。值得注意的是，土地财产权利存在的产权边界模糊、城乡二元分割、土地要素市场不完善等现实问题，限制了农户财产性收入的稳定来源与增长，因此要切实保护农户的财产权利要重点从维护农户的土地财产权利入手，修订《中华人民共和国土地管理法》中限制或不利于农户处置土地权益的不合理条款规定，在依法依规的前提下简化农村集体土地金融市场流转的法律程序，参照《中华人民共和国城镇国有土地使用权出让和转让暂行条例》，对农村集体经营性建设用地流转的方式、程序、用途、年限等做出更有操作性的法律解释与规定，赋予农村集体土地的实际所有人以集体谈判权，让农村集体土地的农户能够享受到土地增值带来的收益，增加农户的主动参与意识，切实保障农户对集体土地产权的收益分配权。

2. 保持农村经济政策的稳定性与连续性

长期稳定的农村与农业发展政策是保证农村经济健康发展的重要制度保障，我国政府历来十分重视农业与农村经济的发展，每年的中央一号文件均将农业与农村问题列在首位。2019 年，《中共中央 国务院关于坚持农业农村优先发展做好"三农"工作的若干意见》从聚力精准施策、夯实农业基础、扎实推进乡村建设、发展壮大乡村产业等方面提出了农业农村优先发展的政策方针。围绕该政策方针，各级政府部门应当积极落实促进农业农村发展的各项经济政策，保证各项政策的连续性和稳定性。这些经济政策具体包括农业产业政策、农村财政政策、农村信贷政策、农产品价格政策等，加快农村土地流转制度改革，建立市场化的土地流转机制，保障农民的土地权益；优化农业财政支持的结构，提高农业财政资金的使用效率，减少财政资金的漏损；加大对农业科技研发的政策支持与资金投入，加速农业科技向农业生产的转化速度，提高农户的生产效率；加强对农户的职业技能培训，提高农业劳动生产者的职业素质与操作能力，创造更多的农业就业机会，提高农户的工资性收入水平。

3. 建立健全农产品价格的支持保障机制

农户家庭经营性收入是农户收入的主要来源之一，而经营性收入的稳定对农产品市场价格的依赖性非常高，如何避免"谷贱伤农"现象的发生，政府需要制定一个科学的农产品价格保护制度与政策框架体系。部分学者的研究结果表明，由于农产品的供给价格弹性大于需求价格弹性，一旦农产品价格偏离其均衡价格，则容易产生剧烈的市场价格波动，这既不利于宏观经济稳定，也不利于农户收入的稳定增长。实施农产品最低支持价格政策可以增加农户收入的稳定性，使农业资源得到合理有效的配置和利用，因此要借鉴农业发达国家的先进经验与做法，结合我国农业生产的组织形式和农产品价格的波动特征，制定科学合理的农产品最低收购价格保护体系，完善农产品临时收储和价格补贴政策，减少因补贴而产生的价格扭曲现象。扩大对休耕地的补贴力度，通过直接补贴方式有效保护土地、水资源的可持续生产能力。动态调整农产品支持价格的参照基期，充分考虑历史时期农产品的单产水平、种植面积、市场价格等因素，在遵照世界贸易组织关于农产品价格补贴相关规则的前提下，让农户利益得到有效保护。

6.4.2 建立市场化农户信贷风险分摊机制

1. 完善农村金融机构的信息披露机制

提升农村商业银行的信息披露质量，完善农村商业银行的财务统计与报送制度，增加财务信息的透明度。加强对村镇银行的市场定位和监管，适时出台关于指导村镇银行服务乡村振兴、支农支小的政策指导文件，督促其深耕县域与农村金融市场；针对其经营中出现的突出问题和短板问题，及时发现、及时处置，督促村镇银行严格执行贷款分类标准，加大对违规行为的处罚力度；根据村镇银行的风险暴露情况和监管评级采取差异化监管措施，引导投资管理型村镇银行加强对村镇银行的集团化管理和专业化指导。

对于农村资金互助社，监管部门应当督促其建立和完善信息披露制度，向社员公开各项经营管理制度，定期公开股金、贷款、融资及财务收支状况，定期向社员披露经过监事会和政府审计部门审计过的财务会计报告。

监管部门要督促小额贷款公司合理配置流动性，合理制定审查程序和操作规程，对违规高息揽储的农村金融机构要责令其限期改正，应对整改不彻底的农村金融机构采取停业整顿措施，国家金融监督管理总局要协同省级人民政府制定突发事件和群体事件的应急处置预案，将高风险的贷款公司和资金互助社纳入地方金融救助体系。

2. 健全农户信贷再担保的体制机制

由于农户贷款风险相对较高，要建立健全相应的再担保机制，如图 6-4 所示。各省（区、市）要整合省内优质的担保机构，组建由农村金融机构、担保机构参与的银-担联合体，该联合体应主动承担和对接农户信贷项目，帮助农村金融机构分担一定的信贷风险，成立省级再担保机构，为担保机构和农村信贷机构分担部分信贷风险。借鉴四川、重庆等地的"政银担"合作模式，省级再担保机构、银行、担保机构可按照 4∶1∶5 的比例分摊。对于风险特别突出的农村贷款项目，可以由国家融资担保基金再分担一定比例。借助这种多级、多元的风险分担机制，丰富农户抵押物的类型，消除贷款机构的损失顾虑，发挥政府性再担保机构的风险补偿功能，发挥资金规模效应，帮助农村信贷机构分散普惠性农户信贷业务的风险，提升农村地区和农户信贷的可得性。

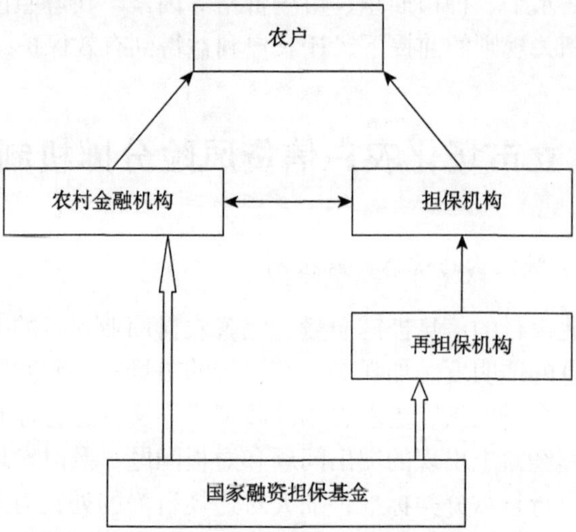

图 6-4　农户信贷的再担保机制

3. 提高农业保险和农村地区农户信贷违约保险的覆盖面

2003 年颁布实施的《中华人民共和国农业法》中明确提出了"鼓励和扶持农民和农业生产经营组织建立为农业生产经营活动服务的互助合作保险组织，鼓励商业性保险公司开展农业保险业务"。尽管如此，我国农业保险市场依然存在着保障水平低、农户投保意愿差等问题。因此，要继续扩大农业政策性保险的试点领域，鼓励保险公司深耕农业保险市场，探索多种推广农业保险的经营模式，在地方财政实力比较雄厚的地区，探索建立有财政保障的政策性农业保险公司。探索针对农村地区的小额信用保险和小额保证保险，充分发挥保险产品对农村信贷市场资源配置引领、风险分摊和资金融通的功能，发挥保险公司在风险评估和风险定价方面的技术优势，减少信贷过程中存在的信息不对称现象，由保险公司直接对农村金融机构的信贷资产进行承保，开放更适合农户和农村地区的小额保险产品。进一步优化小额保险产品的条款设计、费率标准及赔付流程，破解农户小额贷款"融资难、融资贵"的问题，从法律层面保护保险公司拓展农村小额保险市场的积极性，增强小额保险产品对弱势农户的增信作用。

6.4.3　树立诚信为本的信用文化与契约精神

1. 树立诚信为本的信用文化意识

农户信贷可得性不仅受制于农户的还贷能力和财富储备水平，还与农户自身的道德素质和道德风险水平相关联。有些农户基于短期利益的考虑，即使在有还贷能力的情况下也可能恶意违约，这就要求培养一个"守信借遍天下、无信寸步难行"的社会环境。传统农村社会主要是依靠血缘、宗族、地缘等关系建立起的相对比较封闭的社会诚信文化体系，关系借贷、口头借贷是这种体系通常采用的信贷形式，这种信贷形式在民间借贷中依然还有一定的生命力。但是，随着农村经济的进一步成熟和发展，农村劳动力要素、资金要素的流动性都大大增强，农户信贷渠道变得更加丰富，封闭的乡村社会和单一的宗族关系逐渐被打破，这就要求广大农户要树立更加广泛的信用文化意识，不但要对自己向亲戚和乡亲举借的债务负责，也要对任何属于自己应该承担的债务责任负责。要打消农户的小农意识和机会主义行事倾向，使农户意识到维持个人信用记录清白性的重要意义，重视塑造个人守信的社会形象。

2. 推广信用村镇建设的成功经验，改善农村信用环境

信用文化建设与信用环境培育具有一定的准公共产品的属性，因此政府部门应当建立必要的资金保障机制，为优化农村地区信用环境投入必要的财政资金支持，把信用公共物品的供给与新农村建设结合起来，在有条件的农村地区推进"信用户""信用村""信用镇"的建设示范，制定符合农村经济特点、文化环境的信用评级评价标准，保证信用评价的公平性、真实性。由农村商业银行、村镇银行、邮政储蓄银行等农村金融机构参与标准的制定与实际评价工作，对那些评定等级优秀的农户、村、镇授牌，本着服务农村、建设农村的原则，将评定等级、授牌

结果与信贷发放相挂钩，为"信用户""信用村""信用镇"的后续借贷提供融资便利，并把信用评级结果提供给相关机构，作为其制定惠农对象选择的决策参考。

简化对"信用户""信用村""信用镇"的贷款审批流程，扩大金融机构可接受的抵押物范围，降低农户的融资成本，允许其选择更为灵活的还款方式，让农户切实感受到信用不仅是无形的社会资本，也是获取信贷支持的重要依据，让农户从守信行为中真正获得实惠。

3. 增强对农户的金融知识与风险意识教育

随着普惠金融水平的逐步提高，可供农户选择的金融产品与服务变得越来越多，农户面临的金融风险也随之增加，因此要加强对农户的金融知识宣传与教育。一方面，要充分利用实体网点对相关涉农金融产品与金融服务的宣传力度，让农户自觉远离高息揽储和高利贷的诱惑；另一方面，要充分开发互联网平台、手机终端对农户的金融教育功能。

根据中国互联网络信息中心的统计报告，截至 2019 年 6 月，我国通过手机接受在线教育的网民人数已经达到 1.99 亿人，占手机网民的 23.6%。由于农村居民居住相对比较分散，加之有些农村地区地处偏远，交通不便，农户不能及时接收来自实体网点的金融信息，各级乡村自治组织、农村金融机构应当充分利用移动互联网平台，开发远程金融教育课程，加强对农户和小微企业主的金融知识教育，提高农户的金融知识水平，了解基本金融工具的权益特点与风险特征，并使其利用所学到的金融知识自觉维护自身的合法权益。

第7章 普惠性农户信贷服务体系
创新的机制培育

普惠性农户信贷服务体系的创新是一项复杂且浩大的系统工程，它涉及整个金融体系，因此推动普惠性农户信贷服务体系的创新是一个长期任务，它需要一整套的机制创新和政策保障，本章从信贷服务供给的分析视角，从市场竞争、利率调节、技术协同、教育培训等的机制培育展开深入分析。

7.1 普惠性农户信贷服务体系创新的
市场竞争机制

社会主义市场经济的发展已经证明，没有市场竞争就不可能有创新，市场竞争也是金融服务创新的直接动力，创新普惠性农户信贷服务体系必须从市场竞争机制的培育优先入手，其具体内容包括以下三个方面。

7.1.1 普惠性农户信贷服务体系创新的市场准入机制

第一，打破传统的金融二元结构，为金融资源的有效配置创造公平、公开的市场环境。中国经济发展过程中出现的"重工抑农"及城市经济与农村经济的隔离，对中国的金融体制有着非常长远的影响，导致农业银行、农村信用社和农村商业银行一直是农村信贷服务的主要供给者，其他商业银行通常不愿意进入上述机构已经占据的农村信贷市场，农村金融机构也因此而生。这种形式与实质上的二元金融市场分割实际上不利于农村信贷市场效率的提升，其突出的表现一方面是现有的农村金融机构对农户的合理信贷需求不能有效识别，自然也无法满足农户的信贷需求；另一方面是缺乏竞争使得这些农村金融机构能够控制信贷市场的借贷利率，而农户则不得不接受较高的借贷成本。因此，必须改变城乡分离的金融结构，鼓励更多的银行业金融机构进入农村信贷市场，通过市场竞争将更好的信贷技术和更低廉的信贷资本引入农村信贷市场。

第二，建立公开、公平、有效的金融市场准入机制。基于银行业的特殊性和重要性，中国金融监管部门对银行业金融机构的准入门槛是非常严格的，特别是对民间资本进入银行业金融机构，一直以来都存在着很高的准入门槛，事实也说明对金融准入的放开会伴随着金融的混乱与动荡，以往 P2P（peer-to-peer，点对点）金融的崩盘与乱象也佐证了这一点。但金融抑制与金融动荡的深层次原因更加引人深思，那就是金融市场对民间资本的长期限入，使得这些资本对金融市场一直非常渴望，而突然放开限制的闸门就会产生资本泄洪现象，从而出现跑马圈地的恶性竞争现象，因此，金融监管部门应当致力于建立公开、公平、有效的市场准入机制，取消对非国有资本的政策歧视，在保障金融安全的前提下，剔除限制公平市场竞争的制度障碍，并通过金融产业规划与普惠金融发展战略引导各类民间资本有序进入农村信贷市场。

第三，改革新型农村金融机构设立的相关规定。2006 年，中国银监会提出并推动了新型农村金融机构的改革与建设，以村镇银行、贷款公司和农村资金互助社为主体的新型农村金融机构纷纷涌现。以村镇银行为例，中国银监会要求必须由商业银行作为发起人，其持股比例下限不能低于 20%；2012 年 5 月，中国银监会调低了主发起行的最低持股比例到 15%，以期实现鼓励、吸引更多民间资本参与组建村镇银行的目的，在实际执行过程中，主发起行的持股比例甚至超过了 50%。这种制度设计的优点和缺点都非常明显，优点是主发起人由商业银行担任可以发挥银行专业管理经验优势，缺点是其他股东的利益可能得到不到重视和保障。有些地方甚至出现了小股东大范围退股的现象，这在很大程度上限制了村镇银行的社区属性和本土优势。不仅如此，由于主发起行的自身背景各有不同，那些在传统农村信贷市场没有经营经验的主发起行，往往会简单复制本行的经营模式，从而极容易出现"使命漂移"现象。因此，针对村镇银行的主发起行要给予必要的政策引导，一方面，要加强村镇银行的本土特色，发挥民间资本信息优势；另一方面，要注意控制村镇银行普遍存在的区域关联风险和行业关联风险。

第四，鼓励内生性农村金融机构的设立与成长。无论是新近成立的村镇银行，还是深耕农村很久的农业及农村商业银行，它们都具有非常鲜明的植入特征，即由国有资本或其代理人所拥有或控制，其信贷政策和制度具有明显的行政属性,其对所在农村地区和社区的了解非常有限,因此,要引导和扶持那些熟悉本土情况、热爱本地事业、致力于振兴本土经济的资本,鼓励它们对农村金融机构的投资。同时,要开放村镇银行、农村商业银行对本地资本股权融资的渠道,一方面可以补充中小型农村金融机构的资本金,另一方面可以发挥本地资本的信息优势,增加农村金融机构对本地农户的信贷投入,提升农村金融机构的经营效率。

7.1.2 普惠性农户信贷服务体系创新的竞争中立机制

基于中国特色社会主义市场经济的规律和特点,农村金融机构的成长和发育具有明显的不均衡性,中小型农村金融机构和民间资本背景的农村金融机构发育不良,应当遵循竞争中立的原则方针,为农村中小信贷机构提供一个公平的竞争环境,具体原则包括以下内容。

第一,大力扶持民营农村金融机构的发展,激发民间资本的金融活力。采取切实有效的政策措施,消除限制民间资本公平竞争的制度壁垒和体制障碍,保障民间资本在生产要素使用、税收政策、市场准入方面的公平权益,扶持民营农村金融机构的可持续发展,鼓励其更好地参与金融市场竞争。积极构建公平的市场竞争环境,清理和破除广泛存在的"玻璃门"等阻碍公平竞争的隐形障碍,在审批许可、招投标、业务经营等方面给予民营资本以公平待遇;积极减轻民营及中小型农村信贷机构的税收负担,减轻企业的制度性交易成本,保持对市场失灵领域的适当政策干预,倡导并实施竞争中立的原则,借鉴国际贸易和投资中的先进经验与做法,消除国有金融部门对农村金融市场的垄断,平衡各类所有制属性的金融机构在市场中的竞争优势和竞争劣势,既不允许市场垄断,也不鼓励市场的过度竞争,从而激发民营农村金融机构和中小型农村金融机构的竞争活力。

第二,深化国有金融机构的体制改革,规范有序地参与农村金融市场竞争。国有金融机构是竞争中立规范的关键对象,实施竞争中立不是束缚国有金融机构的手脚,而是消除一部分因其所有制属性而带来的垄断竞争优势。受惠于社会主义市场经济体制,国有金融机构更早地进入了中国的农村金融市场,也奠定了国有金融机构在市场份额、资产规模、管理架构、社会信誉、人力资源、技术应用等方面的领先优势,因此,对于国有金融机构进行竞争中立规范的重点是如何提高其市场发现能力和需求满足能力。市场发现能力就是国有金融机构及时发现和甄别农户的有效信贷需求;需求满足能力就是设计出相应的市场产品,及时满足农户的信贷需求。农村地区长期以来一直得不到解决的"融资难"和"融资贵"

问题正说明了深耕于此的国有金融机构的效率还有待提升，因此，要进一步提高国有金融机构经营的透明度，充分发挥其组织优势，激发其市场开拓意识，提升其市场竞争能力。

第三，加强对农村金融市场公平竞争的监管力度，推进竞争中立原则的系统化和法治化。法治化是实现市场公平竞争的重要基础，建立必要的公平竞争审查制度是实现公平竞争的现实保障。政府监管部门要着手清理有悖于公平、公开、透明、开放的市场竞争规则的政策文件，特别是重点清理在产业发展、市场准入、政府采购、政府补贴、企业行为与规范、资质标准等方面不利于市场公平竞争的过时规定，建立公平竞争审查的第三方评估机制和考核机制，及时发现那些严重有违市场公平竞争的做法，加大对非公平竞争行为的处罚力度，从国家层面推动建立必要的竞争中立投诉制度，尽快出台金融机构竞争中立制度建设的指导意见，通过行政建议、处理建议、定期公示的做法，推动竞争中立制度和公平竞争制度的法治化和公开化，完善金融市场竞争中立和公平竞争的实施细则和评价指标体系。此外，可以鼓励外资进入农村金融市场，完善外资的投资环境，营造一个稳定、透明、可预期的市场竞争环境，促进内资与外资的公平竞争，充分利用外资在金融市场的管理经验与技术优势，提升农户信贷服务的便利化水平，切实提升农村信贷市场普惠性。

7.1.3　普惠性农户信贷服务的金融消费权益保护机制

农村的金融消费者是较为特殊的消费群体，该消费群体的金融知识水平有限，对自身合法消费权益的认知不足，保护自身金融消费权益的意识不强，特别是在部分偏远的农村地区，由于生活环境的闭塞和金融知识与金融工具的复杂性，消费者对各类普惠金融产品的辨识能力较差，这就要求相关监管部门和农村金融机构承担起保护农村消费者权益的责任，具体包括以下四个方面。

第一，加强对金融消费者权益的立法保护。法律是社会秩序和权利保护的底线，也是保护金融消费者权益的法律依据。英国在 2001 年颁布了《金融服务和市场法案》，该法案明确界定了"金融消费者"的概念。2016 年，中国人民银行颁布了《中国人民银行金融消费者权益保护实施办法》，该实施办法从金融机构行为规范、个人金融信息保护、投诉受理与处理、监督与管理机制等方面对金融消费者权益及保护做出了规定，但目前该实施办法也只是一个部门法规，仍缺乏金融消费者权益保护法，还需要配套的法律法规体系予以切实的保障，如该实施办法还缺乏关于金融消费服务的冷静期规定，鉴于金融服务产品的特殊性和复杂性，应当给予消费者无理由撤销金融交易的权利。在消费投诉方面，应当为金融消费者提供更加完善的投诉处理渠道，建立更加公平有效的争议处置机制，确立中国人民银行在金融消费者保护中的核心地位，不断完善全面保护金融消费者权益保护的制度和框架。

第二，尽快完善消费者权益保护的配套制度建设，特别是金融纠纷处置机制建设。以英国为例，在处理金融纠纷时，可以允许政府担保的金融申诉专员服务（Financial Ombudsman Service，FOS）公司以第三方机构的身份深入、独立地参与金融纠纷的处置。FOS 公司以中立者的身份接受金融消费者的投诉申请，它以对金融消费者的权益保护为最终目标，可以灵活、高效、独立、公正地处理金融权益纠纷。日本有非常完善的金融消费者权益保护的配套法律体系，具体包括《消费者合同法》《金融商品销售法》《金融商品交易法》《个人信息保护法》等，并通过非正式的民间金融纠纷解决机构为金融消费者提供灵活、高效的纠纷解决渠道。我国应当借鉴发达国家在金融消费者权益保护方面的先进经验，明确金融纠纷解决的适用机构和处理流程，保证纠纷处置机构的中立性与公正性，切实保护金融消费者特别是农村地区金融消费者的权益。

第三，加强对金融消费者隐私的保护，完善金融机构的行业自律机制。数字技术在普惠金融领域的广泛应用，一方面提升了金融效率，另一方面带来了金融消费者隐私保护的新问题。因此，要完善有关金融消费者个人信息安全的隐私保护立法工作，加强对金融消费者个人隐私的司法保护，明确金融机构在获取、收集、分析和保管金融消费者个人信息方面的权利边界，禁止金融机构在未经消费者明确许可的情况下私自收集消费者的个人信息，严厉打击有关金融机构非法获取和贩售消费者个人信息的不法行为。构建完善的金融机构开展普惠金融业务的行业自律规范，引导相关金融机构树立良好的行业自律意识，通过建立金融行业自律协会等组织，制定行业自律公约，定期自律自查，监督相关金融机构实施切实有效的行业自律纠察，切实保护金融消费者的合法权益。

第四，加强对农村地区金融消费者的宣传教育，提升金融消费者的消费素养。一方面，通过各种渠道和手段，向农村地区的金融消费者传播和灌输金融知识，将金融工具的使用方法和风险特征清晰地告知农村地区的金融消费者，使其明确知晓自己拥有哪些具体的金融权益。另一方面，通过特定的情景设计和模拟，让农户学会自觉识别金融诈骗，明白事前防范胜于事后维权的道理，理性选择适合自身风险承受能力的金融产品与金融服务，养成良好的金融消费习惯，自觉抵制机会主义行为和侥幸心理的诱惑，增强对各类金融风险事件的识别能力和判断能力，在农户个人权益受到危害时，能够及时利用法律手段积极有效地维护自身权益。

7.2　普惠性农户信贷服务体系创新的
利率调节机制

利率是资金借贷成本与风险的综合反映指标，一个在市场化基础上形成的利率体系可以有效调节资金供求关系，影响借贷双方的交易行为。为了将农户的借贷利率与金融市场利率相关联，让农户从中央的信贷惠农政策中真正受益，还应培育有助于普惠金融发展的利率形成机制和利率调节机制。

7.2.1　真正实现实质性的利率市场化

自 1993 年 12 月国务院颁布《关于金融体制改革的决定》之后，中国的利率市场化改革开始启动，在经历了"先外币、后本币；先贷款、后存款；先长期、大额，后短期、小额"三个改革阶段之后，中国人民银行决定自 2015 年 10 月 24 日起不再对商业银行和农村合作金融机构设置存款利率浮动上限，中国利率市场化的进程在形式上基本完成，但实质上的利率市场化改革依然没有实现，这也使得商业银行对农户借贷的利率水平处在一个相对较高的水平，因此要尽快建立实质性的利率市场化形成机制。

第一，提高货币市场利率与银行存贷款利率的关联度，发挥中国人民银行对基准利率的调节作用。利率市场化推进的进程虽然较长，但是缺乏一个有效的货币政策操作利率，从目前的实践效果来看，国债的收益率波动比较大，不太适合作为一个操作目标，而银行间的回购利率的成交额又相对比较小，也不太适合。从实际操作来看，七天逆回购的利率较为理想，但因其诞生的历史较短，还缺乏一定的市场知名度和接受度，因此寻找一个合适的货币政策操作利率还需一段时间。另外，长期以来，中国一直存在着货币市场利率和银行存贷款利率两个利率体系，而货币市场利率与银行信贷市场利率的关联度并未真正形成，也就是说从中国人民银行的货币市场操作到商业银行贷款利率的调节还存在一定障碍，因此要提高货币市场与银行存贷款市场之间的关联关系，使得货币市场的期限结构及风险溢价关系与商业银行的存贷款利率的关联度大大提升，从而使中国人民银行的利率调控能够影响到企业投资和个人消费决策。

第二，加快商业银行体系的贷款利率市场化进程。尽管目前中国人民银行已经放开了商业银行的贷款利率上限，但是在实际执行过程中依然公布贷款基础利率（loan prime rate，LPR），这样做的目的是让商业银行根据中国人民银行公布的 LPR 来对发放的贷款进行定价，这样做的好处是中国人民银行通过控制 LPR 来间接控制贷款市场利率。但其缺点也非常明显，一是参与报价的银行目前只有 18 家，其代表性仍有待观察；二是这种 LPR 的调整可能不及时，特别是在国民经济进入下行通道时，它不但不能减轻借贷者的负担，甚至会加大借贷者的利息负担。因此，要通过结合商业银行负债端利率的市场化，使之向商业银行的资产端进行传导，打通货币市场利率与商业银行存贷款利率体系之间的联系，让中国人民银行在货币市场上的操作能够通过商业银行的负债端利率的变化影响到资产端，从而打通"最后一公里"，让农户感受到利率的动态变化。

第三，大力发展直接融资市场，倒逼银行存贷款利率的市场化。中国的金融体系是一个以银行中介主导性的金融体制，从居民资产配置结构来看，存款是非常重要且不可替代的一种资产配置，存款需求具有较强的刚性，因此存款利率也具有较强的刚性，故同业负债和银行储蓄存款之间无法形成有效替代，银行对吸收存款的刚性需求会扭曲存款利率的定价。如果从企业融资需求的角度来看，银行贷款仍然是多数企业外源融资的主要渠道，在这种情况下，根据优序融资理论，中小企业的融资需求和农户的融资需求一定会受到挤压甚至是排斥。因此，要大力发展直接融资市场，拓宽企业的融资渠道，改变企业过分依赖银行贷款实现外源融资的状况，大力发展企业债券融资市场，积极拓展企业长期资本融通的渠道，鼓励中小板股票市场的扩容，扶持创业板股票市场的发展，最终形成一个多元化的融资结构体系，从而倒逼银行信贷利率接近直接融资市场利率，真正实现利率的市场化。

7.2.2　建立高效的利率传导定价机制

市场利率的变化会影响信贷的可得性，如何通过高效的利率调节与传导机制让农户感受到市场利率的变化，其基本要求如下。

第一，提高利率调节的效率。高效的利率调节与传导机制的基本原理如图 7-1 所示。中央银行通过再贷款、再贴现等方式向市场投放基础货币，并根据经济稳定发展和金融稳定发展的需要确定一个货币政策操作利率，然后通过该利率影响货币市场的借贷利率，再通过货币市场的借贷利率影响银行存款利率，并最终影响到银行贷款利率。中央银行若想保证中央银行利率政策最终能在中央银行的贷款利率上体现出来，就必须保证整个过程前后关联，且环环相扣，只有如此，中央银行的政策意图才能真正体现出来。

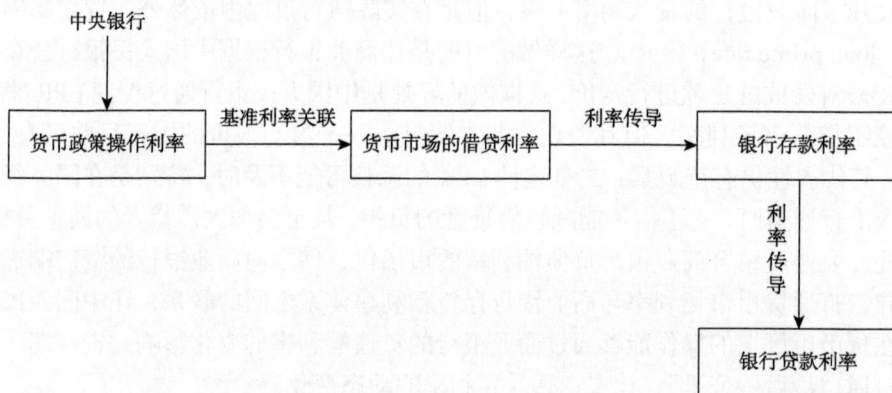

图 7-1　高效的利率调节与传导机制的基本原理

第二，提高商业银行的贷款定价技术。虽然商业银行的贷款利率已经基本放开，但是由于管理水平和风险意识的差异，各个商业银行的贷款定价能力有所不同，许多银行只是根据 LPR 进行简单加点，没有真正反映资金的借贷成本与风险，要综合各种因素对贷款利率实施科学定价，其基本原理如图 7-2 所示。

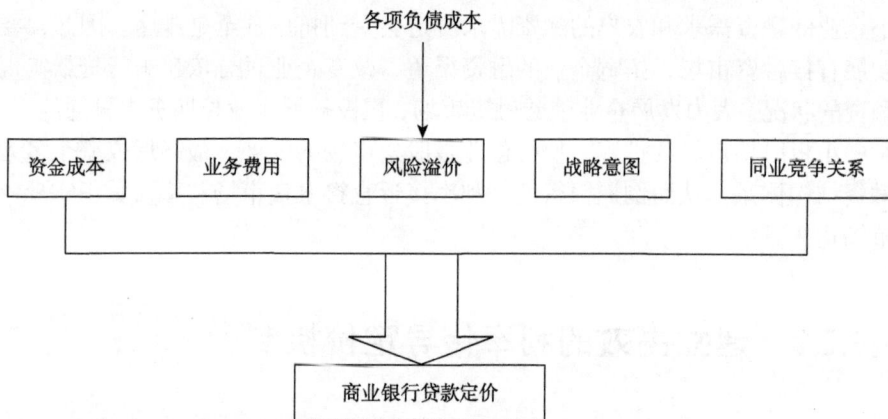

图 7-2　商业银行贷款定价原理

第三，提升商业银行的利率与流动性风险管理水平。在实质性的利率市场化完成之后，市场利率水平将主要由各种资金的供求关系来决定，由此带来的利率风险和流动性风险也会因此而上升，商业银行必须时刻跟踪市场利率的变化，加强对市场利率的预测能力，根据市场利率的变化及时调整资产的流动性。

第四，根据银行的客户定位和同业竞争关系调整贷款利率。农村信贷机构的主要客户是农户和农村中小企业，它们的贷款需求通常具有"短、小、散、频"

的特点，农村信贷机构应当根据这些特点，科学制定针对农户和农村中小企业的贷款利率。

7.3　普惠性农户信贷服务体系创新的技术协同机制

农户的信贷需求通常具有"短、小、散、频"的特点，其信贷服务的成本比较高、风险比较大，容易出现被金融机构排斥的现象，如何借助现代科学技术的最新发展助推农户信贷服务体系的普惠性建设与创新，是一个非常重要且紧迫的课题。

7.3.1　普惠性农户信贷服务体系创新的科技研发应用

2016 年在杭州召开的 G20 峰会通过的《G20 数字普惠金融高级原则》，标志着数字技术对普惠金融发展推进作用进入一个新的阶段。因此，必须充分重视科技创新与金融发展之间的辩证关系，实现二者的协同发展，其基本关系如图 7-3 所示。

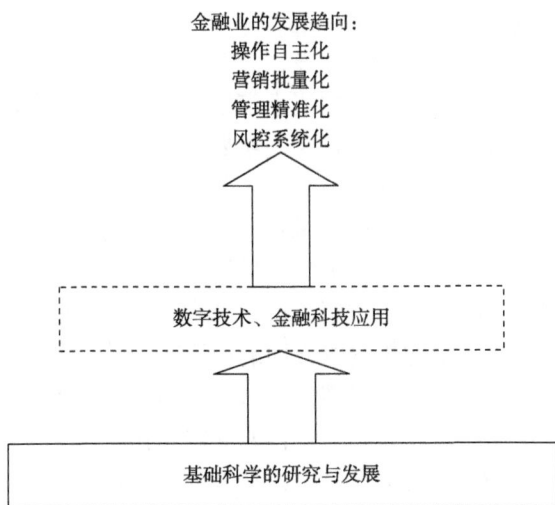

图 7-3　科技创新对金融发展的支持原理

基于科技创新对金融发展的支持原理，要想加强科技创新对普惠金融的助推作用，应从以下四个方面入手。

第一，高度重视基础科学的研究与发展。世界科技发展历史和各国的实践经验表明，基础科学研究是国家整体科技实力提升的重要保障，缺乏基础科学支持的技术研究是无源之水，很难实现稳定的可持续发展。要形成一种科技立国、科技兴业、科技惠民的社会认同，充分重视基础科学研究工作，加大对基础科学研究的资金投入，建立鼓励基础科学研究的体制机制，培养更多的基础科学研究领军人才，加强对知识产权的保护力度，激发企业对基础科学研究的投入热情，鼓励企业参与国家基础科学领域的研究，弘扬科学精神，鼓励更多的青年学子献身于国家的基础科学研究事业。

第二，加大对科技研发的投入。从实际操作过程来看，对科技研发的资金投入主要来自政府公共部门及以工商企业为代表的市场组织等两类渠道。要保证政府公共部门对科学技术投资的资金预算，保证政府投入资金的可持续性，比照发达国家的研发投入标准完善针对科学技术发展的长效财政资金投入机制，通过科技发展规划、财政补贴、政策性贷款等方式保证科研机构和高等院校有充足的科研资金。加大对企业投资科学研究领域的政策支持力度，加强对企业专利技术的保障，鼓励企业与科研院所的合作，对科技企业制定更为优惠的税收激励政策。

第三，完善科技成果转化机制，让更多的科技成果转变为现实的社会生产力。政府加大对科技研发的投入仅是促进科技进步的充分条件，提高基础科学知识向应用技术成果转化才是推动生产力水平提高的关键环节。因此，要大力推进科学研究与金融产业创新的协同转化平台建设，加快知识产权市场的建设，加速创新资源与成果实现共享与交易的平台建设，完善科技创业公司的上市融资机制，鼓励那些真正从事技术创新的企业家在资本市场上先行先试，创新对科技成果的评价方法，对科技成果的转化提供一定的资金支持，建立一条完整的基础科学研究、应用技术研究、科技成果转化的科技产业链条。

第四，密切关注金融科技发展与风险。数字技术的创新与应用使得金融科技在全球经济发展中得到越来越多的关注，尽管目前对金融科技的定义还没有一个统一的认知，但其在金融领域的作用正得到越来越多的重视，特别是在交易过程的支付结算、资金筹集、量化投资等方面的应用变得越来越普遍，对金融科技的作用既不能神话，也不容轻视。以零售支付的创新为例，支付宝和微信支付在该领域的先行先试，使得阿里巴巴和腾讯快速奠定了在零售支付市场的垄断地位，这既让人们看到了金融科技的威力，也让众多商业银行意识到对支付手段创新的重要性。因此，要密切关注金融科技的发展趋势，正确运用金融科技的最新成果，减少金融科技应用中的潜在风险。

7.3.2　普惠性农户信贷服务体系创新的金融科技监管

金融科技意识在世界范围的快速兴起，引起了国际金融机构和各国政府部门的高度重视，如何通过金融市场与科技进步的融合，既能实现金融效率与普惠水平的提升，又能保证金融体系的安全，正成为金融监管部门必须面对的问题。

第一，密切监测金融科技的发展进程。建立能够全面、准确地评估金融科技发展和数字普惠金融发展的监测体系，通过与中央银行、金融机构、支付运营商、私营企业等相关部门的广泛合作，编制能够反映金融科技进展和数字普惠金融发展的监测指标体系，对金融科技应用后的绩效进行准确评价。建立必要的金融数据采集系统，通过发放调查问卷、制定标准化的信息采集模板，按地区、企业类别、职业、收入、年龄等进行分类收集，建立多部门、跨地区、跨国家的信息交流平台与机制，加强地区之间、行业之间、国家之间的信息共享与交流。定期发布有关金融科技进步和普惠金融发展的分析报告，定期对金融科技发展和普惠金融发展进行评估。协调好金融科技创新与金融风险之间的关系，鼓励金融科技创新的同时，避免相关金融机构、消费者错误使用金融科技带来的风险问题，对金融大数据应用可能带来的侵犯消费者隐私的风险要有提前预判和补救措施，做到及时有效地识别金融科技创新带来的风险。

第二，建立和完善针对金融科技发展的金融监管的法律框架体系。如何平衡金融安全与普惠发展的辩证关系是一个极具挑战性的课题，如果监管过严可能会抑制金融科技创新，也可能会抑制普惠金融的发展，而如果不对金融科技创新的风险进行及时跟踪，则有可能让更多的金融消费者和金融机构陷入过度风险暴露甚至是危机的境地。要本着"普惠金融、稳定性、诚信和消费者保护"相互兼容的原则，对金融科技、数字金融、普惠金融产品的商业模式，金融产品的研发、销售、渠道等进行有效的监管，构建一个可操作的关于市场准入门槛（如资本金要求、流动性要求等）、市场禁止行为规定、诚信准则、反洗钱、金融消费者权益保护等系统规定与机制，制定一个简单易懂的金融科技与普惠金融的法规条例，降低金融监管成本，优化金融监管流程，建立一个公平、开放、均衡的市场环境，促进普惠金融的发展。

第三，借鉴国际对金融科技监管的先进经验。在金融科技发展过程中，各国都在成立和推出针对金融科技发展的一些监管机构和条例（表 7-1）。

表 7-1　部分国家对金融科技监管的实践

国家/部门	监管实践
英国金融行为监管局	创新工程项目（涉及针对金融科技的机制安排）
美国联邦储备委员会	跨行业工作组，研究分析金融科技监管问题

续表

国家/部门	监管实践
法国金融市场管理局	成立金融科技与创新部
日本金融厅	成立金融科技资讯支持小组和专家小组
印度储备银行	成立跨部门监管协调工作组，研究金融科技监管问题

资料来源：转引自李文红和蒋则沈（2017）

根据网络融资平台的特点，可以对单笔金额较小的融资平台适当简化监管程序，但是要严格审查投资者的身份与标准，对融资和投资规模进行严格的限额控制，要求融资平台定期进行相关信息的披露，定期揭示平台运行风险等；建立金融科技创新的指导窗口，提早介入对金融科技企业的政策指导与模式干预，适度调整和完善监管方式。

7.4　普惠性农户信贷服务体系创新的教育培训机制

世界银行扶贫协商小组在 2014 年的一项调查研究显示，农村地区出现金融排斥的一个原因是许多农户担心看不懂复杂的银行文件，而回避向金融机构提出开户申请和借款请求。由此可见，给那些知识水平不够高的潜在客户提供一定的金融知识和职业技能培训，可以在一定程度上减少金融排斥的现象；而针对金融机构员工的定期培训不仅可以提升其操作技能，还能提升其对普惠金融意义的认识。

7.4.1　健全农户与农村小微企业的教育培训机制

为农户与农村小微企业提供一定的借贷便利，只是为其扩大经营、增加收入提供了一种金融辅助，而提升借款人的劳动技能和经营能力才是促使其稳健经营、降低还贷风险的根本保证。因此，建立旨在提升农户劳动技能和农村小微企业经营能力的教育培训机制是一个必须面对的关键问题。

第一，建立符合农户实际需求的教育培训课程体系。根据于华江和汤民华（2009）的一项调查统计分析，18.1%的返乡农村外出务工人员缺乏相关职业技能，因此必须建立旨在提升农户职业技能的培训课程体系。我国的乡村经济具有较强的地域特色，农户的文化基础和技能水平也具有较大的差异性，因此在制订培训课程计划时要了解农户的实际需求，针对其实际需求，联合包括农林局、农业高校、农技服务站等机构共同商议制定课程培训计划和教学大纲，选聘一些具有丰富实践经验的农业技师、专业人员担任培训教师，保证培训的质量。对那些培训师资相对缺乏的农村地区，可以通过网络、电视等媒体工具，为农户提供相关课程的培训，对农户提出的实际问题及时地给予解答，增加针对实际问题的实训课程。要设计专门的金融知识课程，帮助农户认识基本的金融结算工具，了解金融风险的种类与表现，意识到金融风险的重要性，树立事前防范重于事后诉讼的意识，使其知晓自身的金融权益。

第二，完善农户教育培训质量的外部保障机制。相比我国的高等教育体系而言，农户教育培训的外部保障体系相对比较欠缺，要建立地方政府、农业高校和培训机构合作沟通的机制与平台，要加强各省、市、县、乡的农村职业教育基础设施建设，整合提升包括科研院所、农业企业、培训机构在内的各种优质教学资源。在加强农户培训师资队伍建设的同时，要建立一个完善的培训机构培训绩效的评价监督机制，借鉴国内高等教育的质量评估机制，对培训机构进行定期、定点的质量评估。尽快建立第三方的绩效评估与评价体系，选任那些客观中立、权威性高的中介参与农户职业技能培训的评估，将对农户的职业技能培训纳入对地方基层政府的政绩考核内容中来，要专门增加对普惠金融知识培训的考核评价内容，动态监测培训后农户对普惠金融知识的认知程度，切实提高农户和农村中小企业对普惠金融政策和工具的认识水平。

第三，完善农户和农村小微企业培训的资金保障机制。中央政府要高度重视针对农户和农村中小企业的培训工作，应当建立用于培训农户和农村中小企业的财政预算体系，根据农户培训的实际需要拨付预算资金，地方政府可依据中央政府的预算规模给予相应的资金配套，对那些培训绩效突出的地区和机构给予适当金额的奖励，在条件成熟的农村地区，采取培训项目招标的方式向市场采购高质量、标准化的专业培训课程。除了中央财政的预算资金以外，其他涉农的政府部门也应对农户教育培训给予适当的资金支持，鼓励和提倡社会力量和爱心人士为农户培训捐资助学，鼓励成功的农民企业家和地方农业龙头企业带头参与农户的职业技能培训，为处于成长期的农村小微企业的运营提供专业指导，对农村小微企业发展过程中面临的实际问题进行诊断。农村银行业金融机构要向农村小微企业主提供控制财务成本与风险的基本方法，增强农户和农村小微企业的信用意识。

第四，建立农户和农村小微企业培训的长效法律机制。法律是社会经济公平发展的制度保障，构建一个支持农户和农村小微企业培训的法律机制，不仅可以使农户教育培训常态化，还有助于社会长期的公平稳定发展。国家应当制定和完善有关公民基本权利的法律规定，将提升公民和劳动者的劳动技能作为国家必须履行的责任和义务，把劳动者的就业教育和培训作为公民的基本权力写进国家相关法律；落实《中华人民共和国就业促进法》中涉及地方县级政府的具体责任，监督地方政府切实履行对农户的职业教育和培训职责，明确企业部门在促进农村外出务工人员就业方面的社会责任，农业龙头企业要遵守国家关于农村外出务工人员培训的经费提取方面的规定，对农村外出务工人员提供定期的职业教育与培训。涉农的银行业金融机构要定期披露与普惠金融有关的社会责任报告，引入社会监督，促使银行业金融机构更好地履行扶持农村弱势群体的企业责任，从而提升农户信贷的可得性和农村地区的普惠金融水平。

7.4.2　完善银行业金融机构员工的教育培训机制

金融业是资本密集型行业，也是人才密集型产业，随着金融市场规模的扩大和普惠金融理念的逐渐兴起，中国的金融业正进入不断创新的发展时期，云计算、互联网、大数据、生物识别等技术在金融领域的广泛应用，使得那些处于长尾区间的弱势群体获得正规金融机构现代化金融服务的便利性逐步增加，仅仅依靠现有的知识储备和职业技能已经不能满足金融发展的需要，对银行业金融机构的员工进行实时培训显得非常重要。

第一，引导员工树立终身学习的职业理念，坚守诚信为本的发展思想。金融发展是与社会发展紧密相连的，银行业金融机构员工需要树立"活到老、学到老"的学习理念，不能故步自封，要善于消化和吸收新的金融知识，及时了解新技术、新工具带给金融业的挑战，以及如何运用已有的金融知识去应对这些挑战；银行业金融机构要培养员工的洞察力，使其掌握对基础金融业务风险的判断能力。加强金融从业人员的职业道德教育，树立诚信为本的职业操守，尊重客户的隐私权，保障客户的财产权益，明确告知客户各种潜在的风险损失，戒除投机主义的行为模式，坚决杜绝赌徒心态，培养员工养成稳健的工作习惯，不能利用高收益的幌子诱骗客户从事授权之外的风险投资业务，明确告知客户预期收益和实际收益的区别，对所有客户采取一视同仁的做法，不歧视弱势农户和农村小微企业的正当诉求，致力于提高农村信贷市场的普惠性，提升农户信贷的可得性和便利性。

第二，建立长效的员工培训制度，通过定期培训提升员工的工作能力。金融机构应当根据其自身特点，充分了解员工技能提升的关键需求，针对金融机构的业务发展需要和员工的能力短板，制订有针对性的培训计划，规定员工每人每年必须参加的培训课时数，并纳入个人绩效考核的内容。在培训内容设计方面，不仅要有针对具体操作技能的培训课程，还要有介绍金融市场发展、金融监管动态、金融风险分析的相关课程，让员工通过每一次培训既能提升专业思维水平，又能提升实际操作能力。根据农户普惠信贷发展的最新变化，总结农村普惠信贷服务中出现的新问题、新案例，把同行业交流引入员工的定期培训计划之中，把农户信贷中典型事件、典型做法总结成经典案例，通过案例教学的方式对村镇银行的基层员工进行教育与培训，提升基层农村信贷机构员工的专业水平，提升涉农银行业金融机构员工队伍的整体素质和工作能力。

第三，加强员工金融科技应用的培训，提升信贷风险的识别能力。大数据挖掘和深度学习技术的应用，已经大大改变了银行业的信贷分析和审批模式，依靠云计算系统处理潜在借款人的线上贷款申请，正成为银行拓展信贷市场的一种新方法。围绕着金融科技的最新进展及其在银行市场的应用，对银行业金融机构员工进行以金融科技为主题的业务培训，可以让员工更快地掌握金融科技的实践应用，更早地适应金融市场的变化和竞争。重点围绕金融科技在线金融服务、供应链金融、知识产权贷款、贷款流程优化等方面的应用情景，设计员工培训课程体系，聘请行业内具有领先地位的专家和职业能手提供场景化的应用培训；针对风险控制岗位的员工，要加强金融科技在贷款风险分析，特别是行业风险分析、企业关联风险分析方面的专门培训，利用金融科技快速识别和控制普惠信贷业务中的潜在风险，防止重大信用风险事件的发生；针对前端营销岗位的员工，要增加有关客户远程营销的培训，通过金融科技对农户的信用水平、风险因素进行精准定位和服务。

第四，涉农信贷机构要加强同业之间的交流与相互学习。就金融科技应用方面而言，大型商业银行往往走在众多农村商业银行和村镇银行的前面（表 7-2）。

表 7-2　国有商业银行金融科技在普惠金融服务中的应用

银行	金融科技的普惠金融应用
中国建设银行	小微快贷、龙支付、手机银行、无人银行、大数据智能风控、云计算运用平台、慧商圈
中国农业银行	区块链应用（E 商管家核心企业及下游中小微企业）、大数据基础平台
中国工商银行	工银小白、云平台、智能客服
中国银行	和闪付、智能资产管理、人工智能应用于贸易融资等

资料来源：根据银行年报资料整理

因此，农村商业银行和村镇银行应当高度关注同行业技术领先者在金融科技方面的行动，虚心向同行业领跑者学习，汲取先进的管理经验，提升农户信贷服务的普惠水平。

第8章 普惠性农户信贷服务体系建设与创新的政策保障

普惠性农户信贷服务体系是一个多维复合系统，特别是在全面建成小康的时代背景下，加快普惠性农户信贷服务体系建设与创新的推进过程需要相关配套政策的支持，本章从财政保障、金融监管、货币引导、法治保障四个方面展开分析，提出旨在促进普惠性农户信贷服务体系建设与创新的政策保障措施。

8.1 普惠性农户信贷服务体系建设与创新的财政保障政策

8.1.1 提高财政资金对普惠金融发展的补贴效率

根据国家 2015 年制定的《推进普惠金融发展规划（2016—2020 年）》，财政部在 2016 年制定和实施了《普惠金融发展专项资金管理办法》，并在 2019 年和 2023 年 9 月对该办法进行了修订，该办法明确了财政资金用于支持普惠金融发展的具体用途，其主要内容包括创业担保贷款贴息及奖励补助，支持深化民营和小微企业金融服务综合改革试点城市奖励，以及农村金融机构定向费用补贴等。为了提高财政资金对普惠金融发展的拉动作用，应该进一步规范财政资金的补贴规范，其具体内容包括以下方面。

第一，将补贴标准与农村金融机构所从事的普惠信贷活动的实际效果联系起来。目前，财政补贴主要是针对符合条件的新型农村金融机构和西部基础金融服务薄弱地区的银行业金融机构，其补贴的依据主要是考察贷款平均余额的增长情况、年均存贷比是否高于 50%、涉农贷款和小微企业贷款平均余额占比是否高于 70%，这种做法虽然具有一定的合理性，但也存在一定的问题，如怎样保证那些获得了补贴的农村金融机构提供给农户的贷款是比较优惠的，怎样保证小型农户得到了涉农贷款的支持和帮助。因此，要进一步完善农村金融机构的贷款统计口径与标准，让财政部门能更准确地了解和识别那些切实地将普惠信贷投向了农户的金融机构，并为它们的日常经营提供保障。应打破传统的按开业年限确定是否补贴的规定，转向按照实际贷款投放是否实现惠农目标来确定，制定补贴发放的长效管理机制，为农村金融机构的惠农贷款服务提供稳定的政策保障。

第二，适当延长对农村金融机构的奖励与补贴期限，保障农村金融机构的可持续发展。相较于一般商业银行而言，农村金融机构的经营风险更突出、财务稳定性更差，而目前针对农村金融机构的奖励与补贴期限主要集中在开业经营的前 5 年，缺乏一个长期的制度化的政策框架。本章认为，财政部门在制定和实施奖补政策方面不能从短期出发，应该有更长远的政策规划与设计，一方面鼓励新开业的村镇银行等中小型农村金融机构积极拓展农村信贷市场，另一方面对那些长期深耕农村的金融机构也要给予适当的奖励和补贴，改变过去简单根据开业年限奖补的做法，适当延长为农户提供普惠信贷服务的农村金融机构的奖励与补贴期限。对于返乡创业的农村外出务工人员、农村自主创业农户、农村建档立卡困难农户的贷款贴息申请，要给予优先考虑，遵循保重点、可持续的补贴原则，综合运用费用补贴、贷款贴息等多种方式，确保财政资金合理、高效和安全的使用效果，充分发挥财政补贴资金的杠杆功能，引导农村金融机构的信贷服务向普惠方向发展。

第三，创新对农户创业担保贷款贴息的管理方式。适度放宽农村地区创业担保贷款的扶持对象，既要兼顾针对扶小扶弱型的创业担保贷款，也要鼓励针对扶强扶优型的创业担保贷款，将返乡农村外出务工人员、进城创业的农村劳动者纳入扶持政策的范围。创业担保贷款的贴息管理应当坚持定向使用、公开透明和科学规范的原则，根据创业贷款人的还款表现、对农村经济和就业的带动情况、创业项目进展情况来确定贷款贴息的数额，打破单纯依赖单笔贷款数额大小和获得补贴次数的多少来决定贴息与否的做法，扩大财政担保基金和贴息资金的来源。对于那些已经享受过财政贴息支持的农村小微企业，可以通过创业担保基金提供担保支持，允许从政府财政就业专项资金中提取一定比例的资金，用于充实创业担保基金。鼓励那些已经创业成功的企业家牵头设立创业担保基金，或者向政府设立的创业担保基金捐款，以扩大创业担保基金的来源，给予那些捐资、设立创业担保基金的企业一定的税收减免待遇。

第四，建立财政补贴与奖励的黑名单制度，严惩利用国家普惠金融政策套取财政补贴的行为。从社会公平的角度来看，财政补贴与普惠金融在最终目标上具有一致性，都是为了实现社会的公平发展，因此，利用好财政补贴不仅可以帮助农村金融机构在开展普惠信贷业务过程中实现自身财务的可持续性，还能做到引导更多的社会资本加入建设普惠金融体系的事业中，从而有效发挥财政资金的引领和杠杆功能。但必须重视的是，杜绝不良的金融机构利用普惠金融的名义，骗取国家的财政补贴与奖励，加强地方监管机构和审计部门对相关机构的监督与审查，对于虚报材料骗取专项补贴资金的个人和机构，不仅要追回所补贴的款项，还要对其进行严厉惩处，减少农村金融机构在经营中出现的"使命漂移"行为，切实发挥财政补贴的正向奖励功能，引导社会资本流入农村金融市场，更好地保障农户信贷服务的可得性，提升农户信贷服务的满意度。

8.1.2　完善地方政府性涉农融资担保体系的建设

构建地方政府性涉农融资担保体系，是普惠性农户信贷服务体系建设的重要组成部分。许多发达国家在解决中小企业和弱势群体融资难问题的过程中，由政府出资、有法律依据、不追求盈利的政府性涉农融资担保体系在支持中小企业和农户融资方面发挥了非常积极的作用，与之相比，我国的融资担保行业存在着资本规模小、担保主业不突出、可持续发展能力弱等问题，因此，加快推进地方政府性涉农融资担保体系的建设刻不容缓。

第一，扩充地方政府性涉农融资担保机构的资本实力，规范其融资担保行为。由于我国农村地区广阔，且各地区在农村经济发展水平、信用意识、乡村治理等方面存在着诸多差异，各级地方政府更了解本地区农村经济的特点与发展规律，由地方政府出资和管理政策性融资担保机构更能有效地发挥其治理功能。要明确地方政府在政策性融资担保机构中的出资人和管理者的角色定位，以省、市为突破重点，通过新设、控股、参股等方式建立一个有序竞争、运营稳健的融资担保机构体系。地方政府应当充分重视融资担保机构的地位，建立长效的政府性融资担保机构的资本补充机制，对于地方财政比较困难的省（区、市），可适当增加中央财政的专项转移支付预算，为其补充资本金。明确涉农融资担保机构的经营范围和领域，严禁政府性涉农融资担保机构为地方政府融资平台提供融资担保，强化服务"三农"的政策定位，坚决禁止政府性涉农融资担保机构的违规收费行为，建立健全融资行业监管的制度规范，尽量避免在监管过程中行政处罚的随意性。

第二，增强地方政府性涉农融资担保机构的管理能力，提高其经营的可持续性。地方政府性涉农融资担保机构体系建设的关键在于涉农融资担保机构自身经营能力的可持续性，因此要从政策、人才、绩效考评三个方面提升政府性涉农融资担保机构的经营能力。在政策方面，地方各级政府和金融监管部门要高度重视涉农融资担保机构在普惠性农户信贷服务体系中的地位和作用，坚持专业管理、市场运作的原则，监督涉农融资担保机构的运营，有效发挥涉农融资担保机构的分散农村信贷风险的"稳定器"功能；在涉农融资担保机构高级管理人员的选聘方面，要打破传统的政府干部任免的条条框框，挑选那些真正懂金融企业运营、精通信贷市场、热爱"三农"事业的人才来负责管理涉农融资性担保机构；在绩效考核方面，制定兼顾营利性与社会性的双重考评机制，鉴于政府性涉农融资担保机构的职能定位，适当增加有关"三农"融资担保业务、服务情况的考核指标，合理匹配营利性指标与社会责任性考核指标所占的权重，在可持续经营的原则下，降低涉农融资担保的收费标准，切实提升农户信贷的可得性和普惠性。

第三，提升地方政府性涉农融资担保机构经营风险的防控能力。地方政府性涉农融资担保机构的服务对象主要是"三农"人群和农村小微企业，其还款能力具有较大的不确定性，因此，要继续加强全社会征信体系的建设，涉农融资担保机构要加大与征信机构的信息共享，在不侵犯用户隐私的前提下，扩大个人信用信息的采集范围，增加信用信息的容量，充分利用大数据、人工智能、云计算技术对潜在借款人的信用状况进行准确、全面的分析和评估，采用智能量化的信用分析模型对借款人的还款能力进行科学评价，尽量消除信贷机构与借款人之间的信息不对称现象。针对那些劳动技能或经营能力较差的农户，要联合地方政府和相关培训机构，协助其提升专业技能和经营水平，针对农村小微企业，除了提供担保服务之外，要组织有关专家对其进行营业辅导，从财务规划、市场定位、营销计划等方面进行引导和训练，以农业产业链为依托，加强同龙头企业及关联企业的金融合作，提高涉农融资担保机构的风险识别与防范能力。

第四，健全地方政府性涉农融资担保机构的风险分担与风险补偿机制。由于信贷担保机构的特殊角色，由其完全承担所有涉农信贷风险，往往不利于其经营的可持续性，特别是在面对重大系统性风险冲击的时刻。因此，需要建立有效的风险分担与风险补偿机制，以分散和转移政府性涉农融资担保机构的信用风险。一方面，可以探索建立由"银行—政府—担保公司"三方参与的风险分担合作机制，合理分摊风险资产头寸，减轻参与各方的相关责任，特别是对于那些由政府部门主导的贷款项目，政府可适当多承担一些违约救济责任，借鉴发达国家的有益经验，通过政府注资和股东增资等方式，增强担保机构资产的流动性，降低涉农融资担保机构的杠杆率，平衡好营利性与安全性之间的关系；另一方面，建立和完善涉农融资的再担保体系，建立多层级的风险补偿机制，建立全国统一的再担保业务标准，对涉农融资担保机构的绩效考核、杠杆倍数、风险准备金进行统一监管，对于代偿高发期的有关业务提供临时的应急再担保支持，保障地方政府性涉农融资担保机构的正常运营。

8.2　普惠性农户信贷服务体系建设与创新的金融监管政策

金融创新与金融监管是辩证的对立与统一关系，没有监管约束的金融创新有可能会成为金融动荡的温床，但如果约束太紧则会扼杀金融市场的活力和金融创新的动力。普惠金融服务体系本身就是一种制度创新，围绕中国农村地区的普惠金融服务体系的建设与创新，本节认为金融监管政策应当从以下两个方面入手。

8.2.1　实行差别化农村信贷机构监管政策

农村金融机构的市场属性和成长性均有所不同，其中既有政策性农村金融机构，也有合作性农村金融机构、商业性农村金融机构，根据产生阶段的不同还有新型农村金融机构，以及归属地方监管的小型金融机构等，因此，在监管其金融创新行为时应当坚持差别化的分类监管原则。

针对村镇银行的监管重点是防止其出现"使命偏离"。村镇银行是我国金融业供给侧结构性改革的重要产物之一，无论是从当初的政策目标，还是从村镇银行自身的市场定位都应当"立足地方、服务县域、支农支小"，然而近些年的改革实践表明，一些村镇银行已经偏离了最初的政策目标和市场定位，不仅没有充分发挥出优化农村金融资源，服务"三农"的作用，而且出现了经营业绩差、信贷风险集中的突出问题。目前对村镇银行的监管依据主要是《中华人民共和国银行业监督管理办法》《中华人民共和国商业银行法》《金融违法行为处罚办法》，以及《中国银监会办公厅关于加强村镇银行公司治理的指导意见》，因此要建立和完善有针对性的金融监管法规，从市场定位的源头约束村镇银行的经营行为，整合中国人民银行、国家金融监督管理总局、地方政府三方的监管力量，特别是在颁发金融业务授权许可证之前，对主发起行和村镇银行的高级管理人员进行严格的业务培训，巩固其职业道德素养，提升其经营能力与水平。对村镇银行的日常经营活动的监管应充分考虑村镇银行的市场角色和社会责任，除了重点监控其资本充足率、资金利润率、不良贷款率、拨备覆盖率等指标以外，还应编制特定的监管指标，用于监测其支农、扶农的实际效果，并对其市场定位的偏离进行早期预警。

针对小额贷款公司的监管重点应当是增加其透明度，提高其经营的可持续性。积极借鉴国际社会对小额贷款公司监管的成功经验，引导小额贷款公司回归"改善农村地区金融服务"的政策目标定位；小额贷款公司作为对正规金融机构的有效补充，因其灵活的贷款形式和还款方式为部分受金融排斥的群体提供了一定的资金支持，但也有一部分小额贷款公司利用 P2P 平台从事违规经营①。由于小额贷款公司"只贷不存"，对小额贷款公司的监管采用的是"中央—地方"分层监管体制，即中国人民银行和国家金融监督管理总局提供指导意见②，各省级政府的金融工作办公室负责对小额贷款公司进行实际监管。在实际监管过程中，各地方政府的监管标准有所不同，有的地方政府倾向鼓励小额贷款公司的金融创新，而有的地方政府则监管得非常严格。因此，要想提高小额贷款公司的经营效率，降低其信贷风险，就要提高小额贷款公司的经营透明度，健全和完善小额贷款公司的信息披露制度，特别是对那些从银行机构获取定向融资的小额贷款公司要比照银行类金融机构的审慎监管原则，加强对其公司治理、运营状况、贷款集中度、支农力度的监管，建立差别化的分类监管机制，适当提高财务指标优秀且支农服务突出的小额贷款公司的杠杆比例，拓宽小额贷款公司的融资渠道，允许那些稳健性和支农服务监管指标达标的小额贷款公司升级为村镇银行，帮助其实现资金来源的可持续性，以鼓励它们向偏远农村地区的农户及农村小微企业提供普惠信贷服务。

8.2.2　建立专项金融服务监管的长效机制

做好农户金融服务是惠民生、稳增长的重要举措，也是银行业和监管机构服务农村经济、服务人民群众的体现，中国银保监会自 2017 年起陆续出台了多项政策文件，从信贷投放、贷款方式、风险管理等方面提出了多项监管措施，本章认为需要构建专门服务于农户的金融监管的长效机制，其努力的具体方向包括以下方面。

---

① 关于小额贷款公司涉黑涉恶的事件有所增加。

② 中国银监会和中国人民银行 2008 年 5 月发布的《关于小额贷款公司试点的指导意见》（银监发〔2008〕23 号）。

　　制定农户金融服务监管考核评价指标体系。如何破解农户和农村小微企业融资难问题一直是中国金融监管部门长期关注的问题。2015 年 3 月，中国银监会发布了《关于 2015 年小微企业金融服务工作的指导意见》（银监发〔2015〕8 号），其中第一条明确要求银行业金融机构"努力实现'三个不低于'"，即"努力实现小微企业贷款增速不低于各项贷款平均增速，小微企业贷款户数不低于上年同期户数，小微企业申贷获得率不低于上年同期水平"。但是，针对农户金融服务的专门指导意见还没有出台，因此，各地方银保监局应根据本地农户的贷款需求特点及经济金融的发展水平制定相应的监管考核评价机制，编制农户金融服务监管考核评价指标，从信贷业务开展、贷款结构调整、风险控制管理、金融服务宣传、普惠金融业务中心建设等多个方面对银行业金融机构的惠农金融服务进行监督和评价，合理设定涉农银行业金融机构资产质量与盈利考核目标，完善具有差异化的银行绩效考核评价指标体系，引导和监督银行业金融机构提升农户和农村地区的金融服务水平。

　　建立针对农户和农村的专门信贷资金配置监督机制。为引导银行业金融机构更多地关心和支持"三农"事业发展，可以考虑制定和实施针对农户信贷的经济资本评价政策，运用影子价格法对银行业金融机构投放于农村地区的经济资本的成本与收益进行评价和监督，建立统一的经济资本核算与计量体系；在费用支出方面，建立与普惠金融业务发展模式相匹配的费用考核机制，综合经营目标、业务发展、人员费用等多种因素，对固定资产、人力资本支出费用进行科学评价，引导银行业金融机构进行涉农资本的优化配置，提高信贷资金的使用效率。创新合格抵押品的价值评定机制，扩大涉农中小型银行从中央银行获取融资的合格抵押品的资产范围；金融监管部门应鼓励更多的全国性股份制商业银行设立普惠金融事业部，加大对农户信贷服务的支持力度，进一步提高农村地区信贷服务的覆盖率，提升农户信贷服务的可得性，降低农户信贷融资成本。

　　完善银行业金融机构的社会责任评价机制。金融监管部门应当引导银行业金融机构建立规范的社会责任自查、履行和报告机制，完善银行业社会责任与公益项目的工作指引，健全银行业社会责任评价指标体系的建设。金融监管部门要根据国家发展战略和重点发展领域，筛选银行业社会责任的主题目标，重点支持服务乡村振兴、服务"三农"事业等领域的商业银行，大力宣传那些在社会责任履行与担当方面表现优秀的商业银行。金融监管部门应当定期要求银行回应政府部门、监管机构、农村社区对银行业的核心期望与诉求，引导银行支持农村经济、促进农村社区发展、维护金融稳定、开展普惠金融知识宣传，支持农户贷款需求，支持农村就业创业，服务"三农"事业发展。

8.3　普惠性农户信贷服务体系建设与创新的货币引导政策

8.3.1　完善对涉农金融机构的货币信贷引导政策

为引领银行业金融机构向"三农"领域和农村小微企业投放更多的信贷资金，中国人民银行自 2014 年起开始针对上述领域实施定向降准的货币政策。为引导金融机构更多地支持农村信贷市场，中国人民银行应该细化定向降准政策，其具体要求包括以下方面。

在不改变现有货币政策总体取向的情况下，继续细化定向降准的操作方法。存款准备金率的调整具有影响大、覆盖面广的特点，因此，在运用该货币政策工具时，应高度关注社会经济发展的一些结构性问题。根据中国人民银行的数据测算结果，对普惠金融实施定向降准政策可以覆盖的金融机构包括了全部大中型商业银行、90%的城市商业银行和95%左右的非县域农村商业银行，在这种情况下，降准的定向引导功能容易被弱化，因此如何细化针对不同商业银行的降准标准显得非常重要。目前，中国人民银行实施的两档考核标准的政策框架，第一档是针对普惠金融领域贷款余额占比达到 1.5%的银行业金融机构，在下调准备金率时以 0.5%为基准单位；第二档是针对普惠金融领域贷款余额占比达到 10%的银行业金融机构，在下调准备金率时以 1%为基准单位。其中，第一档和第二档的贷款余额占比数值差距较大，由于降准具有极强的正向激励作用，应根据各银行业金融机构在普惠金融领域中投放贷款的实际情况进行细化，可考虑将每个档位的降准单位固定，增加设立三档和四档降准标准，对于支农金融服务突出的金融机构采取靠档降准的激励方式，补充运用包括再贴现、再贷款等更多的货币政策手段来对普惠性农户信贷的投放进行精准调控和引导。

加快普惠金融示范区的建设，总结和传播可复制的成功做法与经验。为了提高农村地区信贷服务的可得性、覆盖率和满意度，2002 年以来中国人民银行在多地推动了普惠金融示范区的建设试点工作，这些试点地区在金融产品创新、金融基础设施建设、农户金融意识教育方面取得了显著的进展，也带动了一大批地方政府建设普惠金融试验区的热情。要积极总结全国各地区在普惠金融示范区建设中的经验与教训，相互交流取长补短。继续完善通过抵押补充贷款政策工具和扶持专项贷款引导金融机构向农村地区投放支农贷款，在宏观审慎评估过程中对支农金融服务突出的金融机构给予适当倾斜，对县域地区的银行业金融机构的"三农金融事业部"建设提供具体指导，充分利用定向降准的政策工具激励农村金融机构积极拓展农村市场，加快农户综合信用信息中心的建设，采集和补充农户基本信息、社保、奖惩等非银行类信息，推进"信用身份证"试点工作，引导农村金融机构在信贷管理制度中对失信农户增加追加评级授信环节，帮助有问题、有困难的农户分析失败原因；引导农村金融机构下沉金融机构网点的服务，在有条件的地区开发线上的"普惠金融服务平台"，将金融服务查询、预约、管理、投诉等功能整合到线上平台，让农户做到"基础金融不出村、综合金融不出乡镇"，培育农户的电子金融消费习惯。

8.3.2　引导银行业金融机构发展数字化金融服务

发挥中国人民银行的研发优势，规范发展数字金融服务，鼓励金融产品创新，让实体经济和广大农户享受到现代金融科技带来的信贷便利。数字金融由于具备共享、便捷、成本低、门槛低的特点，在发展普惠金融方面具有天然的优势，2016年数字普惠金融被列为未来普惠金融发展的重要议题，G20 峰会通过了《G20 数字普惠金融高级原则》，该原则充分考虑和尊重了中国在数字金融领域里的先进做法和成功经验。中国人民银行应该充分发挥在金融研究和产品开发方面的人才优势和技术优势，坚持问题解决与目标导向相结合的基本原则，加紧区块链技术的研发，加快基于区块链技术的贸易金融底层平台的建设，将应收账款等多种贸易行为和金融信息整合到区块链平台中，提高市场交易和借贷信息的准确性和信息传递的及时性，提高银行部门的融资审批效率。把数字科学与金融科技有机融合，推动金融服务向数字化、网络化、移动化的方向发展，帮助农村小微企业解决贸易融资中遇到的困难。制定数字普惠金融专项试点工作，针对普惠金融发展中的关键与难点问题，通过数字金融技术的运用，正确处理好金融基础设施建设与风险防控之间的关系，在推动系统硬件建设的同时，完善数字金融软规则的制定，充分发挥数字金融的潜力，坚定不移地朝着"普惠授信户户全覆盖、普惠金融服务站点村村全覆盖"的目标努力。

鼓励金融机构致力于数字技术的创新与应用。数字技术在金融领域的广泛应用，不仅大幅提升了受金融排斥群体的金融服务水平，而且在支付、信贷、保险及财务规划等方面大大改变了金融机构服务实体经济的方式，促进了金融效率的提升，特别是腾讯、阿里巴巴、百度、京东等一批网络科技公司在数字金融领域

的创新与试验，打破了金融机构在零售支付领域的垄断地位，同时改变了银行业
金融机构的营销方式、成本结构和风险控制水平。中国人民银行应当鼓励全社会
参与数字技术的研发与创新，制定出台数字技术开发的统一的指导原则与政策，
加大有关移动互联网、大数据与云计算、人工智能、区块链技术的研发投入和支
持，制定区块链技术的应用规范，帮助供应链的参与各方建立一个可以共享物流、
信息流、资金流的区块链体系，提高金融与经济的整体效率。同时，引导银行业
金融机构充分挖掘和利用已有客户群体的数据信息，通过数据挖掘技术做好远程
客户和网络客户的分类、定位与开发，开发智能投资顾问分析系统；改革银行业
金融机构的薪酬激励机制，吸引更多数字科技人才加入银行业；建立与科技企业
联合研发、实验的合作机制，建立高度集成化、更加智能的线上金融服务与信息
平台，利用数字技术重塑银行业金融机构的核心竞争力；探索数字技术在农村信
贷风险分析与风险控制领域的应用，提升涉农银行业金融机构的商业可持续性，
为农户提供可负担、更广泛、更灵活的信贷服务。

8.4 普惠性农户信贷服务体系建设与创新的法治保障政策

社会信用体系是国家治理体系中的重要基础设施之一，它的建设与创新离不
开法制的基石。从普惠性农户信贷服务体系的内涵和目标出发，营造一个公平稳
定的法律与制度环境对于农村金融机构实现普惠性发展至关重要。

8.4.1 加快全社会信用法规与标准体系建设

健全信用法律法规和信用标准体系的建设。社会信用体系是市场经济的重要
组成部分，"它以法律、法规、标准和契约为依据，以健全覆盖社会成员的信用记
录和信用基础设施网络为基础，以信用信息合规应用和信用服务体系为支撑，以
树立诚信文化理念、弘扬诚信传统美德为内在要求，以守信激励和失信约束为奖
惩机制，目的是提高全社会的诚信意识和信用水平"①。2014 年 6 月国务院印发

---

① 国务院 2014 年 6 月 14 日印发的《社会信用体系建设规划纲要（2014—2020 年）》。

了《社会信用体系建设规划纲要（2014—2020年）》，该规划明确提出"完善以奖惩制度为重点的社会信用体系运行机制"，进一步修订和完善《征信业管理条例》，出台与之配套的有关实施细则，完善统一社会信用代码制度，制定统一的企业信用信息采集和分类管理标准。切实保护个人的隐私和企业的核心商业秘密，依法管理信用信息的采集与传播行为，规范信用机构及相关部门在个人信用信息征集、查询、传播、应用过程中的不当行为，建立针对征信纠纷、投诉处理和侵权追究的法律制度。推进各地方、部门、行业的信用制度建设，地方政府可根据本地区的实际情况制定旨在实现政务诚信的地方性法规制度，引导各行各业建立自律性的行业信用组织，强化行业行为的信用约束和惩戒力度，健全与完善社会舆论对信用体系建设的监督作用，切实保护公共媒体在公共信用事件中的调查权与公众的知情权。

完善农户和农村小微企业信用体系建设与创新的法治化保障。在普惠金融已经上升为国家经济发展目标的情况下，应考虑制定和实施"普惠金融法"的可行性，以统一和规范当前普惠金融的发展和创新。近年来，数字技术在金融领域的广泛应用减少了信贷市场中的信息不对称现象，为农村低收入人口的信贷服务提供了更多、更快、更有效的选择，但出现了一些与普惠金融发展有关的道德风险、法律风险等。根据普惠金融发展的新特点和新挑战，政府有关部门应积极推动在普惠金融领域开展法制规范建设的试点与探索，为网络借贷、网络银行、互联网保险等新金融业态的成长发育提供法治保障，既不轻易扼杀普惠金融领域的创新与发展，也避免野蛮生长带来的金融风险失控局面。完善农户和农村小微企业的信用记录和信用评价体系，根据农户和农村小微企业的特点，建立健全适合农户和农村小微企业的信用信息查询、信用信息共享的制度规范，为农户和农村小微企业提供一个便利的融资环境和信用环境。在经济与金融市场环境良好的地区，积极推动征信市场的市场化改革，制定统一的市场准入规范，鼓励那些有资本实力、先进技术和现代化手段的企业进入个人征信市场，通过为广大农户、农业龙头企业、农村加工业企业、农场、农民合作社等社会主体建立全面细致的社会信用档案，推动农村地区信用户、信用村及信用乡镇的建设，加强农村地区反金融欺诈和数据保护制度的建设。

明确地方政府在普惠性农户信贷服务体系建设与创新中的管理主体责任。长期以来，中央政府一直是系统性制度改革的主要推手，在普惠性农户信贷服务体系建设与创新的过程中，不仅需要中央政府及相关部门的顶层设计和规划，更需要地方政府的有效配合和主动参与。要明确地方政府的具体任务目标和责任追究办法，特别是要明确地方政府在小微企业和农户信用信息统计领域的职能定位和角色分工，地方政府应积极参与本地区小微企业和农户诚信标准体系的制定与维护工作，严格执法检查，严厉查处在信用信息统计工作中存在的弄虚作假行为，建立对统计失信行为的通报与公开曝光制度,将信用信息的统计记录与政府补贴、工商注册登记、企业融资等行为直接挂钩,整合本地区内各行业、各政府部门的信用信息共享平台的建设。地方政府必须制定普惠性社会信用体系建设的工作计划与日程进度安排,建立跨政府部门的协调与通报制度,并把普惠金融体系建设纳入地方政府的责任目标和政绩考核内容中来,切实维护农户的信贷权益。

8.4.2 完善农村土地经营权抵押规则的构建

加快制定适用于农村家庭土地承包经营权抵押的法律制度规范。土地是农户赖以生存的重要的生产资料,2014 年中央一号文件对深化农村土地制度改革的指导意见表明,"赋予农民对承包地占有、使用、收益、流转及承包经营权抵押、担保权能","允许承包土地的经营权向金融机构抵押融资"。然而,在具体的实施中有着不尽相同的法律规定,《中华人民共和国物权法》第一百八十四条明确规定了耕地、宅基地等集体所有的土地使用权不得抵押,即土地承包经营权如果是以家庭承包方式取得,则禁止其用于抵押融资。因此,对于抵押融资客体(农村承包土地使用权)的具体规定,存在着政策性文件与法律规范的不完全一致性,那么从法律制度层面对土地承包经营权的用益规则进行规范,是解决农村土地抵押融资担保交易的前提,在不割裂农户与土地法权关系的前提下,还原农村土地资源的商品交易属性,在全国多个地区继续扩大农地抵押贷款试点工作,鼓励那些符合条件的农户和从事农业经营的主体向银行业金融机构获取抵押贷款;细化"四荒地"在抵押、拍卖方面的具体规定和操作准则,允许以土地经营权作为财产权参股农业生产企业,在不改变农村土地集体所有的性质和集体成员与集体的承包关系的前提下,对土地经营权给予平等保护。

完善农村土地经营权抵押登记制度,探索具有可操作性的农村土地经营权抵押实现路径。由于土地产权的特殊性,它兼具了保障和财产属性于一体,在以农村土地为对象的抵押融资担保交易中,都不能简单地以土地承包经营权来设定抵押关系。根据《中华人民共和国物权法》的有关规定,抵押权的设定有登记生效和登记对抗两种方式,对于通过合法流转所取得的土地经营权,如果农户需要抵押融资,可以将其经营权融资形式设定为抵押融资;如果是农户天然具有的土地承包权,当农户需要融资时,可以从该农户对土地承包权中分离出土地经营权,并以此设定债权担保。2015 年 8 月国务院印发了《关于开展农村承包土地的经营权和农民住房财产权抵押贷款试点的指导意见》,该指导意见在农村土地经营权抵押的总体要求、指导思想和基本原则等方面做出具体规定,但在操作层面还需要配套的实施细则予以支持,应对《农村承包土地的经营权抵押贷款试点暂行办法》

进一步细化，允许农村集体成员的土地承包经营权设定抵押，落实抵押贷款评估和发放的具体实施细则和违约处置原则，以自承包土地经营权做抵押的，金融机构拥有抵押年限内的土地经营权的处置权，抵押年限到期后土地经营权可归还农户，切实保障农户的合法土地权益。

健全土地经营权的价值评估体系，探索合理的土地经营权抵押违约的处置机制。我国农村土地所有权归集体所有，农户承包的土地具有一定的期限限制，因此土地承包经营权是一个有期限的收益总和，如何对这种有设定期限的收益权所产生的现金流进行价值评估是一个比较复杂的技术问题。可根据土地经营权抵押贷款的实际用途来选择具体的估值方法，对于土地流转比较成熟、农地市场流动性较好的地区，可以主要采取以租金为基础的土地经营权价值评估法；可建立土地经营权价值评估中心，评估中心负责对本地区基准租金收益进行评估和调整，农户可以委托评估中心对土地租金的价值进行评估，在价值评估时可综合考虑土地的生产能力、位置、附着物等因素，对土地经营权价值进行客观评估。对于农地市场流动性较差的地区，可采用以收益为基础的土地经营权价值评估法，即主要根据土地上所种植作物的经济价值来对经营权的期限价值进行评估，在评估收益时要考虑历史平均收益的真实性和准确性，坚持审慎性原则对预期收益进行评估，并充分考虑可能的各种农业生产风险。银行业金融机构要正确处理土地经营权抵押贷款的违约问题，正确处理贷款损失和抵押土地处置所产生的社会风险之间的关系，充分考虑因土地社会保障功能而产生的一系列社会问题，维护农户的基本生存权利。

第9章 主要结论与政策建议

9.1 主 要 结 论

（1）农户信贷服务体系是一个由信贷供给机构、金融基础设施、经济环境与政策共同构成的多层复合体系，其中信贷供给机构是农户信贷服务体系的核心层，金融基础设施是中间层，经济环境与政策是基础层。普惠性农户信贷服务体系建设的重要任务目标之一就是要建立一个功能完备、分工合理、充分竞争、可持续发展的农户信贷服务体系，以提高农户信贷服务的可得性和可负担性，提升农户的信贷福利与收入水平。普惠性农户信贷服务体系建设的关键在于信贷供给机构的建设，它必须具备有效的信贷产品定价机制，满足多样化、广覆盖、商业化为主、可持续经营等基本条件，农户信贷供给机构既需要高效安全的支付清算体系、完善的农户信用评价体系、充分竞争的农村金融市场及健全的金融监管体系做支撑，也需要明晰的农户财产权利、稳定的农村经济增长、较强的产业竞争能力和良好的信用文化做基础。普惠性农户信贷供给机构的建设模式包括NGO推动、市场主导、政府参与，三种建设模式有着各自的约束条件与比较优势。

（2）普惠性农户信贷服务体系的创新主要有信贷产品创新、技术创新和组织创新三种形式。信贷产品创新就是改变过去"重审查、轻服务"的理念，信贷供给机构通过深度参与农户的生产活动、生活情境，充分掌握农户的信贷需求特点与风险特征，从而在贷款合同设计、贷款定价、贷款监督、贷款清收等方面有所创新。技术创新则主要体现在支付技术和征信技术领域，小额支付平台正在由依赖银行支付终端转向依赖客户支付终端，特别是移动支付与互联网支付终端，这种转变让农户的支付信息成为可以利用的信用信息，而数字化技术的出现使得这些信用信息得以充分的挖掘和利用，农户信用信息变得更加多维，信息更新速度更快。组织创新主要表现为更多的社会企业成为农户信贷服务供给者，它们以社会公平发展和自身可持续发展为目标，通常由本地居民创办和经营，它们会综合运用经济手段与社会手段为本地社区农户提供信贷服务及其他社会服务，不仅如此，它们还广泛参与农村金融基础设施建设。

（3）普惠性农户信贷服务体系建设与创新的约束主要包括目标约束和风险约束。信贷产品本身具有商品属性，信贷供给机构可持续经营依赖于基本的商业规则，而普惠金融的目标则是要求信贷供给机构将信贷服务惠及各类社会群体，特别是弱势社会群体，因此信贷供给机构的营利性和普惠信贷的社会性之间存在一定的选择冲突，信贷供给机构必须正确处理好两者之间的冲突关系，过分强调普惠信贷的社会公平目标可能会伤害信贷供给机构的可持续发展能力，过分强调利润目标可能使信贷机构发生"使命漂移"。普惠性农户信贷服务体系建设与创新的风险约束既包括传统性风险因素，也包括创新性风险因素，其中传统性风险因素主要包括信贷供给机构面临的流动性风险、市场风险、操作风险及自然风险，信贷供给机构应对传统性风险因素冲击时的防范措施相对比较成熟和完善；而创新性风险因素包括技术创新风险和监管标准风险。面对各种可能的风险冲击因素，需要建立必要的信贷风险转移与分摊机制，提高普惠性农户信贷服务体系的稳健性。

（4）各国普惠性农户信贷服务体系建设的共同经验表明，市场化的基本原则和政策扶持与资金支持是取得成功的关键。即使是在那些极度不发达国家的农村地区，信贷供给机构也不是慈善组织，只有坚持市场化的基本原则，保证信贷资金的有偿使用，教会农户正确使用信贷资金实现脱困致富，尽量减少信贷发放中的道德风险，才能长期保持信贷资金的有效配置。不论是发达国家，还是发展中国家，通过政府注资、税收减免、财政补贴、提供融资便利等手段帮助农村信贷供给机构，正确发挥政策性金融机构对普惠性农户信贷的引导功能，对于提高农户的信贷普惠性和农村信贷供给机构的可持续性都至关重要。尽管各国在推进普惠性农户信贷服务体系建设过程中选择了不尽相同的行动路线与策略，但都坚持了理念先行、创新推进、制度保障相结合的推进策略。理念先行就是率先关注社会弱势群体的信贷与金融需求，相信即便是低收入农户也具有一定的还贷能力，并通过一定的产品创新和组织创新将农户的还贷能力激发出来，同时逐步建立健全各种法律法规制度，保障农户的合法信贷权益。

（5）我国的普惠性农户信贷服务体系建设遵循了政府推进+市场调节的建设模式。在经历了农村信贷恢复阶段、小额信贷初期发展阶段、小额信贷商业化阶段之后，我国已进入普惠信贷全面发展阶段，政府在金融市场准入和金融监管方面给予了农村信贷供给机构以积极的政策扶持和资金帮助，政府部门的强力支持和积极介入加速了普惠性农户信贷服务体系的建设进程，形成了大型、中型、小型信贷供给机构共存，国有商业银行、政策性银行、合作信用机构互补的农村与农户信贷供给机构体系。根据农户贷款和农村贷款占比的实证分析，2007~2018年农户信贷配给度和农村信贷配给度均有小幅下降，但农户信贷配给度远高于农村信贷配给度。截至 2018 年底，我国共有农村信贷机构 3 913 家，占银行类信贷机构总数的 86.01%，农村信贷机构资产总额达到 32.82 万亿元，同比增长 9.78%，高于银行业金融机构平均增速 1.08 个百分点；我国组建了 1 621 家村镇银行，县市覆盖率为 70%，全国大中型商业银行已基本完成了普惠金融事业部建设工作，并在银行内部建立了服务"三农"、支持县域经济的专门核算与考评机制。

（6）分地区构建的农户信贷普惠指数显示，全国各地区农户信贷普惠水平均有所提高，但农户信贷服务的可得性和使用情况具有非常明显的地区差异性。通过建立农户信贷服务人口维度的可得性和地理维度的可得性及使用情况的评价指标，计算出各省（区、市）2011~2017 年农户信贷普惠指数，该指数的计算结果显示出农户信贷普惠水平的地区差异巨大，其中农户信贷普惠指数排名前五位的省（市）全部属于东部地区，而排名后五位的省（区）全部属于西部地区，农户信贷服务水平的两极分化现象严重。聚类分析结果显示，农户信贷服务水平较高的是东部地区，其金融体系比较完善，金融服务水平较高；而农户信贷服务水平较低的是西部地区，具有地广人稀、少数民族集聚区较多、经济水平相对落后的特点。Markov 链分析的结果显示，我国各地区的农户信贷服务水平具有"俱乐部趋同"现象，即信贷服务水平较高地区的农户信贷普惠性稳定地保持在较高水平，而信贷服务水平较低地区的农户信贷普惠性则稳定地保持在较低水平；Markov 概率转移矩阵分析的结果显示，农户信贷服务水平高的地区对水平低的地区具有一定的带动作用，相邻省（区、市）的农户信贷服务水平越高，这种带动作用的效果就越积极。

（7）普惠性农户信贷服务体系建设的现实障碍主要表现为涉农银行业金融机构的经营活力不足，农村金融基础设施的建设相对落后。统计结果显示，2014 年以来，农村商业银行、农村信用社、农村合作银行、新型农村金融机构等涉农银行业金融机构的资产利润率和资本利润率一直呈明显下降的趋势，涉农金融机构的单位营业网点的从业人数明显低于全国银行业金融机构的单位营业网点的从业人数，且农村银行业金融机构的科技人才储备尚不能满足普惠性农户信贷服务的需求，这些问题限制了涉农信贷机构服务农户的能力。新型农村金融机构的发展相对不平衡，西部地区的村镇银行资本实力普遍比较弱，村镇银行本土化、社区化经营的特色和优势不明显，许多村镇银行出现了偏离当初政策定位的"使命漂移"现象。农村金融基础设施建设相对落后的主要表现为：农村征信体系不能满足市场需求，涉农担保机构没有充分行使职能，农村地区银行支付服务效率不高。目前，农户征信系统主要依靠中国人民银行的征信系统，其可供挖掘的信用信息比较有限和滞后，民间征信机构的发展严重不足，而政府性涉农担保机构的规模小、实力弱、担保形式单一、贷款程序复杂，在农村地区和小额支付领域，银行的支付终端受到支付宝和微信支付的强烈冲击。

（8）普惠性农户信贷服务体系建设的体制障碍主要表现为金融发展过程中存在着结构障碍（金融机构内生成长动力不足、银行业的市场集中度比较高、社会融资需求过分依赖信贷），以及农业与农村经济发展的长期性约束。多数银行业金融机构是在国有资本加政策扶持的背景下快速成长起来的，习惯于将贷款投放到大型企业、国有资本领域，缺乏拓展小微客户和社会弱势群体的市场定位和贷款经验。由于经济起步时期的银行业准入门槛比较高，信贷市场主要为少数大型国有商业银行所垄断，这种竞争格局容易形成对农户等弱势群体的金融排斥现象。我国的金融发展属于银行主导型的金融中介结构，金融市场的发达程度比较低，导致全社会融资长期依赖于银行的信贷投放，在市场竞争和优序融资决策的情况下，高效率的强势产业和部门更容易获得银行贷款，而低效率的农业部门和农户群体则往往被信贷机构忽视，而农业部门和农户群体之所以容易被忽视，是因为我国的农业经济效率还比较低。因此，只有消除这些长期存在的经济与金融体制中存在的问题与障碍，才能为普惠性农户信贷服务体系的建设与创新提供一个良好的外部环境。

9.2　政　策　建　议

1. 强化新型农村金融机构的市场定位，提升其经营效率与抗风险能力

优化村镇银行的发起人结构，在坚持银行性金融机构作为村镇银行主发起人的前提下，吸引热心本地农村发展的民间资本参股村镇银行，增强村镇银行服务本地农户的意识，促进村镇银行更好地服务县域经济和"三农"需求，创新村镇银行的治理模式，探索控股公司制商业银行的经营模式，强化金融市场优胜劣汰的竞争机制，健全村镇银行的资本管理、风险识别、关联交易、审计监督等管理制度，强化村镇银行的风险管理能力。在坚持互助性、社区性、民主性原则的基础上，逐步放松对农村资金互助社的金融监管，鼓励农户依托产、供、销链条组建农民专业合作社，提升社内农户的商业信用合作水平，在困难农户比较集中的地区，要发挥财政资金的政策引导功能，助力农村资金互助社的日常运营；扩大公益性小额贷款机构的资金来源，提升公益性小额贷款机构的风险控制能力，规范商业性小额贷款公司的经营行为，助力合规性小额贷款公司转型升级。

2. 完善商业银行普惠金融事业部的组织建设，提高普惠金融事业部的经营效率

各大商业银行应当重视普惠金融事业部在本行内的组织地位，明确普惠金融事业部的事权边界，可在银行普惠金融事业部的内部设立专门委员会，采用垂直线条化管理准则，建立专门的资本管理机制，实行专门的会计核算体系，启用专门的风险拨备与核销机制，建立专门的资金平衡与运营机制，运用专门的考评激励约束机制，对分支行普惠金融业务部门实行双线考核，将农户对普惠金融事业部的评价纳入考评指标体系中，提升大型商业银行服务农户的热情与服务能力。加强大型商业银行信贷产品的研发能力，充分发挥大型商业银行的人才与人力资本的储备优势，研发出一系列适合本地区农户信贷需求特点的信贷产品，快速识别和满足农户的有效信贷需求，建立灵活高效的农户信用评价机制，充分考虑农户的收入水平、经营能力、教育水平的差异性，灵活调整农户贷款的审批、发放、使用、归还等操作流程，简化农户贷款的申请流程，缩短农户贷款的审批时间，加强银行内部网络与信息建设，让广大农户在足不出户的情况下就能享受到优质便捷、可负担的信贷服务。

3. 加强农村地区金融基础设施建设，优化农村的信用信贷环境

一方面，提高公共征信体系的覆盖率，中国人民银行应坚持"改革创新、支农惠农"的基本原则，指导各商业银行、农村信用社、村镇银行、资金互助社等金融机构积极推进农户电子信用档案建设，加强与公共管理部门、电子商务公司的技术合作与交流，在保障农户隐私的前提条件下，逐步提升农户个人信用信息的质量，开发适用于农户信用状况与农村经济特点的信用评分与评价体系，广泛运用数字化征信技术，提高征信服务效率；提升农村地区的移动支付效率，实现银行线下网点服务职能的综合化与智能化，加强手机支付平台的安全建设。

另一方面，稳定农村经济发展的经济政策环境，切实保护农户的土地财产权益，加快农村土地流转制度改革，建立健全农产品价格的支持与保障机制；推广信用村镇建设的成功经验，为"信用户""信用村""信用镇"的后续借贷提供融资便利，让农户从诚实守信中获得实惠；建立市场化的农户信贷风险分摊机制，提升农村商业银行的信息披露质量，建立健全农户信贷再担保的体制机制，将高风险的贷款公司和资金互助社纳入地方政府的金融救助体系之中，提高农业保险和农村地区农户信贷违约保险的覆盖面，从法律层面保护保险公司拓展农村小额保险市场的积极性，加强对农户金融知识与风险意识的教育，教会农户自觉维护自身的金融权益。

4. 培育鼓励创新的竞争中立机制，加快金融科技的研发与应用

消除限制民间资本公平竞争的制度障碍与体制壁垒，激发民间资本服务农户的金融活力，大力扶持民营农村金融机构的发展，借鉴国际投资市场的先进做法，消除大型金融机构对农村信贷市场的垄断，加强对农村金融市场公平竞争的监管力度，政府监管部门要大力废除在市场准入、政府补贴、企业规范等方面有碍公平竞争的规定，完善农村金融市场的营商环境，营造一个稳定、透明、可预期的市场竞争环境。充分重视科技发展与普惠金融之间的辩证关系，加大对基础教育与科技研发的投入，鼓励金融机构参与国家对基础科学研究的支持，保证政府对科技研发投入的可持续性，加强对企业专利技术的保障，加大对高等院校、科研院所、知识型企业等研发资金的投入，加快知识产权市场的建设，创新对科技成果的评价方法，建立一条完整的基础科学研究、应用技术研究、科技成果转化的科技产业链条，密切关注金融科技领域的新动向和新趋势，正确运用金融科技的最新成果，科学评价金融科技应用中可能面临的技术风险和道德风险。

5. 完善信贷市场的利率定价与传导机制，加强对涉农金融机构货币信贷政策的引导效果

尽管利率市场化进程已经基本实现，但影响利率有效传导的障碍依然存在，部分商业银行对农户借贷的利率水平仍处在一个较高水平，因此，要提高货币市场利率与银行存贷款利率的关联度，发挥中国人民银行基准利率对商业银行信贷行为的调节作用，使得货币市场的利率期限结构与商业银行的存贷款利率的关系更加密切，从而使中国人民银行的利率调控能够影响到实体经济的投资和借贷行为，让中国人民银行在货币市场上的操作能够通过商业银行的负债端利率的变化影响到资产端，打通利率市场化的"最后一公里"，让农户能够感受到利率的动态变化。在不影响现有货币政策总体倾向的情况下，继续细化对"三农"领域定向降准的操作程序与方法，细化针对不同商业银行的调整存款准备金率标准的具体规定，对于支农金融服务效果比较突出的金融机构采取靠档降准的激励方式；金融监管部门应当制定农户金融服务监管考核的评价体系，从信贷业务、贷款结构、风险控制、服务宣传等方面对银行业金融机构的支农惠农服务进行监督和评价，完善差异化的银行涉农金融服务的评价指标体系，引导和监督银行业金融机构主动提升对农户和农村地区的信贷服务质量。

6. 提高财政资金对普惠金融发展的补贴效率，完善地方政府性涉农融资担保体系的建设

调整当前财政对涉农信贷机构补贴规定中不尽合理的部分条款，进一步完善

农村金融机构的贷款统计口径与标准，使财政部门能够更加清晰和准确地识别那些将普惠贷款投向农户的金融机构，适当调整按开业年限确定是否补贴的传统，制定补贴发放的长效管理机制，适当延长对农村金融机构的奖励与补贴期限，鼓励新开业的村镇银行等小型农村金融机构拓展农村信贷市场，综合运用费用补贴、贷款贴息等手段确保财政资金的杠杆与调节功能。地方政府应高度重视涉农融资担保机构的地位和重要性，建立长效的地方政府对涉农融资担保机构的资本补充机制，不断扩充政府性涉农融资担保机构的资本实力，对地方财政比较困难的地区，可适当增加中央政府对地方政府的转移支付预算，以省、市为突破点，通过新设、控股、参股的方式建立起经营稳健、有序竞争的涉农融资担保体系，严禁地方政府性涉农融资担保机构为地方政府融资平台提供融资担保，强化地方政府性涉农融资担保机构服务"三农"的政策定位，禁止涉农融资担保机构不合理收费、变相收费等违规行为，切实降低农户的信贷成本与实际负担。

参 考 文 献

巴曙松. 2006. 小额信贷与农村金融空白的填补——在"首届甘肃金融论坛"上的演讲. 甘肃金融, (4): 8-10.

巴曙松, 栾雪剑. 2009. 农村小额信贷可获得性问题分析与对策. 经济学家, (4): 37-43.

贝多广. 2017. 数字化是推动普惠金融发展的引擎. 现代商业银行, (11): 59-61.

贝多广, 李焰. 2017. 数字普惠金融新时代. 北京: 中信出版社.

贝多广, 李焰, 莫秀根. 2017. 普惠金融国家发展战略: 中国普惠金融发展报告 (2016). 北京: 经济管理出版社.

曹凤岐. 2010. 建立多层次农村普惠金融体系. 农村金融研究, (10): 64-67.

长春金融高等专科学校项目组, 耿传辉, 任春玲, 等. 2018. 大兴安岭南麓连片特困区农民金融能力分析报告. 长春金融高等专科学校学报, (1): 5-35.

陈寒冰. 2019. 土地权利与农民财产性收入增长的关系. 郑州大学学报(哲学社会科学版), 52(4): 40-45.

褚保金, 张龙耀, 郝彬. 2008. 农村信用社扶贫小额贷款的实证分析——以江苏省为例. 中国农村经济, (5): 11-21.

杜朝运, 李滨. 2015. 基于省际数据的我国普惠金融发展测度. 区域金融研究, (3): 4-8.

杜晓山. 2006. 小额信贷的发展与普惠性金融体系框架. 中国农村经济, (8): 70-73, 78.

杜晓山. 2008. 服务弱势群体应发展普惠金融体系. 农村金融研究, (2): 42-44.

杜晓山. 2010. 小额信贷与普惠金融体系. 中国金融, (10): 14-15.

樊维聪. 2019. 农业政策对农村经济发展的影响. 农业工程, 9(5): 133-135.

傅秋子, 黄益平. 2018. 数字金融对农村金融需求的异质性影响——来自中国家庭金融调查与北京大学数字普惠金融指数的证据. 金融研究, (11): 68-84.

高国艳. 2018. 普惠金融视角下农村地区支付服务改善路径——以宁夏石嘴山市为例. 金融经济, (22): 178-179.

高沛星, 王修华. 2011. 我国农村金融排斥的区域差异与影响因素——基于省际数据的实证分析. 农业技术经济, (4): 93-102.

高云峰, 李华实. 2017. 服务能力、信贷环境与银行效率. 当代金融研究, (1): 1-11.

郭宁. 2018. 关于财政支持天津普惠金融发展情况的调研. 天津经济, (9): 39-42.

郭小卉，康书生. 2018. 金融精准扶贫模式分析——基于河北省保定市的案例. 金融理论探索，（2）：34-42.

国务院发展研究中心金融研究所课题组. 2019-10-29. 新时代融资担保将推动普惠信贷. 中国经济时报，（2版）.

韩俊. 2007. 深化农村金融改革，强化农村金融体系的整体功能. 经济研究参考，（12）：14-15.

韩俊. 2009. 建立普惠型农村金融体系. 农村金融研究，（11）：28-29.

何德旭，饶明. 2007. 金融排斥性与我国农村金融市场供求失衡. 湖北经济学院学报，（5）：54-60，66.

何德旭，饶明. 2008. 我国农村金融市场供求失衡的成因分析：金融排斥性视角. 经济社会体制比较，（2）：108-114.

何广文. 2004. 中国农村金融转型与金融机构多元化. 中国农村观察，（2）：12-20.

何广文. 2008. 农村金融组织体系和机制创新的探讨. 中国农村信用合作，（1）：18-19.

何广文，李莉莉. 2011. 大型商业银行的小额信贷之路——兼论与新型农村金融机构间的合作机制. 农村金融研究，（5）：21-26.

洪正. 2011. 新型农村金融机构改革可行吗?——基于监督效率视角的分析. 经济研究，46（2）：44-58.

洪正，王万峰，周轶海. 2010. 道德风险、监督结构与农村融资机制设计——兼论我国农村金融体系改革. 金融研究，（6）：189-206.

侯佳悦，张婷婷. 2019. 新型农村金融机构发展面临的问题及其对策探究. 南方农业，（26）：103-104.

黄惠春. 2014. 农村土地承包经营权抵押贷款可得性分析——基于江苏试点地区的经验证据. 中国农村经济，（3）：48-57.

黄慧敏，田颖. 2019. 我国银行业市场集中度对金融包容的影响研究. 金融与经济，（7）：6-11.

季珊珊，李海峰，何庆. 2019. 农业政策影响农村经济发展机制与路径研究. 农业开发与装备，（6）：18-40.

姜丽明，邢桂君，朱秀杰，等. 2014. 普惠金融发展的国际经验及借鉴. 国际金融，（3）：17-22.

焦瑾璞. 2009. 我国农村金融改革和发展的"三缺"和"三不缺". 银行家，（1）：32-33.

金燕. 2019. 商业银行的普惠金融服务研究. 现代营销（信息版），（11）：48-49.

阚晓西，易赟，刘宝军. 2018. 政府融资担保体系建设的国际比较与借鉴. 财政科学，（9）：40-46.

李成友，孙涛，李庆海. 2019 需求和供给型信贷配给交互作用下农户福利水平研究——基于广义倾向得分匹配法的分析. 农业技术经济，（1）：111-120.

李丹. 2016. 黑龙江省"信用户、信用村、信用乡镇"建设调查与思考. 征信，34（5）：65-67

李凤文. 2018-09-26. "多县一行"制试点要完善考核引导先行. 经济日报，（8版）.

李文红，蒋则沈. 2017. 金融科技（FinTech）发展与监管：一个监管者的视角. 金融监管研究，（3）：13-19.

李亚奇. 2019. 财政支持普惠金融发展：基于议价行为的理论框架. 青海金融，（7）：10-14.

刘强. 2018. 农村支付服务助推普惠金融发展的实践与思考. 金融纵横,（11）: 81-90.

刘伟佳. 2019. 标准化推动农村中小金融机构业务连续性管理创新发展. 第十六届中国标准化论坛, 郑州.

刘艳华, 王家传. 2009. 中国农村信贷配给效率的实证分析. 农业经济问题, 30（5）: 23-28, 110.

龙超, 叶小娇. 2019. 农村合作金融社会价值、立法规制与我国农村合作金融发展. 金融理论探索,（5）: 8-15.

陆岷峰. 2019. 贷款市场报价利率（LPR）后的中小商业银行发展战略的思考——应对利率市场化视角. 金融理论与教学,（4）: 1-9.

陆晓鸿, 张绍波. 2019. 普惠金融产品推广复制及优势策略研究. 中外企业家,（31）: 36-39.

吕金旺, 武松会. 2014. 手机支付与银行卡的比较与替代关系初探——基于 PEST 框架的分析. 金融理论与实践,（9）: 71-74.

马国建, 李沛然. 2019. 小微企业融资再担保多主体合作影响因素研究. 金融理论与实践,（10）: 35-43.

马晓晴, 黄祖辉. 2010. 农户信贷需求与融资偏好差异化比较研究——基于江苏省 588 户农户调查问卷. 南京农业大学学报（社会科学版）, 10（1）: 57-63.

马燕妮, 霍学喜. 2017. 专业化农户正规信贷需求特征及其决定因素分析——基于不同规模专业化苹果种植户的对比视角. 农业技术经济,（8）: 81-93.

孟飞. 2019. 地方金融监管立法: 纽约州的经验及启示. 上海金融,（10）: 55-61.

莫易娴. 2011. P2P 网络借贷国内外理论与实践研究文献综述. 金融理论与实践,（12）: 101-104.

彭魏倬加, 刘卫柏. 2018. 种养专业大户的农村土地经营权抵押融资需求意愿及影响因素——基于湖南 4 个试点县调查的实证研究. 经济地理,（12）: 176-182.

秦悦. 2019. 新媒体背景下银行员工培训体系的改革研究. 现代营销（经营版）,（8）: 13-15.

冉光和. 2012. 农村金融制度构建与创新方法论. 人民论坛·学术前沿,（2）: 54-58.

邵彦棋. 2019. 走好利率市场化最后一公里. 中国金融,（12）: 56-57.

宋晓玲. 2017. 数字普惠金融缩小城乡收入差距的实证检验. 财经科学,（6）: 14-25.

孙倩倩. 2015. 小额贷款公司监管法律制度研究. 华东政法大学硕士学位论文.

孙涛. 2018. 金融科技变革对商业银行柜员转岗培训的挑战与延展思考. 北京金融评论,（4）: 125-136.

孙同全, 冯兴元, 张玉环, 等. 2019 中国农村金融体制变迁 70 年. 农村金融研究,（10）: 3-16.

孙同全, 潘忠. 2019. 新中国农村金融研究 70 年. 中国农村观察,（6）: 2-18.

谭砚文, 马国群, 岳瑞雪. 2019. 国外农产品最低支持价格政策演进及其对中国的启示. 农业经济问题,（7）: 123-133.

唐玺年, 杨虎锋, 石宝峰, 等. 2019. 利率市场化与农村商业银行的信贷挤压——基于福建省 60 家农村商业银行的经验证据. 华东经济管理, 33（11）: 30-38.

汪小亚, 等. 2016. 新型农村合作金融组织案例研究. 北京: 中国金融出版社.

王定祥, 田庆刚, 李伶俐, 等. 2011. 贫困型农户信贷需求与信贷行为实证研究. 金融研究,（5）:

124-138.

王钢，蔡荣，金强，等.2019. 互助资金对贫困户脱贫的支持：可得性和匹配性——基于贫困户
　　与资金互助社双向选择的分析. 江西财经大学学报,（6）：99-109.

王剑，李锦儿，陈俊良，等.2019. 我国利率市场化进程回顾与影响分析. 国际金融,（9）：38-49.

王朋飞，周立.2019. "多县一行"助力村镇银行回归本源. 银行家,（3）：136-137.

王曙光.2013-11-20. 降低农村金融准入门槛　推动普惠金融体系建设. 中国城乡金融报,（2版）.

王瑜，殷浩栋，汪三贵.2019. 破解农村金融两难困境与二元逻辑——扶贫互助资金"正规金融
　　村社化"机制分析. 贵州社会科学,（8）：108-115.

王宇，臧日宏.2016. 所有制形式不同对于 NGO 小额信贷机构双重目标实现的影响——基于 MIX
　　统计数据的实证分析. 金融理论与实践,（12）：6-10.

韦晓英.2019. 新时期普惠金融背景下小额信贷精准扶贫创新模式研究——基于"中和农信"的
　　案例分析. 农村金融研究,（2）：66-71.

魏鹏.2017. 商业银行普惠金融事业部经营管理机制研究——以五家大型商业银行为例. 金融
　　监管研究,（9）：78-94.

魏平，张有荣，唐娟娟，等.2019. 国内外普惠金融风险分担机制借鉴与思考. 征信,37（9）：
　　59-62.

温涛，冉光和，熊德平.2005. 中国金融发展与农民收入增长. 经济研究,（9）：30-43.

吴洪，罗承舜.2019. 小额保险精准扶贫机制研究. 金融与经济,（10）：93-96.

吴晓灵.2006. 完善农村金融服务体系　支持社会主义新农村建设. 中国金融,（11）：6-7.

熊德平，冉光和，温涛.2003. 论金融产业可持续发展的核心竞争力战略. 福建论坛（经济社会
　　版）,（6）：21-25.

许圣道，田霖.2008. 我国农村地区金融排斥研究. 金融研究,（7）：195-206.

杨雪琪，蔡洋萍.2019a. 我国村镇银行助力普惠金融发展存在的问题及对策分析. 时代金融,
　　（25）：94-96.

杨雪琪，蔡洋萍.2019b. 我国农村民间借贷发展存在的问题及对策分析. 金融理论与教学,（2）：
　　45-47.

杨兆廷，尹达明.2019. 农村土地经营权抵押贷款中土地估值和处置的问题研究. 农村金融研
　　究,（9）：53-58.

叶湘榕.2014. P2P 借贷的模式风险与监管研究. 金融监管研究,（3）：71-82.

于华江，汤民华.2009. 论返乡农民工就业培训长效机制的构建——以金融危机 17 省返乡农民
　　工实证调查为视角. 农村经济与科技,（12）：5-10.

余雪扬，孙芳，王伟.2019. 后整治时期完善我国 P2P 网贷行业规范发展的长效机制研究———
　　个制度供给视角的分析. 金融理论与实践,（12）：40-47.

袁康，冯岳，莫美君.2018. 从主体信用到算法信用——区块链的信用基础与法制回应. 银行家,
　　（5）：137-139.

曾刚，何炜，李广子，等.2019. 中国普惠金融创新报告（2019）. 北京：社会科学文献出版社.

曾宪岩. 2018-06-25. 新金融下的人才培训. 金融时报,（9 版）.

詹东新, 孙江华, 等. 2019. 普惠金融视角下农村信用体系建设的实践与思考. 征信, 37（11）: 64-67.

张博, 胡金焱, 马驰骋. 2018. 从钱庄到小额贷款公司: 中国民间金融发展的历史持续性. 经济学（季刊）, 17（4）: 1383-1408.

张崇和. 2016. 开展中小企业普惠金融培训. 中国金融,（6）: 90-91.

张春莉. 2019. 农村普惠金融之法制路径: 基于国际小额信贷的启示. 江苏社会科学,（6）: 175-181.

张凤, 吴平. 2016. 培育农村信用文化, 助力金融机构可持续发展. 金融理论与教学,（6）: 31-34.

张凤, 吴平, 林巧. 2016. 农村信用体系的重构: 大数据平台+传统信用文化创新. 西南金融,（11）: 56-61.

张光辉. 2019. 商业银行普惠金融事业部发展探究. 纳税,（30）: 231.

张红宇. 2004. 中国农村金融组织体系: 绩效、缺陷与制度创新. 中国农村观察,（2）: 2-11, 80.

张杰. 2004. 解读中国农贷制度. 金融研究,（2）: 1-8.

张金清, 阚细兵. 2018. 银行业竞争能缓解中小企业融资约束吗?经济与管理研究,（4）: 13-39.

张锦伟. 2019. 金融科技与银行融合对金融人才需求研究——从深圳银行业人才需求视角探讨. 金融经济,（12）: 45-47.

张龙耀, 杨骏, 程恩江. 2016. 融资杠杆监管与小额贷款公司"覆盖率—可持续性"权衡——基于分层监管的准自然实验. 金融研究,（6）: 142-158.

张晓娟. 2019. 三权分置背景下农村土地经营权抵押规则之构建. 重庆社会科学,（9）: 17-25.

张勇菊. 2016. 普惠制金融环境下传统金融知识教育与拇指规则培训有效性对比研究. 上海金融,（2）: 68-75.

周小川. 2014. 全面深化金融业改革开放　加快完善金融市场体系. 中国金融家,（1）: 38-41.

周振, 蓝海涛. 2019. 我国"互联网+"农村经济政策、公共产品的不足及政策建议. 中国经贸导刊,（11）: 55-58.

朱文胜. 2018. 扶贫小额信贷: 理论模型、激励机制与推进思路. 南方金融,（12）: 74-87.

朱镇远, 吴齐阳. 2019. 大数据时代国内征信研究的可视化分析. 征信, 37（10）: 25-31.

Argent N M, Rolley F. 2000. Financial exclusion in rural and remote New South Wales, Australia: a geography of bank branch rationalization, 1981–98. Australian Geographical Studies, 38（2）: 182-203.

Banerjee A, Duflo E, Glennerster R, et al. 2015. The miracle of microfinance? Evidence from a randomized evaluation. American Economic Journal-Applied Economics, 7（1）: 22-53.

Banerjee A, Newman A F. 1993. Occupational choice and the process of development. Journal of Political Economy, 101（2）: 274-298.

Beck T, Demirgüç-Kunt A, Levine R. 2007. Finance, inequality and the poor. Journal of Economic Growth, 12（1）: 27-49.

Beck T, Demirgüç-Kunt A, Maksimovic V. 2008. Financing patterns around the world: are small firms different? Journal of Financial Economics, 89 (3): 467-487.

Besley T. 1994. How do market failures justify interventions in rural credit markets? The World Bank Research Observer, 9 (1): 27-47.

Binswanger H P, Khandker S R. 1995. The impact of formal finance on the rural economy of India. The Journal of Development Studies, 32 (2): 234-262.

Burgess R, Pande R. 2005. Do rural banks matter? Evidence from the Indian social banking experiment. American Economic Review, 95 (3): 780-795.

Cull R, Demirgü-Kunt A, Lyman T. 2012. Financial inclusion and stability: what does research show? World Bank Other Operational Studies.

Duong P B, Izumida Y. 2002. Rural development finance in Vietnam: a microeconometric analysis of household surveys. World Development, 30 (2): 319-335.

Feder G, Lau L J, Lin J Y, et al. 1990. The relationship between credit and productivity in Chinese agriculture: a microeconomic model of disequilibrium. American Journal of Agricultural Economics, 72 (5): 1151-1157.

Francisa B B, Hasan I, Küllüc A M, et al. 2018. Should banks diversify or focus? Know thyself: the role of abilities. Economic Systems, 42 (1): 106-118.

Galor O, Zeira J. 1993. Income distribution and macroeconomics. The Review of Economic Studies, 60 (1): 35-52.

Giné X, Townsend R M. 2004. Evaluation of financial liberalization: a general equilibrium model with constrained occupation choice. Journal of Development Economics, 74 (2): 269-307.

Gurley J G, Shaw E S. 1955. Financial aspects of economic development. The American Economic Review, 45 (4): 515-538.

Hannig A, Jansen S. 2010. Financial inclusion and financial stability: current policy issues. Finance Working Papers 23124, East Asian Bureau of Economic Research.

Ivatury G, Pickens M. 2006. Mobile phones for microfinance. CGAP Brief, World Bank Group.

Kempson H, McKay S, Collard S. 2005. Incentives to save: encouraging saving among low-income households. Final Report on the Saving Gateway Pilot Project, Personal Finance Research Centre, University of Bristol.

Khandker S R. 1998. Fighting Poverty with Microcredit: Experience in Bangladesh. Oxford: Oxford University Press.

Lewis W A. 1954. Economic development with unlimited supplies of labour. The Manchester School, 22 (2): 139-191.

Leyshon A, Thrift N. 1993. The restructuring of the UK financial services industry in the 1990s: a reversal of fortune? Journal of Rural Studies, 9 (3): 223-241.

Liu Y K, Wu L, Li J. 2019. Peer-to-peer (P2P) electricity trading in distribution systems of the future.

The Electricity Journal, 32（4）: 2-6.

McKinnon R I. 1974. Money and capital in economic development. American Journal of Agricultural Economics, 56（1）: 201.

Morawczynski O, Pickens M. 2009. Poor people using mobile financial services: observations on customer usage and impact from M-PESA. CGAP Brief, World Bank Group.

Mosley P, Hulme D. 1998. Microenterprise finance: is there a conflict between growth and poverty alleviation? World Development, 26（5）: 783-790.

Nurkse R. 1958. Trade fluctuations and buffer policies of low-income countries. Kyklos, 11（2）: 141-154.

Raihan S, Osmani S R, Khalily M A B. 2017. The macro impact of microfinance in Bangladesh: a CGE analysis. Economic Modelling, 62: 1-15.

Rodrigues L F, Costa C J, Oliveira A, et al. 2017. How does the web game design influence the behavior of e-banking users? Computers in Human Behavior, 74: 163-174.

Sarma M. 2008. Index of financial inclusion. CGAP Working Paper No. 215.

Shaw E S. 1973. Financial Deepening in Economic Development. New York: Oxford University Press.

Shi B F, Zhao X, Wu B, et al. 2019. Credit rating and microfinance lending decisions based on loss given default（LGD）. Finance Research Letters, 30: 124-129.

Stiglitz J E, Weiss A. 1981. Credit rationing in markets with imperfect information. The American Economic Review, 71（3）: 393-410.

Tam C, Oliveira T. 2017. Literature review of mobile banking and individual performance. International Journal of Bank Marketing, 35: 114-126.

Vazquez F, Tabak B M, Souto M. 2012. A macro stress test model of credit risk for the Brazilian banking sector. Journal of Financial Stability, 8（2）: 69-83.